"분명한 것은 기다림을 끝내면 죽는다는 것" —병상 유작메모(2002. 11)

위 허영환(許英桓)의 집에서 가족과 함께
(왼쪽부터 부인 정인임 여사, 장남 영훈, 차남 세훈, 1979. 6. 6)

오른쪽 미국 버지니아주에서 장남 영훈과 함께(1993. 1)

인사동 거리에서의 한때(가운데가 민병산, 오른쪽이 박이엽)

위 범어사에서 열린 제1회 방송극작가 초청 쎄미나에서(앞줄 맨 왼쪽이 박이엽, 1972. 6. 17)

가운데 「여명 200년」 1000회 기념 축하연에서(왼쪽부터 정인임, 한용희 방송협회 사무국장, 김관석 CBS 사장, 박이엽, 1983. 2. 15)

아래 CBS 대하드라마 「여명 200년」 집필로 김수환 추기경에게서 감사패를 받았다 (1981. 11)

워싱턴 D.C. 체류 당시 집에 찾아온 지인들과 환담을 나누며(왼쪽부터 박이엽 정무형 정용욱 서승, 1992. 7. 3)

서립규 현 우림콘크리트공업 회장의 자택에서 벗들과(왼쪽부터 임재경·박이엽 채현국 김상기 박승준 서립규, 1993. 6. 13)

위 지리산 종주 산행중에 세석산장에서(왼쪽부터 이창해 신일성 윤병희 공윤희 채현국 김오일 박이엽 정인임, 1988. 10. 25)

아래 경기도 광주 정몽주 묘에서
(왼쪽부터 박형규 김형구 황인숙 이구영 신동학 노광래 방영웅 박이엽 김영복 구중관, 2001. 10)

민병산 선생 붓글씨 유작전에서 인사동을 사랑하는 친구들과(1988. 11. 6)

1980년대 초반 '귀천'에서 천상병 시인과 함께

인사동 까페 '흐린 세상 건너기'에서 오래된 친구들과
(왼쪽부터 채현국 김진웅 김한태 이계익 김영호 임재경 박이엽,
2000. 11.)

왼쪽 박이엽을 애인이라고 늘 말했던 전우익 선생과 함께
(2000. 10. 30)

오른쪽 세브란스 병원에서 박찬중 시인과(1986. 8)

민병산 선생 붓글씨 유작전에서(1988. 11. 6)

저절로
아름다운 것들

박이엽의 책과 사람 이야기

저절로 아름다운 것들

박이엽 지음

창비

차례

일러두기　　　　　　　　　　　　　　　008

제1부 산문

주쩨기의 헌책 행각	010
카와까미 하지메의 조선붕어	024
역사왜곡과 제국대학	028
마르게리타는 잘 있는가?	032
나뭇가지와 목발	039
관훈동 그 집	043
각박한 세상이라고	049
그 해프닝의 기억을 위하여	052
그 목발 교회의 기억	055
작은 공동체를 위하여	058
밥국	060
조끼, 즈봉, 구두, 기타	062
나무 한 그루도 두려워했는데	065
과객과 주인—인간 민병산 소묘	069
'정일'과 '연곡'	084
현노 최규일의 일도일각	087
그는 여전히 말이 없고—나의 친구 이강복	091
아름다운 세상—천상병 시인을 추도하며	094
민병산 선생께—10주기에	098
채기엽 선생 비문	100
희곡작품에 나타난 기독교 저항정신	104
문화단상(文化斷想)	115
곁에서 지켜본 기독교방송	120
경동 삼대 이야기	124

아리송한 시(詩)와 같던	127
유고시	130

제2부 서평·옮긴이의 말

『여명 200년』 머리말	134
『여명 200년』 프롤로그—200년 그 앞의 200년	136
고전이자 신선한 충격—『다산문학선집』을 읽고	148
『빛 가운데로 걸어가면』을 읽고	151
『한나라 기행』을 옮기고 나서	154
『탐라 기행』을 옮기고 나서	156
『나의 서양미술 순례』 옮긴이의 말	158
『죽어가는 천황의 나라에서』 옮긴이의 말	161
『에반젤린』 옮긴이의 말	163

제3부 서간문·기도문

버리고 싶었던 고향·집·부모 형제자매	170
권정생 선생님께	173
필드 선생께	175
현국아	178
김민형 선생께	180
박찬중 씨에게	182
그리운 이에게	184
병상 메모	186
세모의 기도	188
만백성이 다 한마음으로	191

당신과 함께 이 겨울을	194
자유와 사랑의 생명이 넘치도록	196

제4부 번역문

악사장과 공자의 눈	200
효(孝)를 묻다	207
얼룩송아지	216
돼지고기를 선물받은 공자	226
이문(異聞)을 탐색하다	230
크레디트 카드 삽화	235

제5부 추모의 글

박이엽 형을 생각한다 · 신경림	252
늘 남을 보살피던 자상한 사람 · 강민	256
늘 앞서가던 멋쟁이 박이엽 · 황명걸	259
그때 인사동에 박이엽이 있었다 · 구중관	265
필사본 노트 『예세닌 시집』 이야기 · 호영송	274
조용한, 그러나 신화적인 삶 · 배평모	279
헌팅캡 박이엽 선생 · 박구경	284
박이엽 선생님과 「씨칠리아 마부의 노래」· 임계재	289
감사의 말 · 정인임	295
편집후기 · 박찬중	298

일러두기

고인의 유고를 글의 성격에 따라 나누고 외국어 표기와 명백한 오류만 바로잡았다.

산문

1부

주제기의 헌책 행각
카와카미 하지메의 조선붕어
역사희곡과 제국대학
마르게리타는 잘 있는가?
나뭇가지와 목발
관훈동 그 집
각박한 세상이라고
그 해프닝의 기억을 위하여
그 목밭 교회의 기억
작은 공동체를 위하여
밥국
조끼, 즈봉, 구두, 기타
나무 한 그루도 두려워했는데
과객과 주인
'정일'과 '연곡'
헌노 최규일의 일도일각
그는 여전히 말이 없고
아름다운 세상
민병산 선생께
배기엽 선생 비문
희곡작품에 나타난 기독교 저항정신
문화단상
곁에서 지켜본 기독교방송
경동 삼대 이야기
아리송한 시(詩)와 같던
유고시

주쩨기의 헌책 행각

1

'주쩨기'라는 말이 있다. 국어사전을 찾아보니, 주쩨기는 사투리고 표준말은 '쥐대기'라고 되어 있다. 어떤 전문분야에서 어엿한 한 사람이 되지 못하고 그럭저럭 밥이나 얻어먹고 살아가는, 그런 얼치기 전문인을 지칭하는 말이다. 내 어릴 적 이웃집에 목수 한분이 살았다. 학생들의 앉은뱅이책상도 만들고, 남의 집 선반을 만들어주기도 하고, 일정(日政)시대 고무신이 귀할 때 게다짝을 만들어 싸게 팔기도 하면서, 누가 집을 짓는 데 일손이 부족한 경우에는 곧잘 불려가서 집 짓는 일도 거들었다. 누가 보아도 한 사람의 어엿한 목수가 틀림없었으나, 본인은 한사코 주쩨기임을 고집했다. 정식으로 도제과정을 거치지 않은 채, 단지 손재주 하나만을 믿고 밥벌이로 시작한 것이, 세월이 흐르다보니 본업처럼 되었다는 것이다.

세상에는 처음부터 어떤 분야의 전문인이 되기를 바라며 나름대로 노력을 기울였으되, 능력이 없어서, 혹은 적성에 맞지 않는 것을 어거지로 덤벼든 나머지, 끝내 일가를 이루지 못하고 주쩨기로 끝나는 이도 적지 않다.

한데, 그 일이 몸으로 또는 손으로 하는 것이라면 그가 주쩨기인지 아닌지를 금방 판가름할 수 있겠으나, 정신·지식 분야의 일이 되고 보면 그 판별이 그리 간단하지 않다. 주쩨기라도 사뭇 하치에 해당될 인물이 대가연하며 거드름을 피우거나, 또 남들로부터 그런 대접을 받는 경우도 왕왕 있음을 본다. 나는 지나온 과정을 돌아보거나 스스로 판단해보아도 오갈 데 없는 주쩨기가 틀림없는데, 어쩌자고 『창작과비평』 같은 데서 아까운 지면을 갖다 안기는지 모를 일이다. 별수없이 '주쩨기의 변(辨)'을 늘어놓을 따름이다.

2

학생들이 갖고 다니는 교과서도 책은 책이되, 그것을 독서라 하기는 어려울 테고, 내가 교과서 아닌 '책'을 처음 접한 때를 생각해본다.

면서기 하나 살지 않는 변두리 빈촌 태생이라 집 안에 책 같은 것이 도무지 없었다. 할아버지가 보시는 『천세력(千歲曆)』과 울긋불긋한 표지의 얄곽한 이야기책이 몇권 굴러다니는 것을 본 일은 있으나 나와는 상관없는 것이었다.

그 아저씨를 사람들은 폐병쟁이라 불렀다. 코흘리개 시절, 고성(固城)인가 어디서 이사를 온, 나보다 한 살 더 먹은 친구의 삼촌이었는데, 처음 이사올 때는 그 집 식구들 중에 그런 사람이 없었다. 어느날 친구를 찾아 그 집 삽짝을 들어서 보니, 살갗이 백랍처럼 희고 뼈쩍 마른 사람 하나가, 햇살이 쫙 퍼진 툇마루에서 바람벽에 등을 기대고, 앉은 것도 누운 것도 아닌 자세로 해바라기를 하고 있었다. 가슴에 포개 얹은 두 손의 손가락들이 꼭 거미다리처럼 가늘고 길게 꼼지락거리고 있었다. 나는 흠칫 놀라서 걸음을 멈추고 잠시 동안 가만히 바라보고 있었는데, 그 아저씨는 내 발소리를 들었는지, 아니면 겁에 질린 내 숨소리를 들었는지, 천천히 몸을 일으켜 나를 향해 노리끼리한 미소를 띄우는 것이었다. 아, 그 퀭한 동공과 반짝하던 눈빛! 그 아저씨가 뭐라고 입을 열려는 순간, 나는 돌쳐 달아나왔다.

그 아저씨는 바깥출입을 전혀 안하는데다, 집안에서도 쉬쉬하며 골방에서만 지내게 한 탓인지, 어쩌다 그 집에를 가도 눈에 띄는 일이 거의 없었다.

그러다가 내가 학교에 들어가, '카따까나' '히라까나'를 제법 자유롭게 읽게 되었을 무렵, 나보다 한 학년이 위인 친구, 그러니까 그 아저씨의 조카가, 패나 두툼하고 멋진 책 한권을 가지고 우리집엘 왔다.

"이게 뭐꼬?"

"우리 삼촌이, 니가 급장 됐다 카이 갖다주라 칸다."

"삼촌……?"

"니가 언제 봤다 안 캤나?"

"폐병……?"

입밖에 내서는 안되는 소리가 얼결에 내 입에서 나온 탓인지, 친구는 책을 툭 떨어뜨려놓고 가버렸다.

책표지에는 『이견팔견전(里見八犬傳)』이라 씌어 있고, '사또미 핫껜덴'이라 읽는다고 일본어로 토가 달려 있었다. 당시에는 알 턱이 없었고 훨씬 뒤에 안 일이지만, 그 무렵(1940년대)의 일본 청소년들 사이에 널리 읽히던 이를테면 베스트쎌러 소년소설인데, 주인을 위해 헌신적으로 봉사하는 개가 주인공이다.

아무튼 1학년짜리 코흘리개, 그것도 이제 겨우 일본어를 배우기 시작한 아이가 읽기에는 수준이 높았던 것이, 꽤 많은 한자어를 섞어 쓰고 겨자씨 같은 크기로 토를 달아놓아, 그냥 음독을 해나가기도 쉽지가 않았다. 그 아저씨가 무슨 생각으로 그런 책을 주었는지 지금도 가늠이 잘 안된다. 골방에만 갇혀 지내는 외로운 청년이, 언젠가 한번 얼핏 보았을 뿐인 꼬마 녀석이 학교에 들어가 급장 되었다는 소식을 듣고, 가진 책들 중에 가장 평이한 것 한권을 고른다는 것이 그 책이었을까, 그렇게 짐작할 뿐이다.

어쨌거나 내가 교과서 외의 책을 소유해본 것은 그것이 처음이다. 그 아저씨와는 그뒤에 한두 번 더 상면을 했으나 워낙 나이 차이가 심해서 이렇다할 대화를 나눈 기억은 전혀 없고, 그 거미다리처럼 가늘고 긴 손가락으로 『킹구』니 『세루팡』이니 하는 잡지의 책장을 넘기던 모습만, 나의 뇌리에 남아 있다. '킹구'가 영어의 King을 일본식으로 표기한 것이라는 사실도 훨씬 뒤에 알게 되었지만, 그 당시에는 잡지라는 개념조차 내게는 없었다.

지금 생각해보면, 그분도 저 1930, 40년대의 이른바 '창백한 인쩰리겐찌야'의 한 사람이었을까. 몰락한 지주의 막내로 태어나 청운의 뜻을 품고 현해탄을 건너가 고학으로 버티다가, 당시로서는 사형선고나 다름없던 폐병을 얻어, 객지살이하는 형네 집으로 남의 눈을 피해 숨어들어와, 골방에서 죽을 날만 기다리고 있었던 것이다. 그분은 해방되기 일 년 전에 돌아가셨다.

그분의 조카 되는 내 친구는 삼촌이 남기고 간 꽤 많은 책들을 갖게 되었을 테지만, 내게는 조금씩밖에 보여주지 않았다. 『문장(文章)』지에 실린 소설만을 따로 떼서 두툼두툼하게 제본해놓은 것을 내게 보여준 것은, 해방되고도 몇해 지나, 내가 중학교에 들어간 뒤의 일이었다.

"이런 책을 집에 두고서, 왜 이제사 빼주노?"

내가 볼멘소리를 하니까,

"전에는 이게 무슨 책인지 나도 몰랐다."
하는 대답이었다. 그 말은 맞을 것이었다. 그러나 그 친구가 아끼고 감춘 것 또한 사실이었다.

아무튼 내가 이태준(李泰俊), 박태원(朴泰遠), 최명익(崔明翊), 안회남(安懷南), 김유정(金裕貞) 등등 1930년대 작가들의 작품을 비교적 폭넓게 접하게 된 것은 그 폐병쟁이 아저씨의 유품 덕택이다.

이 일은 내게 꽤 중대한 영향을 미친 것 같다. 1930, 40년대는 사람들이 실의와 좌절에 빠져 방향을 잃고 허둥거릴 때다. 그 시대에 씌어진 작품들이 그러한 세태를 반영한 것은 당연하였다. 실의와 좌절, 무기력, 병적인 탐닉, 행동보다는 사색과 망설임, 이런 것들이 특징적 요소들이었다.

그런데 나는, 바로 그러한 작품들부터 읽기 시작한 것이다. 읽을거리가 적은 탓이기도 하였지만, 그냥 한번씩 읽고 만 것이 아니라 두번 세번씩 읽고 또 읽어, 그야말로 탐닉했던 것이다.

그 시대의 작가들이 내용이나 주제보다 형식미에 매달리고, 문장 다듬기에 심혈을 쏟은 것도 시대적 상황 탓이었을 테지만, 일제가 물러가고 상황이 바뀐 시대의 새파란 소년이 거기에 탐닉한 것은 문제였다. 다른 아이들이 방인근(方仁根)이나 김내성(金來成), 박계주(朴啓周), 김말봉(金末峰)의 장편들을 읽을 때, 나는 상허(尙虛) 이태준, 구보(丘甫) 박태원, 최명익의 단편들을 읽으면서, 다른 아이들의 속된 취미를 비웃었던 것이다.

나는 지금도 무슨 글을 읽으면 무엇보다 문장에 관심한다. 그러지 말아야지 하면서도 어쩔 수가 없다. 별것 아닌 내용이라도 문장이 미끈하면 좋은 작품으로 기억에 남는다. 나는 아직도 그 영향에서 벗어나지 못한 것이다.

3

허명(虛名)이란 우습게 생겨나는 법이다. 얼마 전, 어느 시인의 일대기를 다룬 텔레비전 드라마를 보다가 고소를 금치 못한 일이 있다. 그 시인의 천재성을 나타내 보이느라고 삽입한 에피쏘드가 있었으나, 도리어 흠집을 만들어놓고 있었기 때문이다. 이야긴즉, 그 시인이 결혼해서 사는 어느 친구네 집에 기식을 하고 있는데, 집주인 친구가 며칠째 어떤 책을 탐독하고 있다. 그런데 술에 취해서 들어온 시인이 그 책을 집어던지며, 여태 뭐하고 있다가 이제야 이따위 책을 보느냐고 호통을 친다. 그러면 주인 친구는, 넌 책 이름만 알지 읽지도 않았잖느냐? 허세 부리지 말라고 되쏜다. 그러자 시인이 외치는 것이다.

"야 인마, 그 책 몇 페이지를 뒤져봐, 거기 틀림없이 이런 말이 씌어 있을 것이다."(어쩌고 저쩌고 줄줄줄······)

어안이 벙벙해진 주인 친구가 황급히 그 페이지를 뒤져보니 과연 그렇게 씌어 있다. 깜짝 놀라고, 기가 팍 죽는다.

그러니까, 그 시인은 그렇게도 조숙하고 박람강기(博覽强記)한 천재였다─그런 표현을 한 셈인데, 천재라는 말이 요술쟁이란 말과 동의어일 수 없다.

흔히 많이 읽고 많이 아는 것을 과시하고 다니는 사람이 있고, 그래서 천재 어쩌고 하는 허명을 얻기도 하는데, 그런 게 겁나는 사람은 *Quotation for All Occasions* 같은 책을 보면 좋을 것이다. 예컨대, 셰익스피어의 전집을 두루 섭렵하지 않고도, 셰익스피어가 써놓은 명언·명구들을 줄줄 꿸 수 있게 될 것이고, 어떤 장소에 가든지 그 장소에 척 어울리는 말을 한두 마디 내뱉을 수 있게 될 것이다.

내게도 비슷한 경험이 있는 것을 이 기회에 고백해두어야겠다. 민병산(閔丙山) 선생이 진짜 박람강기의 사람이었던 것은 많은 사람들이 인정하는 일인데, 공자님 앞에서 문자를 써도 분수가 있지, 내 감히 그분 앞에 책 이야기를 하였던 것이다.

"크리스토퍼 이셔우드가 『바가바드 기타』를 번역한 게 있지요?"

"글쎄요?"

"있습니다. 대단히 아름답습니다. 올더스 헉슬리가 쓴 서문이 붙었지요."

민선생은 입을 쩍 벌린 채 고개만 끄덕이셨다. 또 한번은, 바둑책 이야기를 하던 끝에,

"슈테판 쯔바이크가 체스 챔피언 이야기를 쓴 게 있는데 재미있어요. 상대방이 응수를 못하고 장고를 거듭하면 챔피언은 다섯 수나 여섯 수 앞까지를 미리 생각하게 되죠. 그러다가 상대방이 착점을 하면 그만 덜컥하고, 머릿속에서 생각하던 수를 놓아버리는 것입니다. 다섯 수나 여섯 수 뒤에 놓아야 할 것을 미리 놓아버리니까 져버린다 말입니다."

"아하, 그런 게 있던가요?"

민선생이 감탄하는 것을 보며 기분이 괜찮았다. 그러나 민선생이 보지 못한 책만 들먹인 것은 순전히 우연이었는데 그것이 본의 아닌 사술(詐術)이 될 줄이야! 민선생은 그뒤, 내가 없는 자리에서 이 사람 저 사람에게, 박 아무개는 책을 얼마나 많이 읽었는지 당신께서 듣도 보도 못한 것을 많이 안다, 그러셨다는 것이다.

내가 제법 독서깨나 한 사람으로 허명이 나 있다면, 거기에는 민병산 선생의 이 오해가 단단히 한몫하였을 것이다.

4

나는 독서량이 적을 뿐 아니라, 이른바 고전(古典)으로 정평이 나 있

는 책들보다는 거기서 약간 벗어나 있는, 보기에 따라선 잡동사니에 가까운 것들은 이것저것 주워 읽었다 할 수 있다. 아니, 읽었다기보다 대충대충 구경하고 다녔다고 하는 편이 정확할지 모르겠다.

내가 민선생에게 폼을 잡았다는 그 『바가바드 기타』만 하여도 지금은 우리말 번역판까지 나와 있다고 들었으나, 그 당시(아마 70년대 초)에는 거의 아는 사람이 없을 잡서(?) 중의 하나였다. 그 책을 입수하게 된 경위를 말하면, 1950년대의 그 참담하던 때 이야기를 해야 한다.

내가 태어나서 자란 곳은 부산시 동래구 연산동인데, 지금은 숨쉴 틈 없이 집이 들어서 있지만 옛날엔 허허벌판에 먼지만 풀썩이는 변두리 한촌이었다. 6·25사변이 나자 이웃마을 거제리(巨堤里)에 포로수용소가 들어서더니 우리 마을 논밭도 거의 다 먹혀들어가버렸다. 나중에 이 수용소는 거제도로 옮겨갔는데, 어떤 전사(戰史) 기록에는 거제리 수용소와 거제도 수용소가 같은 것으로 되어 있으나 그게 아니다.

하여튼 수용소에 수용된 인민군 포로들은 총검을 든 MP들의 감시 아래 하루 한번씩 근처의 임야로 운동을 겸한 작업을 나왔는데, 우리 마을 일대에 많이 흩어져 있던 잡석들을 주워서 짊어지고 가는 것이 고작이었다. 그럴 때 포로들은 자기들이 지급받은 군복이며 모포 같은 것을 갖고 나와, MP의 눈을 피해가면서 접근해오는 상인들에게 팔기도 하는 것이었다.

하루는 포로들이 작업하고 있는 옆을 스쳐지나가려니, 한 포로가 내 팔을 꽉 잡고 예쁘장한 책 한권을 쥐여주는 것이었다. 깜짝 놀라서 바라보니까 해사하게 생긴, 나보다 두어 살 위일 듯한 청년이 웃음 띤 얼굴로 말하는 것이었다.

"미국 책이니 염려 말고 집어넣어두시오. 학생이오?"

내가 고개를 끄덕이니까,

"나도 학생이었소. 우리가 내일 또 이리로 작업을 나올 텐데, 영어

콘싸이스 한권 갖다주겠소?"

하는 것이었다. 나는 그러마고도, 못한다고도 못하고 가만히 서 있었다. '빨갱이'인 그들과 이야기를 나눈다는 것 자체가 큰 범죄로 생각되었던 것이다. 그때 MP가 다가오며 뭐라고 소리를 질렀으므로 나는 어릿어릿하며 그곳을 떠났다. 그러는 내 모습이 가관이었는지, 그 포로청년은 소리를 내어 웃었다.

이튿날, 나는 콘싸이스를 가지고 그곳으로 가지 못했다. 해방 직후 좌익계 노동조합에 들었던 사촌형들 때문에 온 집안 친척들이 고초를 겪은 경험이 있었으므로, 비록 포로일망정 '빨갱이'와 무엇을 주고받는다는 일이 어떤 결과를 초래할지 두려웠기 때문이다. 그러나 그 일은 그뒤 두고두고 나를 괴롭혔다. 불행의 구렁텅이에 빠진 사람을 돕지는 못할망정 도리어 책 한권을 떼어먹은 꼴이 된 것이다.

그때 건네받은 책이 Mentor Books판 *Bhagavad Gita*였다. 구제(舊制) 중학 4학년생이던 내게는 아주 생소한 물건이었다. 영어사전을 들고 아무리 씨름을 해보아도, 그것이 서사시 형태로 씌어진 힌두교의 경전이라는 것만 어렴풋이 짐작이 될 뿐, 문자 그대로 캄캄절벽이었다. 아마 그 포로에게 콘싸이스를 가져다주지 못한 죄의식만 없었다면, 나는 그 책을 집어던져버렸을 것이다. 따지고 보면 크게 비난받을 일도 아닌 그 묘한 죄의식이 나로 하여금 그 책을 오래오래 지니게 하였고, 이따금씩 꺼내놓고 영어사전과 씨름하게 만들었다.

스스로 학생이었다고 밝힌 그 포로는 무엇 때문에 내게 그런 책을 주었을까? 짐작건대 수용소 안에서 우연히 입수하게 된 것을 몸에 지니고 있다가, 제 동생 또래의 학생을 만나자 불쑥 건네주었을 뿐 별반 특별한 뜻은 없었지 않나 싶다. 그리고 영어사전은 필요해서 한번 요구해보았을 뿐, 꼭 그 책과 교환하겠다는 의도도 아니었을 것이다. 사실 내게는 그때, 누구에게 나눠줄 영어사전이 있지도 않았고 사서 줄 여유도 없었다.

 하여튼 그런 경로로 손에 들어온 『바가바드 기타』의 영문판은, 두고 두고 하나의 숙젯거리가 되었던 것이다. 앞에서 그것을 일종의 잡서인 양 말했는데 인도인들이 들으면 펄쩍 뛸 소리다. 힌두교의 경전은 『마하바라타』라고 하는 방대한 분량의 서사시집이다. 『바가바드 기타』는 원래 『마하바라타』의 한 부분이었다고도 하고, 또는 독립된 것이라고도 하는데, 흔히 성서의 산상수훈(山上垂訓)에 해당된다고 일컬어진다. '바가바드 기타'는 '신의 노래'라는 뜻이란다.

 바라타 왕조(King Bharata. 앞에 붙는 Maha는 '위대하다'는 뜻)의 판두(Pandu) 왕이 죽자 그 아우 드리타라슈트라가 즉위하였는데, 그는 아들이 1백 명이나 되었지만 전왕 판두의 다섯 아들도 함께 길렀다. 그런데 판두 왕의 다섯 아들만 유별나게 재능이 뛰어나 드리타라슈트라 왕의 총애를 받게 되므로, 그 친자식 가운데 장남인 두료다나가 질투를 느껴 그 다섯 명의 사촌들을 죽이고자 한다. 여러 차례의 아슬아슬한 고비를 넘긴 끝에 마침내 쿠룩셰트라 평원에서 최후의 결전을 벌이게 되었다. 이때 다섯 형제의 진영을 지휘하게 된 셋째 아르쥬나가 현자 크리슈나의 지도를 받으며 싸움터로 나아가니, 양쪽 진영의 장수들이 모두 같은 혈족이다. 형 아니면 동생, 아저씨 아니면 조카 들인 것이다.

 "혈족들끼리 죽고 죽이는 싸움을 해야만 하나?"

 이것이 『바가바드 기타』의 주제이다.

 왕인 드리타라슈트라는 이때 장님이 되어 있었으나 심판관으로 나와 앉았다. 현자 비야사가 다가와, 싸우는 광경을 볼 수 있도록 시력을 회복시켜주겠다고 하나, 혈족들이 죽는 꼴을 볼 수 없다며 거절한다.

 『바가바드 기타』는 산자야가 드리타라슈트라 왕에게 전투 장면을 이야기해주는 형태로 진행되며, 그 사이사이에 아르쥬나와 크리슈나의 대화가 끼여드는 이중구조로 되어 있다.

난삽한 철학적 용어들과 베다(Veda)니 싼스크리트(Sanskrit)니 하는 괴팍스런 단어들, 생소한 인용들이 수없이 많은 이 서사시의 영문판을 집어들었다가 팽개치고, 팽개쳤다가 다시 집어들고 하면서 띄엄띄엄 읽어나간 것은, 어쩌면 6·25라는 동족상잔의 와중이었기 때문인지 모르겠다. 나는 죽어도 군대는 안 가리라. 그렇게 작심하고 버틴 데에도 그 영향이 컸다.

크리스토퍼 이셔우드(Christopher Isherwood)가 스와미 프라바바난다(Swami Prabhavananda)라는 인도사람의 도움을 받아서 번역한 영문은 대단히 아름답다.

5

잠시 미국에서 살 때, 이따금 아파트 로비에 책이 무더기로 쌓여 있고 그 옆에 너푼너푼 쪽지 하나가 붙어 있고는 했다.
— Help yourself!
누구든 마음대로 집어가라는 뜻이다. 야, 부자나라엔 별일도 다 있구나. 그렇게 생각하며 살펴보니까, 대부분은 유행처럼 지나가는 소위 베스트셀러 소설들이었으나, 읽음직한 교양서들도 더러 있어서 몇권씩 집어오곤 했다.

그런데 요새 보니까 우리나라에도 책을 내다버리는 사람들이 많다. 아파트의 쓰레기 내놓는 곳에 책이 수북하니 쌓여 있는 것을 보게 되는데, 그럴 때면 나는 사뭇 착잡한 감회에 젖곤 한다.

우리 연배가 대개 다 그렇겠지만 나는 쓰레기책으로 공부를 한 셈이다. 말하자면 새책보다는 헌책을 많이 보지 않았는가? 헌책이 새책보다 더 비싼 경우가 많은데 쓰레기라 부르다니 망발이라면 망발일 수도 있겠으나 버리는 사람에게는 어디까지나 쓰레기일 뿐이다.

중학교 들어가자마자 단짝이 된 친구가 있었는데, 그 친구네 집이 이른바 적산가옥이었다. 일본인들이 살다가 버리고 간 집이란 뜻이다. 그런데 그 집에 산 일본인은 고물상 주인으로, 창고와 지하실과 다락에 온갖 잡동사니들이 그대로 쌓여 있었다는 것이다. 그 집의 새 주인이 된 내 친구의 아버지는, 값이 나갈 만한 물건들은 죄 내다 팔고 그야말로 쓰레깃감들만 남겨놓았다.

내가 친구를 따라 그 집엘 가보니, 더러 이가 빠지긴 하였으나 신쬬오샤(新潮社)판 세계문학전집이 거의 다 있고, 손바닥만한 크기의 카이조오샤(改造社)판 세계명작선집도 거의 다 갖춰져 있었으며, 이와나미(岩波)문고나 슌요오도오(春陽堂)문고 등등 엄청나게 많았다. 나는 그 가운데 한두 권씩을 차례로 빌려다 보기도 하고, 방과후 그 집에 가서 점심 저녁 다 얻어먹으면서 독서삼매에 빠지기가 일쑤였다. 그 집에는 또 유성기도 있고, 먼지를 뒤집어써서 뿌옇게 되긴 하였지만 양판도 꽤 많았으므로, 오페라니 심포니니 하는 것들을 틀어놓고 책을 읽는 기분이란 여간만 근사한 게 아니었다. 여러 권의 우표앨범도 있었는데, 당시의 우리에게는 우표수집 따위의 개념이 전혀 없었다. 만약에 지금 그 앨범들이 있다면 엄청난 값이 나가련만, 우리는 아무렇지 않게 스토브 아궁이에 처넣었다. 『킹구』라는 대중지와 『중앙공론(中央公論)』 『개조(改造)』 같은 잡지들도 많이 있었으나 그런 것에까지 눈을 줄 겨를은 없었다.

그러는 중에 6·25가 나고, 앞서 말한 『바가바드 기타』 사건도 있었다. 『바가바드 기타』는 내게 양서(洋書)라는 것에 눈을 뜨게 해주었다. 그 역시 쓰레깃더미 속에 있었다. 나의 문학수업 내지 독서취미가, 일본인 고물상이 버리고 간 잡동사니 허섭스레기 속을 뒤지는 데서 시작되었듯이, 미군부대에서 쳐내오는 쓰레깃더미 속에서 나는 양서들을 뒤져냈던 것이다.

당시는 임시수도 부산에 엄청나게 많은 사람들이 몰려 들끓었고 그래서인지 곳곳에 장터가 생겨나 있었다. 장터에는 으레 양키 물건들이 벌여 있었고, 그 한옆에는 파지(破紙)더미가 쌓여 장지나 도배지 또는 불쏘시개용으로 팔리고 있었는데, 모두 미군부대 쓰레기통을 쳐내온 것들이었다. 그 속에 책들이 있었다. 어엿한 책가게에서는 접하기 어려운 이른바 원서들이 찢어진 신문지며 코푼 종이, 뒤지 들과 섞여 있었던 것이다. 물론 대개는 제본이 좋지 않은 문고본들이었고, Army Books라고, 가로가 길고 세로가 짧은 형태로 국방성이 발간한 것들이 많았는데, 내가 마크 트웨인과 허먼 멜빌, 헨리 제임스, 롱펠로우, 셔우드 앤더슨을 알게 된 것은 그런 책들을 통해서였다. 어니스트 헤밍웨이에게 노벨상을 안겨주었다는 『노인과 바다』가 처음 게재된 *LIFE*지(誌)를 발견한 것도 그런 파지더미 속에서였고, 한국전선을 방문한 밥 호프, 대니 케이가 직접 서명해서 GI(졸병)들에게 나눠준 책을 입수하여 자랑하기도 하였다.

내가 살던 곳에서 서면(西面)·부산진(釜山鎭)·고관(古館)·초량(草梁)을 거쳐 번화가인 광복동까지 가자면, 예닐곱 군데의 장터를 거치며 파지더미를 뒤질 수가 있었고, 버스비 정도를 가지고 대여섯 권의 세계명작들을 살 수도 있었다. 그건 물론 운이 좋은 날의 이야기고, 이십리도 넘는 거리를 먼지를 뒤집어쓰며 터덜터덜 걸어서 샅샅이 뒤지고 다녀도, 변변한 것 한권 건지지 못하는 때도 있었다. *Saturday Review*, *Atlantic*, *Harper's* 같은 잡지들도 그땐 열심히 주워들고 다녔고, 제법 최첨단을 호흡하고 있는 양 착각에 빠지기도 했다.

그렇게 쓰레깃더미를 뒤지고 다닌 것이 자랑스러운 일은 아니다. 그러나 그 무렵의 책가게란 대게 그런 책들—일본인들이 버리고 간 것과 GI들이 읽고 버린 것들—을 팔고 있었으니, 손수 뒤지고 다녔건 사서 읽었건 다를 바 없다.

이제 우리도 버리는 처지가 되었는가? 그러나 과연 버려서 마땅한 것을 버리고, 지녀야 할 것을 지니는지는 의문이다. 교보문고나 종로서적 같은 대형서점 매장에 베스트쎌러가 되고 있는 것들 중에 도리어 버려야 할 것들이 많고, 진열대 앞줄에도 나와보지 못한 채 뒷전에 쌓여 있다가 버려지는 책들 중에 오히려 지녀야 할 것들이 있지는 않을지?

『창작과비평』 1995년 봄호

카와까미 하지메의 조선붕어

개화기 이후의 우리나라 지식인들에게 가장 큰 영향을 끼친 외국 학자나 사상가를 꼽으라면 과연 누가 첫손에 꼽힐지? 모르긴 하되 일본의 경제학자 카와까미 하지메(河上肇, 1876~1946)의 이름도 꽤나 상위권에 꼽히리라.

일정 때 일본에 유학하면 대개 좌익이 된다고들 했는데, 거기에는 카와까미 하지메의 영향이 절대적이었다고들 한다. 그 시절 유학생이라면 지금 모두 고희를 넘겼겠지만, 그들은 카와까미 하지메를 그대로 부르지 않고 한결같이 '하상조'라고 부른다. 그가 마치 한국인이기라도 한 듯이. 노촌(老村) 선생은 일본에 유학한 분이 아니지만, 카와까미 어쩌고 하면 얼른 못 알아들으시고, 하상조라 해야 금방 알아들으신다. 영향이라기보다 친근감까지를 느끼신 게 아닌가 싶다.

나는 최근에 전우익(全遇翊) 선생으로부터 카와까미의 『자서전』 한 질을 선물받았다. 1997년 판 이와나미(岩波)문고 다섯 권짜리다. 카와까미의 저서들은 나오는 족족 베스트쎌러였다지만, 대중적으로 가장 인기있었던 것은 뭐니뭐니해도 『가난 이야기(貧乏物語)』(1917)가 첫손가락에 꼽히겠으나, 후세에 오래도록 남겨질 가장 가치있는 것을 고르라 한다면, 아마도 『자서전』이 첫째나 둘째로 꼽히리라.

하지만 나는 여기서 카와까미의 사상이나 생애를 이야기하려는 것이 아니다. 다만 그의 『자서전』을 읽는 가운데, '조선붕어'를 이야기한 대목을 발견하였기에 잠시 언급하려는 것이다.

카와까미 하지메는 짐짓 책상물림이라는 소리를 듣지 않으려고 현장에 나가 실천경험을 쌓기도 하였지만 스스로도 인정했다시피 아무래도 서재에 앉아 있어야 제격인 사람이었다. 인기있는 경제학자인데다 책이 수십만 부씩 팔려 돈에 쪼들린 일이 별로 없었건만, 평생을 두고 이렇다한 요정 출입을 해본 일도, 케이샤(藝者)의 손목 한번 잡아본 일도 없는 골샌님이었다. 그런 성격의 사람이면 대개 난(蘭)을 가꾼다든지 새를 기른다든지 하는 취미를 가질 법한데 카와까미에게는 그런 취미마저 없었다.

그러한 그가 잠시나마 '조선붕어'와 인연을 맺은 것은, 그가 오년형을 선고받고 갇혀 있던 토오꾜오 근교의 코스게 형무소(小菅刑務所) 안에서였다. 그때도 사상범은 내내 독거자(獨居者) 신세를 면치 못했는데, 노(老)교수를 측은히 여긴 형무소장의 배려로 낮에는 도서실에 나가 잡역부 노릇을 하는 은전을 입었다. 도서실에서는 책상 하나를 전용으로 쓸 수 있었고, 눈치 보아가며 따끈한 차 한잔을 끓여 마실 수도 있었다. 그런데, 같이 일하는 사람이 강간 살인죄로 무기징역을 선고받아 이미 십사년째를 살고 있다는 타무라(田村)라는 사나이였다.

타무라의 책상에는 푸른 이끼가 잔뜩 낀 유리병이 하나 놓여 있었는데, 무엇이냐 물은즉 조선붕어라는 대답이었다. 자세히 들여다보니 과연 새끼손가락만한 붕어 한 마리가 조용히 아가미를 벌름거리고 있는 것이 보였다. 붕어는 그해 겨울이 다 가도록 먹이 하나 주지 않았는데도 죽지 않았다. 세월이 흘러도 전혀 자라지 않는 것 같았다.

이윽고, 십사년을 복역한 타무라가 가석방으로 풀려나게 되었다. 풀려나는 자는 가지고 있던 사물(私物)을 어떻게든 처분해야 하기에, 카와까미는 타무라에게 그 조선붕어를 달라 하여 물려받았다. 타무라가 유리병을 들고 조선붕어를 보며 설명하였다.

—조선붕어는 배 밑바닥에 달라붙어서 현해탄을 건너온대. 그래서는 토오꾜오의 아라까와(荒川, 토오꾜오를 흐르는 강)로 올라와 알을 낳고 번식하지.

그래서 카와까미가 물었다.

—이 안에는 어떻게 들어왔지?

—아 그거야, 외역 나갔던 놈들이 아라까와에서 잡아가지고 왔지.

노교수는 그런 말이 아직 실감되지 않는 것이었다.

높고 높은 콘크리트 장벽으로 에워싸인 형무소 저쪽 밖에는 농장이 있어, 십여명씩 조를 이룬 죄수들이 날마다 수십조씩 외역(外役)이라는 것을 나갔는데, 형무소 문을 들고날 때의 감시와 검사는 말할 수 없이 엄중하였다. 한사람 한사람씩 간수 앞에서 옷을 홀랑 벗고 외역용 작업복으로 갈아입었다. 밖에서 들어올 때도 물론, 간수 앞에서 알몸이 되어 갈아입어야 했다. 그러니까 어떤 사소한 물건도 밖으로 나가거나 안으로 들어올 수 없게 되어 있는 것이다. 그러나 국제간에 밀무역이라는 게 있듯이, 온갖 것들이 끊임없이 교묘한 방법으로, 들어오기도 하고 나가기도 한다는 것이다. 그러니 새끼손가락만한 붕어 한 마리 들여오는 것은 문제도 아니었을 것이다.

아무튼 카와까미 하지메는 그 조선붕어 한 마리가 든 유리병을 물려받아, 먹지 못해 전혀 자라지 못한 조선붕어를 들여다보면서, 일본에 이주해서 살고 있는 조선인 육체노동자들을 생각했다고 한다.

드디어 카와까미에게도 만기출감의 날이 왔다. 도서실이 있는 건물 밖 한쪽에 좁은 뜨락이 있고, 소나무 한 그루 서 있는 밑에 화강암을 파서 만든 물받이가 있었다. 이름 모를 수초가 떠 있고 낙엽 부스러기가 가라앉아 있었다. 카와까미는 유리병을 들고 나가 조선붕어를 그 속에 놓아주었다. 카와까미는 그것을 가석방이라 하였다. 그 붕어는 그뒤 어떻게 되었을까?

『이문회우』 2001년 7월호(제1호)

역사왜곡과 제국대학

일본의 역사왜곡 문제가 연일 시끄럽게 보도되고 있는 와중에, 한때 이름깨나 날렸던 한 정치인이 세상을 떠났습니다. 이 나라의 신문 방송들이 그 사람의 사망소식과 함께 약력이며 장례절차 등을 보도한 것은 물론인데, 그 가운데 특별히 우리의 눈길을 끄는 항목은, "1943년 ○○ 제국대학 졸업"이라는 것이었습니다. 나는 그것을 보는 순간, 울컥 하고 치미는 것이 있었습니다.

— 아직도 제국대학(帝國大學)인가?

제국대학이란 길게 설명할 것도 없이, 세계적 강국으로 발돋움하려던 대일본제국이 세운 최고 엘리뜨 양성기관이었습니다. 영국에 옥스퍼드나 케임브리지가 있고 미국에 하바드가 있듯이, 그 학교를 나오기만 하면 탄탄한 출세가도가 일단 보장되었기 때문에, 일본 전국의 수재니 천재니 하는 젊은이들이 재수, 삼수 심지어는 칠수, 팔수까지를 불사하며 그 입시관문을 공략했던 것입니다.

그러나 조선이나 대만 같은 식민지 출신들에게는 어차피 공정한 경쟁의 기회가 주어지는 일이 거의 없었고, 요샛말로 쿼터배정 같은 입학이 주어졌을 뿐인 까닭에, 본인의 실력보다는 부모나 가문의 성분 또는 충성도가 더 중요시되었던 것입니다. 따라서 그 입학이나 졸업이 꼭 영예로운 것이었다고 보기 어려운 면이 있었습니다.

게다가 1945년의 8·15광복과 더불어 이 땅에 있던 경성제국대학(京城帝國大學)은 사라졌고, 그 역사는 국립서울대학교에 의해 승계됨으로써 제국대학,이라는 말은 일본 국내에서도 자취를 감춘 지가 오래입니다.

그런데도 불구하고 어찌된 영문인지 일제 시절에 그 학교를 졸업했거나 조금이라도 다녔던 사람들은, 이력서에 꼭, ○○제국대학 입학 또는 졸업이라는 것을 명기하는 것이었습니다. 그것이,

—나는 이렇게 우수한 사람이다

하는 뜻을 나타내려 한 것인지,

—나는 이와 같이 친일파였습니다

하는 양심적 고백이었는지는, 당자들이 더 잘 알 것입니다.

어찌되었건 일본은 이제, 저들의 부끄러운 과거를 은폐하려는 역사 왜곡을 자행하고 나섰습니다. 한일합병도 한국이 원해서 한 것이고, 창씨개명도 강제성이 없었으며, 정신대라는 종군위안부도 돈벌이하러 자발적으로 나선 여성들이었다는 식으로 강변하거나 얼버무리려는 시도지요. 그러한 주장을 우리가 용납할 수 없는 것은 당연하지만, 나는 우리들 속에 도사리고 있는 일제의 찌꺼기들을 먼저 쓸어내야 한다는 것입니다.

내가 처음 취직이라고 한 곳은 어느 출판사의 교과서 만드는 부서였는데, 모 대학의 저명한 교수를 모시고 중·고등학교 영어교과서를 만들라는 것이었습니다. 그런데 그 교수는, 일본의 한 출판사가 발행한 교과서들을 가져다놓고, 적당히 장 배열만 바꿔가며 재구성을 하는 것

이었고, 일본어로 씌어진 부분을 한국어로 번역해놓는 것이 그의 역할이었습니다. 나는 하도 이상해서, 조수 노릇을 하고 있는 한 대학원생을 붙들고 물었습니다.

─이왕 일본 교과서를 베낄 바에는 훨씬 더 권위있고 저명한 것들이 많이 있는데, 왜 하필이면 저 이름없는 출판사의 것을 택했소?

그러자 그 대학원생의 대답은 이랬습니다.

─아, 그 유명한 출판사의 것들은 이미 우리나라의 다른 출판사들에 의해서 선택이 됐어. 뒤늦게 시작한 우리가 택할 수 있는 것은 이런 정도뿐이거든.

나는 그뒤에 생물교과서 만드는 부서로 옮겨갔습니다만, 생물교과서 역시 일본 것을 베끼기는 마찬가지였습니다.

그러니까, 우리나라 학생들은 모르고 배웠지만 실제로는 일본 교과서를 가지고 공부한 것입니다. 백년지대계라는 교육이 그랬던 것입니다.

노촌 이구영 선생의 『역사는 남북을 묻지 않는다』에도 보면, 남파되어온 선생을 체포한 자는 바로, 일제 때 독립운동하던 선생을 검거했던 그 형사였습니다. 독립투사들을 검거하고 고문하고 처형하던 자들이, 광복 후 새 정부의 요소요소에 들어앉아 민족인사들을 빨갱이로 몰고 탄압한 예는 참으로 많습니다.

8·15광복 때, 나는 아무것도 모르는 어린아이였습니다마는, 일본인들은 집과 땅과 산업시설 들을 그냥 버리고 떠나는 것이 아니라, 자기들에게 가장 충성을 바친 조선인들에게 맡겨놓고 떠난다고, 어른들이 쑤군대는 소리를 들은 기억이 있습니다. 그 소문이 사실로 드러나는 일이야 없겠지만, 일제시대에 누린 특권이나 명예를 지금도 훈장처럼 내세우고 싶어하는 사람들은 우리 주변에 많습니다.

제국대학에 다닌 것도 자랑거리고, 선전(鮮展)에 입선한 것도 대단한

명예라 생각하고, 일본어로 일제를 찬양하는 시를 써서 신문이나 잡지에 게재하는 것을 부끄러워하지 않는 사람들이, 아직 권세를 지고 활개를 치고 있기에 일본은 우리를 만만히 보는 게 아니냐 하는 것입니다.

『이문회우』 2001년 8월호

마르게리타는 잘 있는가?

　백난영(白蘭英) 여사에 관해서는 노촌 선생에게서 꽤 여러번 들었다. 선생의 전기인 『역사는 남북을 묻지 않는다』에도 백여사에 관한 언급이 있다.
　상대가 동성이건 이성이건 간에 젊을 때 맺은 우정을 여든이 넘어서까지 유지한다는 것은 참으로 아름다운 일이다. 백여사는 근자에도 이따금, 노촌 선생을 찾아 이문학회 사무실에 들르신다고 들었기에 나도 한번 뵈었으면 하는 바람을 갖고 있었다. 그러나 세상일이란 참으로 묘하다. 정작 뵙고 싶어하는 내게는 그럴 기회가 주어지지 않은 채, 백여사의 존함조차 들어본 일이 없는 내 아내에게 먼저 그 기회가 주어진 것이다. 불과 이십여일 전의 일이다. 밖에서 돌아온 아내가 느닷없이 백여사 이야기를 하는 것이었다.
　―아니, 당신이 백여사를 어떻게 알아?
　―만났다니까요.

―어디서?

―전철 속에서요.

―전철 속에서? 우연히?

아내의 이야기를 요약하면 이렇다.

날로 심각해지는 주차난 때문에 요새는 차를 두고 대중교통을 이용하는 일이 많아졌는데, 특히 전철인 경우, 러시아워만 피하면 앉을 수가 있다는 것이다. 전에는 노약자지정석에 젊은 사람이 앉아 시치미떼고 있는 광경이 많았으나 이제는 그렇지 않다는 것이다. 그래서 전철을 타면 곧장 노약자석으로 다가가는 게 습관처럼 되었고, 그러면 대개 한 사람쯤 엉덩이 걸칠 공간이 남아 있다는 것이고, 그렇게 앉아서 두어 정거장쯤 지나치게 되면, 누가 먼저랄 것도 없이, 옆에 앉은 사람과 이야기도 주고받게 된다는 것이다.

한데 그날은, 아주 곱게 늙으셨다 싶은 한 귀부인과 나란히 앉게 되었고, 몇 정거장 지나치는 사이에 자연스럽게 말길이 트였다. 처음에 무슨 말로 길을 텄는지 모르겠으나, 어쨌든 두 사람은 오래 못 만나던 친지를 우연히 만난 것같이 이야기꽃을 피웠다는 것이다.

백여사께서는 스스럼없이, 자기가 '백병원' 설립자 백인제(白麟濟) 박사의 따님이신 것과, 오랫동안 미국서 살았는데 지금은 귀국해서 경상남도 김해에 있는 인제대학교에서 영문학을 강의하고 있다 하셨단다. 인제대학교에는 내가 존경하는 선배 김열규(金烈圭) 교수가 계시다. 지난봄, 그러니까 내가 병으로 쓰러져 병원 신세를 지기 직전에 우리 부부는 경남 고성(固城)에 있는 김교수의 집을 방문했다. 아내가 그 이야기를 하자 백여사께서, 김교수의 부인이자 시인이기도 한 정상옥(鄭相玉) 여사가 생선요리를 기막히게 잘하신다는 것과, 황토방을 만들었다며 어찌나 성화를 대는지, 가서 하룻밤 잘 지내고 왔노라 하셨다는 것이다. 한데 이야기가 여기서 끝난다면 내가 일부러 써야 할 이유가 없다.

 그런 일이 있은 지 이십여일쯤 뒤, 집으로 배달되어온 『이문회우』 다섯번째 호에, 바로 그 백여사가 쓰신 글이 사진과 함께 실려 있었다. 누구보다 아내가 신기해했고, 아들과 며느리도 재미있어했다. 그리고 또 한가지 나를 놀라게 한 것은 이흥렬 작사, 작곡으로 알려져 있는 가곡 「바우고개」의 작사가가, 백여사의 부군 이서향(李曙鄕)이라는 주장이다. 두루 알다시피 「바우고개」는 가히 국민가곡이라 할 만큼 널리 애창되는 곡이다. 따라서 그 작사가가 이흥렬 아닌 이서향이라 한다면, 반드시 바로잡아야 할 중대한 문제다.

 그러나 나는 이 문제를 잠시 접어두고, 내가 「바우고개」를 특별히 감명 깊게 들었을 때 이야기를 잠깐 해볼까 한다.

 그때 우리가 어떤 연유로 그 집에를 갔는지, 도무지 기억해내지 못하겠다. 뉴욕의 그리니치 빌리지는 내가 어릴 적부터 한번 꼭 가봐야지 하던 곳이었다. 그러나 정작 그곳에 발을 들여놓았을 때는 내 나이 벌써 쉰 살에 육박해 있었고, 그리니치 빌리지는 빗물에 적셔진 수채화처럼 칙칙하고 우중충해 보일 뿐이었다.

 ─예술가들은 이런 곳으로, 밤이 되면 모여든단 말인가?

 도무지 그럴 것 같은 느낌이 들지 않았다. 그러나 우리(채현국과 나)는 할 일 없는 떠돌이처럼 이집 저집 기웃거리며 걷다가 한 레스또랑의 출입구에 붙은 좀 색다른 메뉴판을 발견했다. 얼핏 보기에 그것은 메뉴판이라기보다 무슨 음악회 프로그램 같았다. 맨 위쪽 첫줄에 서곡(序曲, Overture)이 있고, 아래로 가면서 제1막(Act I), 제2막, 제3막, 그리고 종결곡(Epilogue)까지, 그것은 어느 오페라의 프로그램을 방불케 했다. 안으로 들어가 자리를 잡고 앉았다. 그러고는 둘러보니, 웨이터들이 모두 검은색 정장을 하고 있었다. 웨이트리스들의 복장도 무대의상처럼 화려했다.

그들은 모두 음악가들이었다. 백발이 성성한 노인도 있고 젊은이도 있었는데, 테이블을 돌며 주문을 받고 음식접시를 나르고 하면서, 차례로 피아노 앞으로 나가 노래를 부르는 것이었다. 귀에 익은 오페라 아리아며 이태리 민요, 독일 가곡들, 포스터 작곡의 미국 가곡 등등… 한 곡이 끝날 때마다 손님들은 아낌없이 박수를 쳤고, 더러는 피아노 앞으로 나아가 어항같이 커다란 유리상자 속에 팁을 갖다넣는 것이었다. 대개 1달러짜리 지폐였다. 우리도 한푼 갖다넣을까 말까 망설이고 있는데, 몸집이 어마어마하게 큰 웨이트리스가 피아노 앞으로 나가 포즈를 취했다. 피아니스트가 전주를 치기 시작했다. 그런데 이게 어찌된 일인가? 틀림없이 귀에 익은 곡이긴 한데 도무지 생각이 나지 않았다.

— 이게 뭐지?
— 글쎄, 많이 듣던 곡이긴 한데……

드디어 뚱뚱한 쏘프라노 가수가 노래하기 시작했다. 놀랍게도 그녀의 입에서는 한국 가곡이 한국어로 흘러나오는 것이었다.

바우고개 언덕을
혼자 넘자니
옛님이 그리워
눈물납니다.
고개 위에 숨어서
기다리던 님
그리워 그리워
눈물납니다.

바우고개 피인 꽃
진달래꽃은

우리 님이 즐겨즐겨

꺾어주던 꽃

님은 가고 없어도

잘도 피었네

님은 가고 없어도

잘도 피었네.

바우고개 언덕을

혼자 넘자니

옛님이 그리워

하도 그리워.

십여년간 머슴살이

하도 서러워

진달래꽃 안고서

눈물집니다.

　백인들이 가득 메우고 있는 레스또랑에서, 벽안의 쏘프라노 가수가 우리 가곡을, 그것도 발음이 정확한 한국말로 불러줄 줄이야!
　지금 생각하면 실소를 금하지 못할 일이다. 이태리 민요는 어느 나라의 성악가건 이태리어로 부른다. 독일 가곡은 어느 나라 성악가건 독일어로 부르는데, 벽안의 가수가 우리 가곡을 우리나라 말로 부른 것이 무슨 대단한 일이냐?
　그러나 1980년대 후반에는 '현대'나 '삼성'의 광고간판이 미국 서부의 어느 고속도로변에 세워졌다 하는 것이 뉴스거리였다. 그런 시절의 이야기다. 우리는 감동한 나머지 아낌없는 박수를 쳤고, 달려나가 유리상자 속에 팁을 쑤셔넣었다. 나는 오 달러짜리를 넣은 것 같고 채현국은 아마 십 달러짜리를 넣었을 것이다. 그날밤 우리는 「그 집 앞」도 듣고 「그네」도 들었다. 덕분에 호주머니는 털렸으나 기분은 나쁘지 않았다. 나는 그날 이후로, 「바우고개」를 들으면 언제나 그 레스또랑을 생각한다.

백여사의 부군 이서향 선생은 원래 희곡을 쓰셨는데, 극작가로서보다는 연출가로 더 알려져 있다. 백여사께서는 「바우고개」를 작사한 것이 중학생 때였다고, 부군으로부터 그렇게 들었다고 하셨는데, 사실 「바우고개」의 가사를 곰곰이 살펴보면 중학생다운 치기를 느낄 수 있다. 특히 마지막 절에, "십여년간 머슴살이" 어쩌고 하는 말이 느닷없이 튀어나오는 대목이 그렇다. 고복수가 부른 대중가요 「타향살이」에 "고향 떠난 십여년에" 하는 구절이 있는데, 그것과 무슨 연관이 있는지도 모르겠다.

이홍렬 씨가 「바우고개」를 작곡한 것은 1934년 이전일 것이다. 『이홍렬 작곡집』이 발행된 것이 1934년이요, 「바우고개」는 그 속에 들어 있기 때문이다. 이홍렬 씨는 부인이 끼고 있던 결혼반지를 내다 팔아 출판비용을 충당했다는 에피쏘드가 있다. 그 가곡집에 수록된 이십여 편 중에서 가장 많이 불리는 것이 「바우고개」이다.

만일 백여사의 말씀처럼 작사가가 이서향이라면, 「바우고개」라는 아름다운 가곡은 금지곡으로 묶였을 것이다. 작곡자 이홍렬 씨가 그것을 두려워한 나머지, 작사도 자기가 한 것처럼 만들었을 가능성은 충분히 있다. 그 진실을 밝히기 위해서는 1934년에 발행된 『이홍렬 작곡집』을 보아야 할 것이다. 문제는 그 작곡집을 찾아내는 일이다. 꼭 그 책이 아니더라도 대한민국 정부가 수립되어 월북자의 작품을 금지곡으로 묶어버린 1948년 이전에 발행된 가곡집이면 좋을 것이다. 그 방면에 관심을 갖는 사람이 이다지도 없단 말인가?

지난 9월 11일에 테러범들에 의해 폭삭 내려앉은 뉴욕 맨해튼의 무역쎈터 쌍둥이빌딩은, 우리가 「바우고개」를 듣고 감격해 마지않던 곳에서 가히 멀지 않다.

마르게리타는 아직 그 자리에 있을까?

아이구 이런! 마르게리타가 무엇인가에 대한 설명을 여태 하지 않았구나!

마르게리타는 여자 이름인 것이 사실이지만, 실은 우리가 「바우고개」를 들었던 그 레스또랑 이름이다. 그곳에서는 아직 「바우고개」가 불려지고 있을까? 나는 언제 또 그곳에 갈 수 있을까? 작사자가 누구냐 하는 문제를 놓고 이러쿵저러쿵하는 이것도, 반세기가 넘는 분단의 상처다. 하루빨리 어떤 객관성 있는 사료가 나타나서 상처가 치유되기를 기원한다.

『이문회우』 2001년 12월호

나뭇가지와 목발

 불교는 철학이고 기독교는 윤리라고 말한 사람이 러셀이었는지 슈바이쩌였는지 잘은 모르겠다. 아무튼 그는 말 많고 따지기 좋아하는 크리스천들에게 불교나 힌두교의 스님들과 논쟁하지 말라고 충고했다. 스님들은 허구한 날 먹고 앉아서, 아니 어쩌면 먹고 자는 것조차 걸러가면서 생각만 하기 때문에 이론적으로 덤벼서는 승산이 없다는 것이다. 기독교가 이기는 길은 윤리적인 실천에 있을 뿐이라고 하였다. 이런 이야기를 어디선가 읽은 것 같은데, 아마 슈바이쩌일 것이다.
 젊을 때 가까운 사찰로 스님을 찾아간 일이 있었다. 그 무렵 교회에 다니던 나는 비록 크리스천이지만 한국인의 의식에는 전통적인 불교의 요소들이 자리해 있음을 부인할 수 없다는 생각에 불교공부를 좀 해보자는 뜻에서 교회 청년들과 함께 가을소풍 겸해서 갔다.
 주지스님은 우리가 찾아온 얘기를 듣더니 무척 반기면서 법당에 앉히고는 여러 말씀을 해주셨다. 한참을 듣다가 둘러보니 우리 일행 말고도 소풍객과 등산객 들이 하나둘씩 모여들어 많은 사람들이 함께 듣고 있었다. 스님의 말씀은 그만큼 쉽고 재미있었다. 그 가운데에서도 지금까지 잊혀지지 않고 내 기억에 남은 이야기가 있다.

천야만야한 절벽 위에 소나무가 한 그루 있었는데, 한 아이가 가지를 잡고 달랑 매달렸다. 그러고 나서 밑을 보니 천길 낭떠러지였다. 겁이 나서 사람 살리라고 외쳤으나 아무도 없었다. 한참을 버둥거리며 소리를 지르고 있는데, 그 아래로 아버지가 지나가다가 올려다보았다.

"아버지, 절 살려주세요."

혹시나 아버지 귀에 들리지 않을까 하여 있는 힘을 다하여 외쳤지만 아버지는 대수롭잖게 말씀하신다.

"이놈아, 놓아라."

아들이 못 알아듣고 되물었다.

"네?"

아버지가 대답하셨다.

"그 손을 놓으란 말이다."

"아버지 미쳤어요. 이 손을 놓으라니, 저더러 떨어져 죽으란 말이에요?"

"인석아, 아무 일 없으니 그만 탁 놓아뿌리라."

"아이구 아버지, 힘 빠져 죽겠습니다. 놀리지 마시고 제발 좀 살려주소!"

"허 그 녀석, 어서 놓으라니까."

부자간에 선문답 같은 소리만 되풀이될 뿐이었다. 나뭇가지를 잡고 대롱대롱 매달린 아들은 시간이 지날수록 힘이 빠져서 마침내는 아래로 툭 떨어졌다.

"아악……"

외마디소리를 지르며 떨어진 아들은 죽는 줄 알았다.

그러나 아니었다. 놓으면 죽는 줄 알고 아등바등 매달린 가지를 놓아버린 순간 발밑이 바로 땅이었다. 한길도 안되는 높이에 매달려서 그것이 천야만야한 절벽인 줄 착각하고 잡은 가지를 놓치면 죽는다고 생각하는 것이 인간이다. 결국 이 이야기는 집착을 버리고 망상에서 깨어나라고 가르치는 게 불교라는 것이었다. 불교인들에게는 아주 초보적인 이야기지만 그 당시 우리는 대단한 감명을 받았다.

이 이야기를 기독교식으로 번안하면 어떻게 될까. 딱 들어맞지는 않을 것 같으나 쟌 까를로 메노띠 작곡의 오페라 「아말과 동방박사들」이 있다. 이스라엘의 한 변방에 아말이라는 절름발이 소년이 어머니와 함께 살고 있었다. 집이 워낙 가난하여 소년 아말은 목발을 짚고 다니는 절름발이면서도 남의 집 양떼를 돌보아주는 목동 일을 하였다. 어느 추운 날 밤, 멋진 백마를 탄 백발노인 세 분이 지나다가 하필이면 외진 곳의 가장 초라한 이 집에 와서 하룻밤 묵어가자는 것이었다. 소년의 어머니는 극구 사양했지만 아말은 자기 집에 이런 훌륭한 손님들이 오신 게 황홀한 나머지 그만 어서 들어오라고 하였다. 소년의 어머니는 하는 수 없이 있는 것 없는 것 다 털어서 저녁을 대접한 뒤 손님들에게 방을 내주고 자기들은 헛간에서 잤다. 이튿날 새벽이 되어 세 분 노인이 떠날 채비를 하는데, 어떻게 소문이 났는지 마을 사람들이 제각기 선물을 한가지씩 들고 몰려왔다. 그들의 이야기로 세 노인은 동방박사라는 것과 지금 예루살렘에 구세주가 태어나서 영접하러 가는 길이라는 사실을 알게 되었다. 어떤 사람은 금붙이를 갖고 와서 새로 태어난 아기 구세주에게 전해달라며 맡기고 비단, 염소, 닭, 하다못해 달걀 한꾸러미라도 갖고 왔다. 그러나 아말의 집에서는 아무것도 내놓을 것이 없었다. 어머니는 세 분 박사들한테 잠자리를 내준 것으로 위안을 삼고자 했지만, 소년 아말은 참담한 심정이었다.

박사들은 마을 사람들이 가져온 귀한 선물들을 모두 챙겨서 말 잔등에 싣고 작별인사를 하고 떠나려 하였다. 그 순간, 소년 아말은 박사 한 분을 붙잡고 말했다.

"잠깐만요, 박사님."

그러고는 자신이 짚고 서 있던 목발 한짝을 번쩍 들어서 박사에게 내밀었다.

"제게 있는 것은 이것뿐입니다. 이것을 받아주십시오."

어머니가 나직이 외치는 소리가 들렸다.

"쟤가 미쳤나. 아기 구세주가 절름발이일까. 저는 어떡하려고."

그러나 박사는 아무 말 없이 소년이 주는 목발 한짝을 받아 말안장에 실었다. 그리고 떠났다. 사람들이 동구 밖까지 따라가며 배웅하는데, 아말 소년도 함께했다. 소년은 이미 절름발이가 아니었다, 목발을 주어버린 소년은 어느새 성한 사람이 되어 있었다.

앞의 두 이야기를 가지고 불교와 기독교의 차이를 말함은 무리일지 모른다. 또 필자가 이 글을 쓰는 의도가 그런 것도 아니다. 그러나 아무튼 슈바이쩌가 말한 철학적인 불교와 윤리적인 기독교라는 비유에는 꽤나 부합하는 성싶다.

이데올로기와 그에 대한 잘못된 집착이 얼마나 어이없이 끝나는지를 우리는 경험하였다. 아직 우리에게 남아 있는 이 분단체제는 절름발이가 짚고 선 목발이 분명하다. 과감히 내던지고 당당히 설 날이 언제일까.

『해인(海印)』 1994년 10월호

관훈동 그 집

옛날에는 그 일대를 관인방(寬仁坊)이라 하였다. 관인방 안에 훈동(勳洞) 사동(寺洞)이라는 마을들이 있었는데 1914년 경성부제(京城府制) 실시 때에 관인방의 관자(寬字)와 인자(仁字)를 각각 하나씩 따붙여서 관훈동(寬勳洞)이 되고 인사동(仁寺洞)이 되었다.

그 일대에는 조선조 오백년을 통하여 이른바 명문거족(名門巨族)들의 집이 많았으니, 예컨대 최근에 헐린 태화회관(泰和會館) 자리는 원래 중종(中宗) 때 정국공신(靖國功臣) 구수영(具壽永)의 집터로서 인조(仁祖)가 어릴 때 공부하고 놀던 잠룡지(潛龍池)이기도 하였고, 후일 안동김씨(安東金氏)의 세도가 김흥근(金興根)의 집터가 되었다가 그의 딸이 헌종(憲宗)의 후궁이 된 뒤에는 순화궁(順和宮)으로 불렸고, 순화궁이 서대문 밖으로 옮겨가자 그 집은 이완용(李完用)의 차지가 되었다.

이완용은 누구나 다 아는 매국노지만 한일합병 뒤에는 이 집터가 태화관(泰和館)이라는 요릿집이 되었는데, 기미독립선언이 바로 그 자리에서 행하여진 것은 참으로 역사의 아이러니가 아닐 수 없다.

또 그곳과 길 하나를 사이에 둔 관훈동 198번지는 죽동궁(竹洞宮) 자리다. 순조 때 동녕위(東寧尉) 김현근(金賢根)의 집인데 김현근은 정신병이 있어 자꾸 발작을 일으키므로 그때마다 죽도를 가지고 위협하여 발작을 제지했다. 그래서 그 집에는 항상 대칼(죽도)이 비치되어 있으므로 사람들이 죽도궁(竹刀宮)이라 부르던 것이 변하여 죽동궁이 되었는데, 고종 때 와서는 민영익(閔泳翊)의 집터가 되었고 지금은 예식장으로 붐비니 이 또한 묘한 느낌이 없지 아니하다.

또 그 바로 이웃한 197번지는 만년의 율곡 이이(李珥) 선생이 살던 곳이요, 고종 때 사동대신(寺洞大臣)이라 불리던 김병학(金炳學)의 집터이기도 하다. 그리고 관훈동과 견지동(堅志洞)이 맞닿은 일대를 청석골 또는 청석동(靑石洞)이라 부른 것은 숙종 때 명신 청성부원군(淸城府院君) 김석주(金錫胄)의 집이 있던 데서 전래한다. 즉, 청성이 청석으로 변한 것이다. 오늘날 이 지역이 서화·골동 따위 예스러운 것의 본산(本山)이 되고 있는 것은 우연이 아닌 듯하다.

그러나 내가 지금 이야기하려는 관훈동 그 집은 그런 명문거족의 유서 깊은 집과는 거리가 멀다.

안국동 네거리에서 관훈동 골목으로 들어서서 한 오십 미터쯤 내려간 왼편 길가에 그 집이 있었다. 비교적 낡은 건물들이 많은 이 지역에서도 더욱 초라하고 낡은 이층집. 우중충한 회색 씨멘트 벽은 군데군데 균열이 져 있고, 당기면 덜커덩 떨어질 성싶게 어설피 달린 길가의 출입문은 언제나 닫혀 있었다.

안에 사람이 있을까 의심이 갈 정도로 적막한 느낌이 감도는 그 출입문 위에는, 문패라기에는 좀 크고 간판이라기에는 너무도 작고 볼품 없는 판때기 하나가 붙어 있었다. 가로 오십 쎈티미터 세로 삼십 쎈티미터 정도의 판때기는 칠을 한 흔적도 없이 시꺼멓게 퇴색이 되었는데,

집주인이 손수 쓴 두어 줄 글씨가 희미하게 나타나 있었다. '김○○내과 오후 3시부터 7시까지 진료함.' 어지간한 사람은 그것을 읽어보고도 무엇을 의미하는질 얼른 짐작할 수 없을 정도로, 그 간판은 현실감이 없었고, 그 집은 도대체 병의원다운 이미지를 조금도 갖고 있질 않았다. 나는 칠팔년 전에 처음 그 간판을 발견한 후 그 골목을 지날 때마다 그것을 쳐다보려고 두리번거렸으나 자칫 발견치 못한 채 저만큼 지나쳐버리는 수가 많았다. 그만큼 그 간판은 간판으로서의 제구실을 못하는 물건이었는데, 나는 그럴 때마다 되짚어올라오며 기어이 찾아보고야 안심을 하고는 했다.

그러나 막상 한번도 그 어설프게 생긴 출입문을 밀고 안으로 들어가보진 못하였다. 지금 그 일을 못내 아쉬워하면서 이 글을 쓴다.

내가 김박사님을 처음 뵌 것은 약 이십년 전의 일이다. 그때 나는 몹시 가슴이 나빠 늑막염으로 한달간의 입원치료를 받은 뒤였다. 나를 치료해준 젊은 의사에게서 이야기를 듣고 서울대병원으로 김박사의 진료실을 찾았던 것인데, 박사님은 그때 이미 반백이었다. 시골 농부 같은 인상에 목소리마저 우렁우렁해서 현대의학의 차갑고 세련된 맛을 전혀 느낄 수 없었다. 차례를 기다리는 사람이 많은데도 한사람의 환자를 붙들면 시간 가는 줄 모르고 대화를 나누고, 그러다가 강의시간이 되면 주섬주섬 책들을 집어서 시퍼런 보자기에 싸서 들고는 횡허케 나가버리시는 것이었다. 인자하지만 몹시 답답한 시골 노인 같아서 처음엔 잘못 찾아왔구나 후회도 했다.

그러나 막상 내 차례가 되어 갖고 간 엑스레이 사진을 보여드렸을 때, 나는 그분의 두 눈에 무한한 애정이 넘치고 있는 것을 감지했다.

"응, 치료 잘하고 있는데 뭘 그래! 됐어, 이대로 계속하면 문제없어! 돈 없는데 엑스레이 사진은 왜 이 비싼 병원에 와서 찍었나? 아무데나 싼 데 가서 찍어가지고 와! 주사는 약 사다가 집에서 놓아! 응, 괜찮아,

그렇게 해! ……오 참, 그러고 말이야, 요담에 올 때는 이리루 오지 말고 교수실로 와! 교수실이 어디냐 하면 저기 시계탑 있는 빨간 벽돌집 있지! 그 시계탑의 시계 바로 뒤가 내 방이야! 일루 오면 접수를 통하니까 돈 내야 되지? 그러니까 담부턴 교수실로 오라구!"

아무리 비영리기관인 대학병원이지만 너무하신다 싶은 그런 말씀을, 김박사님은 자기를 찾아오는 거의 모든 환자에게 거침없이 하시는 것이었다. 그뒤부터는 물론 나도 병원의 접수구를 거치지 않고 시계탑 뒤의 교수실로 찾아갔다. 틈틈이 보아주시는 것이었기 때문에 기다리기가 지루했으나, 가난했던 나에게는 얼마나 고마운 일인지 몰랐다. 고마운 것은 거기서 그치지 않았다. 진료를 끝낸 박사님은 으레 한쪽 벽면을 가득 메운 철제 캐비닛을 열고, 내게 필요한 갖가지의 약품들을 듬뿍 꺼내서는 한보따리 싸가게 하시는 것이었다.

그러나 김박사님은 결코 무골호인(無骨虎人) 타입은 아니었다. 한번은 어떤 청장년이 와서 때로 가슴이 답답해지고 통증까지 느낀다는 호소를 하였다. 박사님은 그 사람을 대강 진료해보신 후에 아무 탈 없으니 그냥 가라고 하는 것이었다. 그런데 그 사람은 병원이라는 데서는 으레 주사를 놔주든지 하다못해 약 한봉지라도 줘보내는 것이라고만 알고 있었는지, 얼른 가질 않고 머뭇거리며 뭐라고 불평을 했다. 그러자 인자하시기만 하던 박사님의 입에서 갑자기 날벼락이 떨어졌다.

"야, 이 망할 자식아! 가서 밥이나 잘 처먹으면 된다는데 웬 잔소리야! 멀쩡한 새끼가 약은 왜 처먹고 주사는 왜 맞겠다는 거야? 너 같은 놈 때문에 정작 위급한 환자가 치료를 못 받고 죽어가! 당장 나갓!"

나도 딱 한번 그분한테서 호되게 욕을 먹은 일이 있다. 담배의 해독(害毒)에 대해 말씀을 하시기에, 끊을 생각은 전혀 없으면서 그냥 말대접으로 "그럼 저도 담배를 끊는 게 좋겠습니까?" 하고 물었던 것이다. 그러자 박사님의 입에서 벼락치듯 호통이 떨어졌던 것이다.

"야 이 개새끼야! 담배 피기 시작할 땐 내게 물어보고 시작했어?"

그분은 나의 불성실한 태도를 용납할 수 없었던 것이리라. 그러나 그때 빼고, 박사님은 곧 인자한 모습을 되찾으시는 것이었다.

나는 아무튼 그분에게 한달에 한번씩 오년간을 다녔다. 그러는 동안 나의 아내가 김박사님의 권위에 의심을 품은 일이 있었다. 도무지 고지식하고 인자한 시골 노인 같기만 해서 현대의 첨단의술을 아실 것 같지 않다는 게 아내의 생각이었다. 단 한번 비교를 해보기 위해서라도 Y병원엘 가보자고 졸라대는 바람에 그렇게 했다. 그때 현대식 건물로 말끔히 단장을 끝낸 Y병원은 진료실에 앉은 의사 또한 해외에서 공부한 박사 냄새를 물씬 풍기었다. 이분마다 한명씩 환자를 불러들이며 한순간도 낭비가 없게, 인간적인 냄새라고는 전혀 맡을 수도 없었다.

"아! 대단히 위험한 상태입니다. 특수요법으로 치료를 해야만 살 수 있어요! 이봐 간호원! 이분을 엑스레이실로 안내해!"

어찌나 겁을 많이 주던지 나는 엑스레이 사진을 8, 9매나 찍도록 잔뜩 주눅이 들어 있었다. 그 결과 치료가 아주 잘되어가고 있다는 판정을 받긴 했으나 그날 하루의 병원비가 일년치 약값을 웃도는 것이었다. 그뒤부터는 아내도 김박사님을 존경하게 되었다.

내가 관훈동에서 그 간판을 발견하게 된 것은 김박사님의 정년퇴임 소식이 들린 지 훨씬 뒤의 일이었다. 정년이 된 뒤에도 박사님은 명예교수로서 대학엘 나가셨기 때문에, 자택에 내건 간판에는 '오후 3시부터 7시까지 진료함'이라고 정직하게 써붙이셨던 것이다. 나는 그 간판을 바라볼 적마다 우리 시대에 존경받을 만한 한분이 거기 아직 생존해 있는 것을 흐뭇해하였고, 그분의 집이 있는 관훈동이 더욱 훈훈하게 느껴졌던 것이다.

그러나 그분은 가셨다. 그분이 가신 뒤에도 나는 관훈동엘 들를 적마다 버릇처럼 그 간판을 찾아 두리번거렸다. 지난 늦가을까지도 그 간판은, 떼어줄 주인을 잃은 것처럼 그대로 붙어 있었고 집 모양도 그대로 있었다. 이상하게도 그분이 아직 살아 계신 것 같은 느낌이 들고, 그분이 손수 쓰신 간판이라도 쳐다볼 위안이 있었다. 그러나 간판은 금년 봄부터 없어졌다.

그런데 한달도 전이었을까, 그 우중충하던 회색 콘크리트 벽면이 분홍빛으로 개칠이 되고, 늘 닫혀만 있던 출입문이 활짝 열렸다. 아— 그리고 그 집은 요새 한창 장마 뒤의 독버섯처럼 번지는 전자오락실이 되어 있는 게 아닌가? 전자오락실은 김박사님의 이미지는 고사하고 관인방(寬仁坊)의 이미지와도 상충(相衝)이 심하다. 골목 안에 김박사님의 우렁우렁한 호통소리가 메아리치는 듯하다.

『박물관신문』 1984년 2월 1일자(제50호)

각박한 세상이라고

　모두들 각박한 세상이라고 한탄들 하는데, 각박한 것은 사실이겠지요. 그러나 그런 한탄을 하는 사람들이 이 세상을 조금이나마 덜 각박한 세상이 되게 하려는 노력을 과연 얼마나 하고 있을까요?
　자신은 전혀 그런 노력을 하지 않으면서, 각박하다 각박하다고 탄식만 하는 사이에, 세상은 점점 더 각박해져가는 것은 아닌지요?
　그런데 우리 주변을 찬찬히 잘 살펴보면, 스스로는 별반 의식도 하지 않은 채, 이 세상을 조금이나마 훈훈하게 하려고 노력하는 사람이, 전혀 없지도 않은 것을 알 수 있습니다.
　내 친구들 중에서 서사장이 그런 사람입니다. 여러분들 중에 혹 초등학교 때 담임선생님 이름을 다 기억하는 분 있습니까? 아니면 중학교, 고등학교에서 직접 배운 선생님들 존함을 다 기억하는 사람 있습니까? 그런데 우리 친구 서사장은 다 기억합니다. 존함을 기억할 뿐만 아니라 한분 한분의 생존 여부와 근황까지, 심지어 자제분들의 형편까지를 거의 빼놓지 않고 다 압니다.

　무슨 특별한 사업상의 이유로 조사를 해서 그런 것은 절대로 아닙니다. 이 사람은 어느 때부터인가 지난날의 선생님들을 일년에 한두 번씩은 꼭 찾아뵙거나 문안편지라도 드리기로 작정을 하고 내리 실천해온 것입니다.

　그런 사람이니 어디 선생님이나 웃어른 들께만 잘하겠습니까? 친구들 잘 챙기고 후배들 잘 보살피기로 이미 소문이 났습니다. 나하고는 동창관계도 없고, 혈연·지연도 없고 일하는 분야도 전혀 다르건만, 어찌어찌 맺어진 인연을 끊어버리지 않고 챙겨주는 덕분에 이제는 적어도 한달에 한번은 만나는 사이가 되었습니다. 한동안 못 봤다 싶으면 꼭 전화가 옵니다.

　"박형, 특별한 약속 없으면 오늘 점심 같이합시다."

　먼저 전화를 걸어오는 사람은 언제나 서사장이고, 내 쪽에서는 아직 한번도 그래보지 못했으니 참으로 부끄러운 노릇입니다. 한데, 못난 송아지가 엉덩이에 뿔 난다는 격으로, 번번이 얻어먹기만 하고 신세나 지는 주제에, 서사장에게 은근히 불만을 품은 적이 있지 뭡니까? 실은 이 글을, 그에 대한 반성을 겸해서 쓰고 있는 것입니다.

　C형은 평생을 신문기자로 일한 사람인데, 시야가 점점 좁아지는 희귀한 병에 걸렸습니다. 그로 인해 직장도 일찍 잃었지만, 지금은 시야가 책 한권 펼쳐놓은 정도밖에 되지 않아 보행하기도 대단히 불편하지요. 그런 몸으로 어떻게 지하철을 타고 시내까지 나오는지 기적 같은 생각이 들 뿐인데, 어쨌든 그는 나를 붙들면 놓아주지를 않습니다. 대개 서너 명이 함께하는 서사장의 점심자리에 C형과 내가 자주 동석을 하게 되는 까닭은 C형이 기자 출신이라 글쓴다는 나하고 잘 통하리라는 서사장의 배려 때문이겠는데, 나로서는 그것이 못마땅했던 것입니다.

　까닭인즉, 나는 기관지가 몹시 안 좋아 지하도의 층계를 오르내리기가 대단히 힘든 인간인데도 불구하고, 스스로가 C형 정도의 병자라는 생각을 까맣게 하지 못한다는 데 있습니다. 눈이 나빠서 보행이 불편한 C형은 자리를 옮길 때면 언제나 내 팔을 꽉 붙잡고 바싹 붙어다닙니다. 나는 그의 눈이 되어주는 것입니다. 그렇게나마 친구의 도움이 되어준다는 것은 좋은 일이지요. 그런데 그런 일이 두번 세번 되풀이되니까 반드시 기분 좋게만 생각되는 게 아니더란 말입니다.

'내가 무슨 지팡이야? 나를 C형의 지팡이 삼으려고 부르는 건가?'

서사장이 들으면 기절초풍할 이런 끔찍한 생각이 들더란 말입니다. 사람은 정말 간사한 존재입니다. 시력이 나쁜 친구를 매달고 걸음으로써 길가는 사람들이 자꾸 쳐다본다는 그것을 쑥스럽다 생각할 만큼 내가 옹졸한 인간이었던 것입니다.

그런데 나의 그러한 옹졸한 마음을 확 풀어준 것은 역시 C형이었습니다. 우리 일행은 그날 남대문시장 안에 있는 한 맛있는 식당에서 식사를 하고 신세계백화점 아래 회현지하상가를 거쳐 중앙우체국 앞으로 올라와야 했는데, 호흡기가 약한 나는 층계 오르기가 무척 고생스러웠습니다. 옆에 붙은 C형 보기가 민망할 정도였지요. 가까스로 중앙우체국 쪽으로 솟아나온 나는 숨을 헐떡이며 내뱉었습니다.

"미안해. 난 이렇게 숨이 가빠!"

그러자 C형은 깜짝 놀라게 우렁찬 목소리로 외쳤습니다.

"시끄러! 나는 그 대신 눈이 나쁘잖아!"

나는 터져나오는 웃음을 참을 수가 없었습니다.

"하하하하……"

그렇구나. 그랬었구나!

나는 서사장이 나로 하여금 평범한 진리를 깨닫게 하려고, 매번 C형과 동석케 한 것은 아닐까 그런 생각을 하는 것입니다.

『이웃과생명』 1998년 12월호

그 해프닝의 기억을 위하여

P씨는 세계적인 유명인사다.

그가 얼마나 훌륭한 예술가인지를 평가할 능력이 내게 없지만, 여러 나라의 꽤나 이름있는 박물관에서도 그의 작품을 제법 번듯하게 전시해놓은 것을 직접 보았으니, 가볍게 이러니저러니 할 상대는 아니다.

지난번 우리나라 대통령이 미국을 국빈자격으로 방문하였을 때, 백악관에서 베푼 파티에 P씨가 초청을 받은 것은, 누가 보아도 잘못된 일이랄 수는 없었다. 문제는 그가 중풍환자라는 데 있었다 할까? 그러나 그러한 국제적인 행사에 휠체어를 탄 사람이 참석하는 일은 드물지 않다.

휠체어에 앉은 그가 파티장에 나타나자 호스트인 미국 대통령 클린턴은 악수하려고 손을 내밀며 그에게로 다가갔고, 수많은 카메라와 기자들이 그곳에 촛점을 모았다.

그런데 그때, 당연히 휠체어에 앉은 채 손을 내밀었어야 할 P씨, 자신이 환자라는 사실을 깜빡 잊었다는 듯이 벌떡 일어섰고, 그 순간 그의 바지가 홀러덩 벗겨지며 늙은 중풍환자의 볼품없는 하반신이 그대로 드러났다. 극히 짧은 시간 텔레비전 카메라들이 그 모습을 방영했다던가 어쨌다던가. 역시 불의의 사건을 많이 겪어본 미국의 언론인들은 노련하고 순발력이 있었다. 눈깜짝할 사이에 그들은 카메라를 딴 곳으로 돌리고, P씨가 늙고 병이 들어서 불각의 실수를 연출했다고 가볍게 넘어가 버렸다. 그러고는 P씨의 존재에 대해서는 일절 언급을 하지 않았다.

한데 내가 궁금한 것은 P씨가 그뒤 그 장면을 어떻게 수습하고 어떻게 처신했을까 하는 점이다. 거기 대해서는 꽤나 여러 명 있었을 우리나라 기자들조차 일절 알려주지 않았다. 관심도 없었을 것이다.

그리고 적어도 언론에 종사하는 자라면 으레 그것이 과연 실수였을까 하는 의문을 한번쯤 가져봄직하건만, 그런 기자가 하나도 없었다는 사실에는 서글픈 느낌마저 드는 것이다.

얼마든지 실수일 수는 있었다. 휠체어에 앉았다가도 악수하려는 상대가 대통령이고 보면 얼떨결에 일어설 수도 있고, 환자이다보니 허리띠를 매지 않았을 수도 있고, 바지 속에 팬티를 안 입었을 수도 있다 치자. 그러나 그 세 가지 조건이 다 갖춰져서, 벌떡 일어서는 순간에 알몸이 그대로 드러나기도 그리 쉽지는 아니할 터이다.

그러면 단순한 실수가 아닌 의도적인 해프닝이었단 말인가? 내 어찌 감히 그렇다고 단정할 수야 있으랴? 그러나 상대가 P씨이고 보면 그런 개연성은 충분히 있다고 보는 것이다.

P씨는 약관 이십여세에 매스컴을 타고 유명인사로의 길로 들어섰다. 우리는 그의 이름을 1958년인지 1959년부터 『타임』이나 『뉴스위크』에서 발견할 수 있었는데, 그를 향한 국내 사람들의 시선은 결코 고운 것은 아니었다.

─흥, 친일파의 아들로 자라나, 남들은 꿈도 못 꾸던 시절에 일본으로 독일로 돌아다니며 6·25의 비극도 남의 일 보듯 한 놈, 그게 무슨 한

제1부 산문 • 53

국놈이야!

─전위예술로 무대 위의 피아노를 때려부쉈다며? 그것도 예술인가?

그의 뉴욕 데뷔는 과연 그랜드피아노의 건반을 대망치로 내리치는 행위로 시작되었다. 어떤 화가는 변기를 거꾸로 세워놓고 '분수'라는 작품명을 갖다붙여서 화제가 되고, 또 어느 화가는 알몸에 페인트칠을 한 채 전람회장의 프레임 속에 들어가 섰다가 갑자기 뛰쳐나와 관객들 속을 휘젓고 다님으로써 화제가 되기도 했던 시절, P씨는 피아노의 건반을 대망치로 두들겨 흡사 태산이 무너지는 것 같은 굉음 연주로 주목을 받았다.

생각하면 친일파의 아들로 태어난 것이 그의 잘못일 수는 없는 일, 주어진 운명이 그런 것 때문에 손가락질당하고 죄인처럼 살아야 한다면, 피아노 아니라 황제의 용상인들 때려부수고 싶지 않으랴?

그로부터 사십년의 세월이 흘렀다. 그도 각고의 노력을 쌓아 세계적인 유명인사가 되었고, 그사이에 국내 사람들의 시선도 그리 따갑지만은 않게 되었다. 그러나 세상은 조금도 나아진 것이 없잖은가? 때려부숴야 할 것들은 더 커지고 많아지고 강고해졌는데, 그 세계를 지배하는 것은 미국이다. 그 대통령은 희대의 색광이라는 지탄을 받는 중에도 내 나라의 대통령을 맞아 파티를 베풀며, 자신도 거기에 초청을 받았다. 자, 그러면 그런 곳에 가서 얌전히 앉아 있을 P씨겠는가? 회심의 해프닝 한판을 상연하려고 그는 나름대로 치밀한 계산을 했어야 말이 된다.

아랫도리 훌러덩 까고 서서 그는 무슨 말이 하고 싶었을까?

─이거나 빨…… 인석들아!

어쩌면 미국 기자들은 그를 위험인물로 지목해두고 돌발사태에 대비하고 있었는지 모른다. 그렇다면 P씨는 그들에게 한방 먹은 셈인데, 아무튼 나는 그 해프닝을 오래도록 기억해두고 싶다.

『이웃과생명』 1998년 11월호

그 목발 교회의 기억

　원래 황량한 언덕이었을 테지요. 도무지 사람이 살 만한 곳이 아니었는데, 오갈 데 없이 떠돌던 사내 하나가 거기다 움막을 쳤답니다.
　판무식인데다 몸마저 성치 못한 그 사나이는 근처의 교회에 가서 허드렛일도 거들고 심부름도 해주고 하며, 교인들이 주는 얼마 안되는 돈으로 먹고살았다고 합니다. 그런데 얼마 안 가서 보니까 이 보잘것없는 움막집에 식구가 한 사람 늘었더라는 것입니다. 그것도 사지가 멀쩡한 사람이 아니고, 지팡이나 목발을 짚고서야 겨우 몸을 옮길 수 있는, 아주 병약한 사람이었답니다. 한데 이건 또 웬일입니까? 그러한 식구가 며칠 뒤에 또 한 사람 늘었습니다. 역시 제대로 걷지 못하는 병자였습니다. 그리고 며칠 못 가서 또 한 사람, 또 한 사람…… 이리하여 황량한 언덕 위의 이 움막집은 마침내 목발 짚고 지팡이 끄는 행려병자들의 합숙소처럼 되었습니다.
　그런데 이 움막집에는 딱 한가지 규칙이 있었습니다. 그 규칙이란,

맨처음 이 움막집을 지은 사람, 즉 인근 교회에서 심부름꾼 노릇을 하여 얼마간의 돈을 벌어오는 사람이 정한 것인데, 모든 이들이 아침저녁으로 한데 모여 기도한다는 것이었습니다. 그것뿐이었습니다. 각자 마음대로 행동하였고 누구도 간섭하지 않았습니다.

아, 그런데 참 이상한 일이지요. 날마다 몇몇씩 새로운 행려병자들이 이 움막집을 찾아들어왔건만, 이 움막집의 식구가 전체적으로는 별로 불어나지 않는 것이었습니다. 그럴 수밖에 없는 것이 날마다 새로운 사람이 들어오는 그만큼의 숫자가 이곳을 떠나갔으니까요.

왜 떠나갔느냐고요?

제가 이 글을 쓰는 이유가 바로 그것입니다. 즉, 병이 나서 병원을 찾아왔던 사람은 병이 나으면 떠나게 마련입니다. 처음에 행려병자로서 목발 짚고 들어왔던 사람은, 이곳에서 함께 기도생활을 하는 중에 병이 나았다는 것입니다. 병이 나은 그들은 필요없게 된 목발들을 아무렇게나 내던지고 가버렸는데, 한때는 이 언덕이 그들이 버린 목발들로 뒤덮이다시피 했답니다.

그 교회는 지금 캐나다 몬트리올의 전체 시가지가 시원스럽게 내려다뵈는 언덕에 웅장한 자태로 서 있습니다. 그리고 본당 출입구 위에는 수백 개의 목발들이 주렁주렁 매달려 있는데, 그 옛날 움막집을 거쳐나간 행려병자들이 병이 나아서 떠날 때 아무렇게나 내던지고 간 목발들을 후대에 새 성전을 지으면서 발굴하여 전시해놓았다는 것입니다.

그러나 저의 관심은 이 이야기의 신빙성 여부에 있는 것이 아닙니다. 십여년 전 그곳에 가서 그 무수한 목발들을 처음 쳐다보았을 때의 충격을 지금도 생생히 기억하고 있습니다만, 그때부터 지금까지 제 머릿속에 박혀 있는 생각은, 그 목발들이 실은 그 옛날 움막집을 거쳐나간 사람들의 것이 아니라는 것입니다. 바로 우리들 자신의 것, 우리들 각자가 잠시도 놓지 못하고 살아가는 권력의 목발, 금력의 목발, 지식의 목발, 하다못해 어느 집 청소부의 목발, 그런 것들이라는 것입니다. 그것들이 하느님 계신 성전 앞에서는 그토록 초라한 무용지물이 아니겠는가 하는 것입니다.

『성서와문화』 2000년 12월 15일(제4호)

작은 공동체를 위하여

제가 뉴욕에 와서 맨처음 찾은 교회는 아주 작은 신앙공동체였습니다. 이름이 만민교회인 데 비하여 교인들의 수효는 오십명 안팎이었으니 약간 동떨어진 느낌이 있었지만, 만민 중의 오십명이라 생각하니 오히려 반가운 마음이 들었습니다. 하느님께서 의인 열 사람을 찾으시던 일에 견주어서 말한다면 차라리 많은 숫자인 것입니다.

오늘날의 한국교회들은 하나같이 대형화를 추구하고 있는데, 이는 크게 잘못된 것입니다. 여러분이 보시는 미국을 비롯하여 서구의 많은 교회들이 그 빛나는 전통과 웅장한 건물을 자랑하면서도 모두 빈집이 되어가고 있는 사실만 보더라도, 대형화는 곧 사해화(死骸化)로 가는 길임을 알 수 있습니다.

한국의 교회들이 그 큰 건물을 유지하기에도 급급하고, 한 사람의 교인이라도 더 끌어들이기 위하여 목사가 푸닥거리하고 점을 치는 무당으로 전락해가는 사실을 우리는 목격하고 있습니다.

수백, 수천명이 모이는 교회에서는 교인들 한사람 한사람이 모두 남남인 것입니다. 함께 예배에 참석하고 기도를 함께하고, 찬송을 함께 부르는 것 같지만 그것은 거죽일 뿐, 각자는 자기만을 위한 기도를 하고 기껏해야 자기 가족을 위한 찬송을 하고 있을 뿐입니다. 예배가 끝나고 흩어져 교회 문밖을 나서는 그 순간, 그들은 서로 눈을 흘기고 아귀다툼하는 사이가 되고 마는 것입니다.

그러나 작은 교회에서는 모두가 한식구입니다. 저는 그날 예배가 끝나고 함께 음식을 나누는 장면에서 진실로 여러분이 하느님 안에서의 한형제로 다져지고 있음을 느꼈습니다. 하느님은 사랑이시며, 사랑은 내가 아닌 남을 향한 것일진대 서로 사랑을 나눌 수 없는 교인들이 한 건물 안에 수만명 있은들 무슨 소용이 있겠습니까?

교인들은 모름지기 큰 교회를 지향할 것이 아니라, 작은 교회 안에서 다져진 사랑을 밖으로도 뻗치어서, 다른 교회에 다니거나 심지어 교회에 다니지 않는 사람들까지도 다 하느님 안에서의 한형제임을 믿고 사랑할 수 있게 되어야 할 것입니다.

만민교회의 형제자매들이여,

그런 점에서 여러분은 만민 중에서도 선택된 사람들이라는 자부심을 가지십시오. 그러면 여러분의 작은 공동체는 빛날 것입니다.

『만민교회 주보』 1992년 8월 16일

밥국

밥국을 아시나?

밥국이라니, 국밥이란 말을 잘못 뒤집어놓은 게 아닌가 할지 모르나, 천만의 말씀이다. 국밥은 쇠고기국밥이니 장국밥이니 하는 등등으로 하나의 어엿한 음식 종류이나 밥국은 그렇지 못하다.

시대가 IMF 어쩌고 하는 판국이라 그런가, 까맣게 잊어버리고 있던 이 말이 문득 생각나 사전을 찾아보니 불행히도 내가 가진 사전에는 '밥국'이라는 항목이 없다.

혹시 내가 나서 자란 경상도 동래지방 서민들 사이에서만 통용되던 말인지는 모르겠으나, 그런 것이 있었던 것은 확실하다.

굶기를 밥먹듯이 하던 일정 말엽은 말할 것도 없고, 해방되어 이른바 공출(供出)이라는 착취제도가 없어진 뒤에도, 영세한 농민들의 생활은 별로 나아진 게 없었다. 학교에 갔던 아들이 친구라도 한두 명 데리고 들어오면, 참으로 난감해지는 것은 어머니였다. 아들의 친구가 놀러

와주는 것은 반갑고 기쁜 일이었으나, 점심 차려줄 밥이 모자라는 것이었다.

그럴 때, 가난한 집 어머니들이 기지를 발휘하여 만들어낸 것이 밥국이다. 말 그대로 밥으로 국을 끓이는 것, 양을 불리는 작전인 셈이다. 김치나 우거지, 호박이건 배추꼬리건 눈에 띄는 대로 쓸어넣고 물을 부어 끓이는 것이다. 그렇게 하면 식은 보리밥 한 그릇으로 밥국을 두 그릇도 세 그릇도 만들 수 있었던 것이다.

아, 그때 그 밥국 속에 어머니의 눈물 콧물도 적잖이 빠졌으리.

(1998년 9월 18일)

조끼, 즈봉, 구두, 기타

오늘날 '조끼'가 외래어라고 생각하는 사람은 거의 없다시피 하다. 굳이 외래어라고 우기면 혹자는, 아, 맥주 마시는 술잔 말이군요? 하고 되레 유식한 체를 한다.

물론 맥주 마실 때 사용하는 크고 묵직한 유리잔을 '조끼'라고 부르나, 그것은 jug라는 영어에서 온 외래어이다.

그러나 양복을 정장으로 입을 때, 윗저고리 속의 와이셔츠 위에 입는 그, 소매 없고 앞단추가 주루룩 많이 달린 그것. 또는 한복의 저고리 위에 덮어 입는 배자(褙子)의 일종인 그 조끼. 그 명칭을 외래어라고 하면, 승복하려는 사람이 없다. 심지어 조끼는 한복이다. 그런데 그 명칭이 어떻게 외래어일 것이냐? 하고 항변하는 사람도 있다.

그러나 원래 한복의 저고리 위에 입던 소매 없는 옷은 배자였는데, 그것이 요즘 같은 형태, 곧 앞단추가 여럿 달린 형태로 된 것은, 양복이 수입된 이후의 일이다. 말하자면 그때 이미 한복의 개량이 시작되었다

할까? 그러면 조끼라는 말은 어디서 왔을까? 흔히들 저고리라는 뜻의 재킷(jacket)에서 왔다고 하나, 포르투갈어 jaque가 원형이라는 것은, 양복의 수입이 우리보다 빨랐던 일본 쪽의 정설이다.

그런데 '즈봉'이라는 말은 요즘 사람들은 전혀 쓰지 않는다. 왜일까? 즈봉이라는 말이 바지를 뜻하는 일본어라고 오해한 나머지 엉뚱한 애국심을 발휘하여 그 말을 아예 추방해버리지 않았나 싶다. 하지만 즈봉은, 페티코트 또는 언더스커트를 뜻하는 프랑스어 jupon이 일본식으로 변형된 것이지 일본어는 아니다. 물론 이 말은, 즈봉이라는 말을 부활시켜 다시 쓰자는 것은 아니다. 다만 아는 길도 물어 가랬다고 국어사전 찾기를 좀더 열심히 하자는 말은 해두자.

다음으로 '구두'라는 말은 어떤가? 구두라는 단어가 순수 우리말이라고 믿고 있는 사람은 당장 국어사전을 펼쳐보시라. 일본말 '쿠쯔'에서 왔다고 나와 있을 것이다. 분명히 우리나라 사람들은, 하꾸라이(舶來, 배에 싣고 들여왔다는 뜻) 가죽신을 가지고 와서 '쿠쯔'라 부르는 소리를 듣고 '구두'라고 표기하였을 것이다. 그러나 그런 규명만으로는 불충분하다. 일본말 '쿠쯔'는 어디서 왔는가? 아직 단정할 단계는 아니나, 이딸리아의 유명한 가죽제품 브랜드 GUCCI에서 왔을 가능성이 높다. 가죽구두를 맨처음 일본으로 가져다 판 것은 구찌였을 게 틀림없고, 회사 이름이나 상표가 보통명사로 둔갑하는 예는 얼마든지 있으니까.

어느 회사 이름 또는 그 회사 제품의 상표가 보통명사로 둔갑한 본보기로는 '클랙슨'이 대표적일까 한다. 자동차의 경적 말이다. 자동차의 나라 미국에서 '호온'이라 부르는 그것을 우리가 '클랙슨'이라 부르는 것은, KLAXON이라는 회사 제품이 특히 유명했기 때문이란다. 또 한가지, '자꾸'라는 외래어가 있다. 옷이나 가방 같은 물건의, 열고 닫고 하는 부분에 붙여서 쓰는, 아주 기능적이고 편리한 부속품이다. 한데 이 '자꾸'를 사전에서 찾으려면 '척(chuck)'을 찾아야 한다. 외래어를 왜 가장 흔하게 쓰이는 음으로 표기하지 않는지 답답하다. 어원을 찾아서 원음에 가깝게 표기한답시고 그러는 모양인데, 그런다고 원음 표기가 되는 것도 아니고 보면 난센스다. 하여튼 문제의 물건을 서양에서는 '자꾸'라고도 '척'이라고도 하지 않고 '지퍼(zipper)'라고 할 뿐이다. 그러면 '자꾸'라는 말은 어디서 왔는가? 1950년대 말인지 60년대 초, 일본의 한 회사가 지퍼를 만들어 '차꾸(CHUCK)'라는 상표를 붙였다. 그랬더니 한국의 봉제공장들이 많이 사다 썼고, 그래서 '지퍼'라면 '자꾸', '자꾸'라면 '지퍼', 그렇게 되었다는 것이다. 영어의 'chuck'에 꽉 문다는 뜻이 있기는 하다.

(1998년 9월 18일)

나무 한 그루도 두려워했는데

자연이란 뭐 특별하게 보호하느니 마느니 할 것도 없다. 그냥 두면 저절로 아름다운 것이다. 걸핏하면 수천억씩 들여 복원사업합네 하는데, 있는 것이나 까뭉개지 말고 그냥 두자는 것이다.

서울 서초동에 가면 큰길 한가운데에 향나무 고목 한 그루가 버티고 서 있다. 잘라내지도 옮겨심지도 아니한 이유야 어디 있건 기특한 일이다. 경상도 어디에 가면 역시 자동차길 한가운데에 고목 한 그루가 서 있는데, 당국에서는 잘라내기로 처음부터 방침을 세웠다고 한다. 그런데 나무에 손을 대면 큰 재앙을 입는다는 속설 때문에 아무도 벌목일을 하겠다고 나서질 않아 그대로 서 있다는 것이다. 그 속설의 영검이 얼마나 오래 나무의 생명을 지켜줄지는 모르지만, 나무 한 그루의 생명을 지키기 위해 그런 미신을 만들어낸 조상들의 슬기에 감탄한다. 아니다, 미신이 아니다. 남미의 아마존이나 동남아시아 밀림지대의 이른바 레인 포레스트의 훼손이 급기야 인류의 생존을 위협하고 있지 아니한가? 한 그루의 나무도 자르지 못하게 빗장을 지른 우리 조상들의 믿음은 차라리 예언자적 계시였다.

그런데 지금 텔레비전 화면에 비치고 있는 저것은 무언인가? 설악산 중청봉, 국립공원으로 지정되어 국가예산으로 월급과 수당을 받는 공무원들이 지키고 있는 곳, 뿐만 아니다. 유네스코(UNESCO)가 생태계 특별보존지역으로 지정하여 풀 한 포기 나무 한 그루, 심지어 이끼 묻은 돌멩이 하나도 마음대로 옮겨놓아서는 안되는 곳이다.

그런데 나무를 쳐내고 땅을 파헤쳤다. 시뻘건 흙 속에 허연 암반이 드러나면 사정없이 까부수었다. 높은 곳을 깎고, 파인 곳을 메워 무려 수백평의 평지를 만들었다.

누가 이 '문명인의 만행'을 자행하는가? 감히 이런 짓을 할 수 있는 자가 누구인가? 당국이다. 그들은 말한다. 생태계 보호와 등산객들의 안전을 위해서, 관리소와 대피시설이 필요하다. 옳은 말이다. 한데 문제는 그토록 대규모 시설이어야 하는가이다. 등산객이 아무리 많아졌다 하더라도 하룻밤에 수백명을 수용해야 할 만큼 대규모 대피시설이 필요할까? 또 설사 필요하다 하더라도, 꼭 그렇게 까부수고 파헤쳐야만 할까? 집을 꼭 철근 박은 콘크리트로 지어야 하는 것도 아니다. 지형지물을 그대로 두고, 기암괴석의 운치를 그대로 살리면서 아담하고 조촐한 관리동을 짓고, 보일락말락 나뭇가지 속에 묻혀 있는 아름다운 대피소를 지을 능력과 슬기가 금수강산(錦繡江山)을 물려받은 이 겨레의 후손에게 없단 말인가?

꽤 오래전의 일이다. 서울 시내의 유서 있는 땅과 집을 찾아 방송 프로그램을 만든 일이 있었다. 남산 꼭대기 전망대에서 내려다보면 알 일이지만 서울은 꽤 아름다운 도시이다. 그런데 서울을 아름답게 만들고 있는 요소는 인위적인 빌딩이나 도로망이 아니고, 산과 물줄기, 그리고 씨멘트와 아스팔트로 뒤덮인 공간의 여기저기에 흩어져 있는 초록빛 반점들, 곧 숲과 가로수들이다. 그래서 나는 그때 초록빛 숲이 있는 곳을 빠짐없이 찾아갔는데, 창덕궁, 덕수궁 등 옛날의 궁궐과 외국공관, 교육기관 등이 많았지만 놀라운 사실은 외국인들과 관계되는 곳이 압도적으로 많다는 것이다.

높직한 언덕이 있고 숲이 우거져 있는, 그래서 근처를 지나가는 사람들이 으레 "이런 명당자리가 이곳에 있었구나!" 하고 감탄해 마지않는 곳이면 십중팔구 외국인과 관련이 있다.

기억나는 대로 얼핏 꼽아보자. 미국 대사관, 프랑스 대사관, 연세대나 이화여대 등의 부지들은 원래 왕실에서 내준 땅자리라지만 어쨌든 다 외국인들과 관련있다. 그리고 명동성당을 비롯한 가톨릭교회나 수도회들, 정동, 연동 등 개신교 선교사들이 세운 예배당과 선교기관 들, 이것들은 한결같이 높직한 언덕과 눈이 시원해지는 숲을 지니고 있는 것이다. 그때 필자는 어떤 나이 든 선교사에게 물었다.

"풍수지리설이 서양에는 없을 텐데, 어떻게 서양인들은 이런 명당자리들만 차지했을까요?"

그랬더니 은발 홍안의 선교사는 빙그레 웃으며 대답하는 것이었다.

"명당은커녕 누구도 거들떠보지 않는 버려진 땅이었소. 외국인들이 살 수 있는 땅은 그런 곳밖에 없었단 말이오. 그리고 우리 외국인들은 언덕과 숲을 까뭉개거나 파헤치지 않고 그냥 두었지요. 그랬더니 지금 다들 명당이라고 탐을 내요."

그랬구나! 나는 그때 받은 충격이 아직도 생생하다. 그렇다. 자연이란 뭐 특별하게 보호하느니 마느니 할 것도 없다. 그냥 두면 저절로 아름다운 것이다.

한가지 뼈아픈 예가 있다. 원남동 로터리 동남쪽에 있던 정신학교 자리는 원래 언덕 너머 연동교회, 기독교회관 있는 곳과 이어져 꽤나

넓은 곳에 울창한 숲과 잔디밭과 오솔길이 있었다. 그런데 선교사들이 떠나고 학교마저 딴데로 옮겨가 땅이 매각된 결과, 숲은 잘리고 언덕은 까뭉개져 옛날의 아름답던 자취는 흔적도 없다.

나는 결코 서양인 또는 선교사 들을 예찬하는 게 아니다. 풍수 찾아 살 곳을 정하고, 지맥·수맥 다치면 큰일나는 줄 알고 나무 한 그루도 함부로 베지 않던 우리 조상이 아니던가?

걸핏하면 수천억씩 들여 복원사업합네 하는데, 있는 것이나 까뭉개지 말고 그냥 두자는 것이다. 설악산 봉우리 까뭉개서 콘크리트 집을 지어 물려주면 후손들이 좋아할 것인가?

어디 설악산뿐이겠는가? 지리산, 한라산도 개발이라는 이름의 폭력에 시달리고 있다. 경상도와 전라도의 산들은 석재업자들에게 파먹히고, 한려수도의 그림 같은 섬들은 골재업자들에게 뜯어먹히고 있다.

나무 한 그루도 함부로 자르지 않던 사람들의 후손으로서 두려운 일이 아닐 수 없다.

『일진사보』 1994년 7월호(통권 41호)

과객과 주인
인간 민병산 소묘

1

어느 해 여름이었으리라.

관철동 '유전다방'에 마주앉아서, 선생의 고향 청주에 대해 물었다. 선생은 대답하셨다.

"청주엔 아무것도 없어. 뭐 볼 게 있어야지. 굳이 찾아보라고 한다면 으능나무 한 그루 들 수 있지. 지금은 거기가 중앙공원인데, 그 으능나무 하나는 볼만하지."

선생은 은행나무를 꼭 으능나무라 하셨다. 그 말씀을 들으면서 나는 언젠가 선생께서, 어릴 적 뛰어놀던 집 뜰이 지금은 공원이 돼 있다고 하신 것을 상기했다.

그래서 불쑥, 쓰잘데없는 질문을 하고 말았다.

"그럼, 그 은행나무도 선생님네 것이었나요?"

그러자 선생은 약간 불쾌한 표정이 되며 입을 꾹 다무셨다. 그리고 우리는 한 시간이고 두 시간이고 아무 말 없이 앉아 있었으리라.

선생이 그 으능나무에 대해 글을 쓰신 게 있음을 훨씬 뒤에야 알고 뒤져보았다. 선생이 고증한 바에 따르면, 그 나무는 고려 공민왕 때 이미 거목(巨木)이었다.

그렇다고 한다면, 그 나무가 서 있는 땅의 소유권은 무수히 바뀌었으리니, 누가 나무의 소유권을 주장하건 나무로서 우스운 일이 아니겠는가? 으능나무는 한 그루 나무로서 그 자리에 서 있을 뿐, 그 밑에 와서 그늘에 쉬어가는 자가 과객이건 주인이건 무슨 의미가 있으랴? 수령이 천년에 가까울 그 나무에 대해서는, 모두가 과객이고 모두가 주인일 터이다.

세상 만물에 대한 선생의 생각이, 바로 이것이 아니었던가?

2

1935년, 소화(昭和) 10년이다.

이른봄. 시린 손을 호호 입김으로 녹이며 교문 앞에 이른 1학년짜리 소년 신건호(辛建浩)는, 번쩍번쩍 빛나는 검정색 승용차 한대가 앞길을 가로막고 서자 소스라치게 놀라 뒤로 물러섰다. 청주는 물론 전체 충청북도 안에 단 두 대밖에 없다는 승용차를 코앞에 두고 바라볼 수 있게 된 것은 어쩌면 행운이었다.

앞쪽 운전석의 문이 열리고, 금테 둘린 모자를 쓴 운전사가 내리더니 공손히 뒷문을 열었다. 그러자 그 속에서 깡충 튀어나온 꼬마는 동급생 병익(丙翊)이가 아닌가?

그러나 웬일인지 "병익아!" 하고 함부로 부르지는 못했다. 수많은 학우들이 빙 둘러서 있었건만 누구도 그러질 않았다. 눈이 부시도록 새

것인 쎄일러복을 입은 병익이가 운전사에게 책가방을 들리고 교문 안으로 들어가는 것을, 무수한 눈망울들이 선망의 눈길로 바라보고 있었다.

점심시간이 되자 승용차는 다시 한번 교문 앞에 나타났다. 이번에는 병익의 할머니 아니면 유모인 듯한 여인이, 높이가 한 자나 됨직한 찬합을 들고 내려 교실까지 날라다주는 것이었다.

밥과 반찬과 국이 따로 담긴 찬합들을, 병익은 좁다란 책상에다 죽 펼쳐놓는 것이었다. 노란색 계란말이도 보이고 빨간 매실도 보이고, 쇠고기 산적이며 구운 생선토막, 그리고 눈이 부시게 희고 기름이 자르르 흐르는 쌀밥 등등, 그것은 아이들의 구경거리였다. 빙 둘러선 아이들 사이에서 침 넘어가는 소리가 꼴깍꼴깍 났다.

그러나 병익은 아이들을 한번 둘러보는 법도 없이, 젓가락으로 산적도 한번 건드려보고 계란말이도 한번 집어보고 하다가, 김 한조각을 집어 아작아작 씹는 것이었다. 그때쯤 되면 아이들은 더이상 참지 못했다. 가장 힘세고 용감한 자가 불쑥 다가가 산적 한점을 집어 달아나면, 이놈도 한점 저놈도 한점, 도시락은 금세 바닥이 나버리는 것이었다.

그런데 신건호 소년은 한번도 그 짓을 못해보았다. 입에 침이 괴어 흘러내리고 손끝이 옴찔옴찔하는데도, 번번이 때를 놓치고 마는 것이었다.

신건호는 화가 났다. 그렇게 용기 없는 자기 자신에게도 화가 났고, 아이들에게 번번이 그렇게 도시락을 털리면서도 이렇다 저렇단 말 한마디 하지 않는 병익에게도 화가 났다.

'저 아이의 마음은 도대체 어떻게 생겨먹었을까?'

도무지 이해가 되질 않았다. 도시락은 분명히 자기 것인데도, 남들이 다 집어먹어도 한마디 불평이나 항의를 하는 법이 없고, 그렇게 비어버린 찬합을 얌전히 보자기에 싸서 챙겨놓는 아이를, 소년 신건호는 이해할 수가 없었다. 여기서 말하는 병익이 민병산 선생임은 말할 것도 없고, 신건호 소년은 시인 신동문(辛東門) 선생이다. 이 이야기는 필자가, 민선생 타계하신 한참 뒤에 신선생한테 직접 들었다.

이 한토막의 이야기에서도 우리는, 자신의 것에 대해 굳이 소유권 주장을 하지 않는, 주인이면서도 주인 행세를 하지 않고, 이 세상의 모든 것에 대해서는 주인 같은 애정을 보이며 산, 선생의 철학이 싹트고 있었음을 감지한다.

3

선생은 국민학교 4학년 때 서울집으로 옮겨오셨다. 혜화국민학교를 졸업하고 그 이웃집 보성중학교에 다녔는데, 선생이 늘 자랑삼아 말씀하신 '지독한 불량학생'이 아니더라도, 과히 얌전한 학생은 아니었던 모양이다. 유도부에도 들어갔고 축구도 하였으며, 담배는 두 개비를 한꺼번에 빨았으며, 학과성적은 훈육주임 서원출(徐元出, 후에 보성학교 교장이 되셨다) 선생한테 불려다닐 정도로 엉망이었다.

그러나 사실은 지독한 책벌레였다. 와세다(早稻田)대학에서 사회학을 공부하신 가친이 대단한 장서가여서, 집에는 철학·역사·예술·과학 등 다방면에 걸친 동서고금의 서적들이 쌓여 있었다. 선생은 손에 잡히는 대로 읽고 또 읽었다. 선생의 해박한 지식과, 어떤 경우에도 외곬에 치우치지 않는 판단력은 이때 형성된 것이다.

당시에 책깨나 읽는 학생이라면 의당 군국주의 일본의 식민지정책에 비판적인 소릴 하게 되는 것이었고 한번쯤 철창맛을 보게 돼 있었다. 선생도 예외가 아니었다. 4학년 때 독서회(讀書會)의 다른 멤버들과 함께 체포되었다. 그 이유가 된 혐의에 대해서 선생은 한번도 입을 열지 않았는데 대단한 것은 아니었던 듯하고, 하여튼 이 사건은 훗날 민병산의 인생행로에 결정적 계기를 제공하였다.

보성중학 4년생 민병익의 구금은, 전국에서 손꼽는 세력가인 선생의 집안에도 충격이었겠지만, 그보다 오히려 총독부를 더 당황케 만들었다.

"그런 분의 손자를 잡아넣다니!"

담당 경찰서의 실수였다. 당장 풀어주라는 불호령이 떨어졌으나, 이번에는 본인이 안 나간다고 버티었다.

"왜 나만 나가라는 거요?"

"다 같이 내보낸다면 나가겠지만 혼자는 못 나가겠소!"

선생은 이렇게 버티었고 그래서 10개월간 미결수생활을 하였다. 해방을 2개월 남겨두고 석방이 되었는데, 나와서 보니 풀려난 것은 역시 자기 혼자뿐이었다. 창피해서 나다닐 수가 없었다. 두 달만 더 갇혀 있었더라면……

그러나 두 달 후에 석방된 친구들이 마치 무슨 독립투사이기나 한 것같이 설쳐대는 데는 또 한번 아연하지 않을 수 없었다. 그때 확실히 깨달았다.

"부귀는 짐스러운 것이다. 명예라는 것도 따지고 보면 우스운 것이다."

4

선생의 인격형성기에 또 하나 빼놓을 수 없는 요소는 어머니와의 관계이다. 선생은 어머니의 사랑을 전혀 모르고 자랐다.

여기서 잠시 선생의 가계를 이야기하면, 선생의 조부 민영필(閔泳弼)은 형 영은(泳殷)과 함께 자수(自手)로 당대에 거부(巨富)를 이루었다. 아들 중식(重植)을 열여섯살에 혼인시켜 일찍 손자 보기를 원했으나,

며느님 신(申)씨는 딸자식만 둘을 낳으며 속을 태웠다. 세번째로 사내아이(병익, 곧 선생)가 태어나자 핏덩이나 다름없는 아이를 덥석 큰사랑으로 데려가버렸다. 이리하여 선생은 유모의 젖을 빨며 조부모의 품에서 자랐다. 어머니는 아이가 보고 싶어도 마음대로 볼 수 없어 울며 세월을 보내던 끝에 둘째아들 병헌(丙憲)이 태어나자 첫아들에 대한 생각은 싹 잊어버리고 온통 둘째아들에게만 애정을 쏟았다.

"누가 잘 기르나 어디 보자!"

하고 묘한 경쟁심까지 생긴 것도 어쩌면 자연스러운 일이었을지 모른다.

선생은 어머니에게 있어서 심리적 갈등의 원천이었고 미움의 대상이었다. 또한 선생에게 있어서 그러한 어머니의 존재는, 선생의 여인관 내지 결혼관을 부정적으로 만드는 요소가 되었다. 선생이 여인을 싫어한 것은 아니다. 다만 특별한 관계가 맺어지는 것을 두려워하셨다.

5

선생이 일가의 기둥이신 조부의 부음(訃音)에 접한 것은 피난지 대구에서였다. 그것은 선생의 삶에 있어서 하나의 분기점이었다. 그때까지의 선생의 삶은 자신이 원했건 원하지 않았건 간에, 청주 부호 아무개의 장손 민병익의 그것이었고, 선생께서 조부의 극진한 사랑을 독차지함으로 해서 선생의 부친마저 자신의 눈치를 살피는 게 느껴질 정도였다.

6·25가 터진 뒤에도 피난갈 생각을 안한 조부께서 굳이 선생과 부친만을 남으로 떠나보내신 까닭도, 자신의 후계자인 장손을 보호하기 위함이었음을 선생은 알고 있었다. 그 조부의 죽음은 선생을 그 엄청난 중압으로부터 해방시킨 것이었다.

"아, 이제 나는 자유다! 될 대로 되어라!"

조부가 선생한테 물려주려 한 그 엄청난 재산에 대해서, 선생은 눈곱만큼의 미련도 갖지 않았다. 그러나 누님들과 동생, 그리고 여러 명의 이복형제들은 선생의 그러한 태도를 믿지 않았다. 부친만은 어느정도 이해를 하셨으나 모친도 믿지를 않으셨다. 선생이 보시기에 모두들 제 몫 챙기기에 정신없었고, 모든 걸 포기하는 것만이 최선의 길이라 생각되었다.

휴전 후 잠시 동안 고향 청주에서 신문기자, 고등학교 강사를 한 선생이, 홀연 서울바닥에 나타난 것은 1957년 봄이었다. 선생은 이미 거부의 장손자가 아닌, 혈혈단신의 떠돌이였다. 옛친구 신건호가 신동문이라는 이름으로 시인이 되어 있어, 선생의 유일한 빠트롱(patron)이었다.

선생이 문필의 길로 들어선 것은 우연한 일이 아니었다.

6

강홍규(康弘圭, 그도 이미 고인이 되었다)가 말하는 관철동시대부터 나는 선생과 늘 만나는 사이가 되었다. 서로 알고 지낸 지는 퍽 오래되었지만 자주 접할 기회는 별로 없었는데, 한국기원 근처에 출판사들이 많이 모이게 되면서 자연 그쪽으로 발길이 옮겨지는 일이 많아졌고, 한국기원을 연락처 삼으시던 선생과 자주 부딪치게 되면서 가까워졌다.

가까이 대하고 보니 새삼 석기시대인 같다는 느낌이 들었다. 나도 어지간히 유행과 담쌓은 사람이지만, 선생과는 최소한도 오십년쯤 격차가 있는 듯싶은데 그게 이상한 매력이었다.

그것이 매력인 이유는, 두세 번 만나고 나니 금방 알 수 있었다. 겉모양과 살아가는 방식은 석기시대인 같을지라도, 마음은 항상 열려 있고 생각이 젊다는 것—천의무봉(天衣無縫)을 누가 감히 케케묵었다 하겠는가!

 강홍규의 『관철동시대』는 아주 잘 쓴 책인데 한가지 중요한 것을 빠뜨린 게 있다. 민병산식 지도자상(指導者像)이다.

 그 무렵 한국기원을 무시로 드나들던 신경림(申庚林)·황명걸(黃明杰)·방영웅(方榮雄)·구중서(具仲書)·임재경(任在慶)·신일성(愼一晟)·채현국(蔡鉉國)·구중관(具仲瑄)·민영(閔暎)·이청운(李淸雲)·강홍규(康弘圭) 등등의 시인 묵객들은, 짝이 맞으면 바둑을 두고 그렇지 않으면 구경을 하거나 유전다방에 가서 차를 마시거나 하다가, 저녁때가 되면 반드시 지도자를 한 사람 내세워야 했다. 지도자의 선출은 대개 내기바둑으로 하는데 무슨 리그전이니 토너먼트로 하는 건 아니고, 저녁밥 때가 가까운 시각에 누가 내기바둑을 두는가를 보아서 그 한판으로 결정하는 것이었다. 그러니까 그 판을 지는 사람이 밥이건 술을 사게 되는데, 그 사람을 우리는 지도자라 부르며 따라가는 것이었다. 이기는 사람이 아니고 지는 사람을 지도자로 모시는 풍습은 아마 이 세상에 다시 없을 것이다. 우리 중에 누가 처음 창시했는지는 딱히 알 수 없으나, 이것이야말로 민병산식 발상 아니고 무엇이랴?

7

 선생이 관철동으로부터 인사동으로 놀이터를 옮기신 것은 아마 1984년쯤이 아닌가 한다. 옮기신 이유는 첫째 인사동에는 볼거리가 많다는 것이었다. 길 옆으로 다닥다닥 늘어선 가게들은 대개 그림 아니면 골동품·도자기·공예품 가게들이다. 한집 한집 들여다보고 다니면 시간 가는 줄을 모르겠고 마냥 즐겁다는 것이다.

 "몇년만 내가 젊었어도 뭔가 만드는 일을 해보는 건데……"
하시기도 하고,

"몇년만 더 일찍 인사동엘 와봤더라면……"
하고 아쉬워하기도 하셨다.

그러나 나는 나름대로 약간 다른 짐작을 하고 있다.

선생께서 전기류(傳記類)를 열심히 모으신 것은 널리 알려진 일이다. 처음부터 그런 생각을 하고 모으기 시작한 건 아니지만, 누군가 뜻있는 출판인을 만나게 되면 멋진 전기전집(傳記全集)을 만들겠다는 꿈을 키우고 계셨다. 근 이십년간 매일같이 헌책방 순례를 하며 모은 전기류가 라면상자로 사십개가 넘었는데, 셋방살이로 전전하는 신세로서는 끌고 다니기 버겁고 보관할 곳도 마땅치 않았다.

아마 1983년 봄이었으리라. 오랫동안 정붙여 살던 불광동 셋집을 나와 증산동으로 옮기셨는데, 책이 든 상자를 친구 집 보일러실에 맡겨 쌓아놓게 되었다. 흡사 어린아이를 물가에 내보낸 어버이같이 불안하더니 드디어 어느날 밤, 책이 든 상자를 몽땅 잃어버린 것이었다. 청천벽력이었다. 살아갈 기력마저 잃었다. 쓰러진 채 몇날 며칠을 꼼짝하지 않았다. 집주인의 연락으로 누님이 알게 되어, 난생처음 누님 신세를 지고 일주일 만에야 한국기원에 모습을 보이셨다. 그러나 그 엄청난 마음의 상처를 아무에게도 내비치지 않고, 단지 감기로 앓아누워 있었다고만 하셨다.

선생이 붓글씨를 쓰게 된 것이, 실은 그 엄청난 속쓰림을 잊어버리기 위하여 붓놀림에 열중한 데서 시작된 것임을 아는 사람은 안다. 아니 어쩌면 그의 붓놀림은 단순한 먹칠이었을 수 있다. 무언가를 쓴다는 것에 대한 먹칠, 버티며 살아온 삶에 대한 먹칠, 모든 것이 끝나버린 자의 시간에 대한 먹칠! 아침에 일어나 커피 한잔 타서 마시고 먹칠을 하기 시작하면, 팔이 아파 더이상 손을 놀릴 수 없어야 그치는 것이었다. 글씨가 되건 말건 상관없었다. 적어도 붓을 놀리는 시간만은 잊어버릴 수가 있으니까 그렇게 하셨다.

선생의 관철동에 나와 계시는 시간이 부쩍 줄어든 것이 그 무렵부터였다. 그리고 평생에 딱 한번 가져보았던 어떤 계획—멋진 전기전집을 만들어보겠다는 계획이 그렇게 좌절되어버리자, 글쓰는 일을 의식적으로 멀리하게 되었으며, 글쓰는 사람보다 화가·서예가·조각가, 무엇인가를 손으로 직접 만드는 사람들에게 흥미를 갖기 시작했다.

선생의 발길은 차츰 글쟁이들만 우글거리는 관철동으로부터 인사동 쪽으로 옮겨지게 되었다.

"인사동에는 볼거리가 많아."

그런데 선생의 볼거리 중에는 여자들도 있었다. 관철동엔들 여자들이 없을까만, 자기들끼리 가고 오는 여인들이야 무슨 흥미가 있는가? 그러나 인사동에서는 여인들을 '만날' 수가 있었다. 여류화가나 그 지망생, 여류조각가나 그 지망생, 공예가와 그 지망생, 그냥 애호가들도 많아, 천상병(千祥炳)의 부인이 여는 까페 '귀천'쯤에 앉아 있으면, 색다른 노인으로 관심의 대상이 되기도 하는 것이었다.

게다가 선생은 늘 주변에 모여드는 손님들이 많아 까페든 음식점이든 가서 앉아 있기만 하면 그날 매상은 안심해도 될 판이었다. 일년이 못 가서 벌써 터줏대감 비슷한 대접을 받으셨으니, 인사동 늦게 안 걸 한탄하실 만도 하였다. 아무데서고 기분이 내키면 곧잘 '개인전'을 여셨다. 글씨 쓰신 걸 손가방에서도 꺼내고 겉옷주머니에서도 꺼내고 하셔선, 주위에 빙 둘러앉은 사람들에게 열람을 시키는 것이었다. 그러고는 아무에게나 한두 장씩 나눠주셨다. 젊은 아가씨들은 그 재미를 보기 위해서도 선생 곁으로 모여들었다.

"민선생, 늙마에 호사하시는구먼!"

누가 이렇게 놀릴라치면,

"늑대도 이빨 빠지면 애완동물이여!"

해서 주위 사람들을 웃기시는 것이었다.

8

　선생은 유달리 남에게 주는 것을 좋아하셨다. 글씨 쓰신 걸 여러 사람에게 나눠주는 건 장안에 소문이 난 일이지만, 그것 말고도 손가방 속에는 늘 남에게 줄 물건이 들어 있었다. 중국제 붓이 싸다며 애용을 하셨는데, 남대문시장의 단골 가게에 가는 날은 당신 쓰실 것 외에 여남은 자루씩 여벌로 사오셔선 이 사람 저 사람 나눠주시고, 어린아이를 만나면 주려고 장난감 몇가지씩을 늘 준비해 갖고 다니셨다.
　반면에 무엇을 받는 것은 지나칠 정도로 싫어하셨다. 누가 저녁을 사겠다고 해서 여럿이 함께 가게 되는 때도, 음식값을 당신이 먼저 내버려서 사람을 난처하게 만들기 일쑤였다.
　만년에 사셨던 불광동 거처는 건축가 조건영(曺建永)이 설계해서 지은 독신자용 다가구주택인데, 채현국의 발의로 여럿이 추렴을 해서 마련했다. 어찌나 완강히 거부를 하시는지, 돈을 마련하는 일보다 선생을 설득하는 일이 더 어려웠다.
　"드리는 게 아닙니다. 선생님이 돌아가시면 도로 우리 것이 됩니다. 그동안 잠시 사시라는 것뿐인데 뭘 그러십니까?"
　그제야 선생은 그 집으로 이사를 하셨다. 선생께 많은 것을 배우고 늘 받기만 한 우리는, 그 일로 하여 적으나마 빚을 갚은 기분이었다.
　선생은 돌아가시기 전해와 그해 봄, 그렇게 두 번을 입원하셨다. 한번은 적십자병원, 한번은 간호병원이었는데, 번번이 사흘만 지나면 나가겠다고 안달을 피우셨다. 천식이란 병은 묘한 것이어서, 발작이 나면 곧 죽을 것 같다가도 고비만 넘기면 내가 뭘 어쨌기에 법석이냐고 시치미를 떼게 하는 것이었다. 그래도 좀더 넉넉하게 지내시도록 했어야 하는 걸, 뉘우쳐야 이제는 소용이 없다.

9

이제 회갑연 이야기를 하자.

선생이 1928년생인 것은 어릴 적 친구이신 신동문 선생을 통해서도 알 수 있는 일이었으나 생일이 언제인지는 본인에게 물어도 대답을 않으시니 알 길이 없었다.

어쨌든 조촐하나마 회갑잔치를 해드리자, 하는 생각을 맨먼저 한 것은 강홍규였다. 그는 선생의 불광동 집을 마련할 때 형편이 여의찮아 추렴에 참여치 못한 것을 늘 죄스럽게 여겨오다가, 회갑연은 내가 앞장서서 추진을 하자, 하고 내심 마음먹은 것이었다.

그래서 그는 방영웅·황명걸 등 자주 만나는 사람들을 발기인으로 하여 초청장을 만들겠다며, 생일이 정확히 어느날인지를 알아달라고 내게 간곡히 부탁했다.

내가 선생에게 그 뜻을 전하니 펄쩍 뛰셨다.

"절대로 하지 마시오! 정 그러면 난 그때 어디로 꺼져버리겠소!"

그러나 아무튼 생일은 알아야겠기에 선생의 조카 영기(英基)에게 물었더니 9월 20일이라는 것이었다. 방영웅을 통해 강홍규에게 알렸더니 곧 인쇄된 초청장 한뭉치가 인사동으로 왔다. 장소는 우리의 단골집 '누님손국수집'으로 되었다. 그러자 그 집 주인 이동엽(李東燁)도 무척 기뻐하며, 그날 선생께서 입으실 한복 한벌을 자비로 마련한다고 나섰다. 선생은 몹시 난처해하며 손을 절레절레 흔드셨으나 이미 대세를 어찌할 수 없음을 알곤 체념하시는 것 같았다.

아마 그날이었던 것 같다. 까페 '사람 사는 정'에 마주앉았는데, 초청장 한장을 들고 보며 불쑥 내뱉으시는 것이었다.

"꼭 부고장 같구먼!"

창호지 비슷한 종이에 붓글씨체로 검게 인쇄된 것이, 듣고 보니 부고장 비슷하기도 했다. 그러나 선생다운 유머로만 생각하고 웃어넘겼다.

그 무렵의 나는 미국 다녀올 준비를 하느라 인사동 들르는 시간이 다른 때보다 늦었다. 하루는 일곱시가 넘어 어둑해진 시각에야 허둥지둥 국수집 골목으로 꺾어들려니까, 선생께서 홀로 길가의 처마밑에 서 계셨다.

"왜 여기 서 계세요?"

하니까,

"늦으셨구먼."

하시는 게, 나를 기다린 게 분명했다. 그러나 이유는 묻지 않은 채 함께 가 식사를 하고 차를 마시고 했는데, 선생은 무슨 말씀인지 할 듯 할 듯하셨으나 끝내 하지 않으셨다.

그 다음날은 9월 18일이었다. 일요일이었는데 일부러 인사동엘 나간 것은, 선생께서 혼자 쓸쓸히 저녁을 드실까 안쓰러운 생각이 든 때문이었다. 예의 국수집에 가서 식사를 했는데, 주인 내외는 회갑날 입혀드릴 한복이 완성되었다며 비닐팩을 들고 나와 자랑스럽게 펼쳐 보이는 것이었다. 회색 바지저고리에 고동색 두루마기였던가, 하여튼 선생께서는 잠시 물끄러미 쳐다보기만 할 뿐 만져보지도 않으시는 것이었다. 나도 한복을 의젓하게 입으신 선생의 모습이 어쩐지 실감나게 떠오르질 않았다.

선생께선 주인 내외의 서운해하는 기분에는 아랑곳없이, 구중관이 찻집 '상하'에 있을 거라며 어서 가자는 것이었다.

상하에서 구중관을 만나 함께 차를 마시는데, 술이 거나하게 취한 방영웅이 친구 두 사람을 데리고 나타났다. 평소엔 말수가 적은 방영웅은 술에 취하면 꽤나 수다스러워져, 특히 민선생 앞에서는 응석부리듯 대담한 말도 내뱉곤 했는데 선생은 도리어 기분좋아 하셨다. 그날도 방

영웅의 수다에 기분이 좋아지신 듯,

"노래불러! 기러기 훨훨 어쩌구 하는 거 잘 부르지? 그거 한번 불러!"

하셨다.

"기러기 훨 훨 날아간다……"

시간이 열시를 넘었다. 선생이 인사동을 뜨는 시간이었다. 대개는 함께 태화관 앞을 걸어가 일조각(一潮閣) 앞에서 각각 좌석버스를 타는데, 그날따라 찻집에서 바로 헤어지게 되었다. 방영웅과 함께 온 친구 중 한 사람이 잠실에 사는데 차가 있다며 함께 가자는 것이었고, 또 민선생에게 같은 방향으로 가는 아가씨 하나가 있었다. 구중관과 방영웅, 그리고 또 한 사람의 친구는 자기네끼리 함께 가기로 되었다.

나는 차를 가졌다는 친구와 함께 한발 먼저 찻집을 나왔다.

이튿날 아침, 일곱시나 여덟시쯤, 전화벨 울리는 소리를 듣고 잠결에 수화기를 집어드니 채현국의 목소리였다.

"민선생…… 가셨다!"

10

나는 지금도 선생의 죽음을, 자연사라기보다 자살에 가깝다고 생각한다. 천식이란 발작이 일어났을 때 기도를 터주지 않으면 죽는 것, 소리를 질러 누구를 부르기만 하셨어도 위급한 고비는 넘겼을 것이다. 그런데, 그 괴로운 중에도 이를 앙다물어 소리를 안 내신 게 아닌가, 그래서 끝내 회복불능의 상태로 빠져드신 게 아닌가, 그런 생각을 떨쳐버릴 수가 없는 것이다.

어쩌면 그렇게 맞출 수가 있는가?

갑년(甲年) 갑월(甲月), 그리고 갑일(甲日)을 하루 앞두고 운명하셨으니 만(滿) 육십년을 에누리 없이 채우고 가신 것이다. 회갑연을 준비중에, 회갑잔치에 입히려고 지은 옷을 수의로 만드시면서.

　회갑연 초청장을 부고장 같다 하신 것, 방영웅에게 "기러기 훨 훨 날아간다" 어쩌고 하는 노래를 시킨 것까지, 우연이 아니라는 생각이 든다.

　그러고 보면 선생이야말로 자기 운명의 완벽한 주인이 아니셨던가?

　내 올여름(1989)에는 꼭 청주에 가서 그 천년 묵은 으능나무를 보고 싶다. 어쩌면 선생이 그 으능나무 등걸에 쪼그리고 앉아 꾸벅꾸벅 졸고 계실지 모른다. 가서 물어보리라.

　"인생은 이 세상의 과객입니까, 주인입니까?"

민병산 『철학의 즐거움』, 신구문화사 1990

'정일'과 '연곡'

호랑이는 죽어서 가죽을 남기고 사람은 이름을 남긴다지만, 여기서 말하는 '이름'이 이른바 작명가(作名家)들이 말하는 '좋은 이름'이 아님은 물론이다. 청사(靑史)에 이름이 빛난다는 말은 어디까지나 그 인물의 인격과 공로에 대한 평가인 것이요, 이름 덕분에 인물이 훌륭해질 수는 없기 때문이다.

그러나 사람은 사회적 동물인 까닭에 이름이 갖는 기능을 전혀 무시할 수는 없다. 이름은 한 사람의 이미지 형성에 적지 않은 영향을 미친다. 부르기 좋은 이름, 듣기 좋은 이름, 써놓았을 때 보기 좋은 이름, 무언가 심오한 뜻이 있어 보이는 이름은 그 임자를 함부로 대할 수 없게 하는 위엄을 느끼게도 한다.

요즘에는 한자를 쓰지 않고 순우리말로 이름 짓는 일도 꽤 많아졌지만, 그래도 우리 한국인의 이름은 한자 두 개를 배합해서 짓는 것이 보통이다. 그런데 한자는 소위 뜻글인 까닭에, 한자 둘이 겹쳐져서 만들어내는 어떤 이미지가 있게 마련이요, 대개의 경우는 이름이 떠올려주는 이미지와 실제 인물의 이미지를 견줘보게 마련인 것이다. 그럴싸하게 어울린다 싶어 고개를 끄덕이게도 되고, 전혀 딴판이라 어리둥절해지기도 한다. 하기는 한자 아닌 순우리말로 된 이름에도 그런 경우는 있다. 예컨대 곱단이라는 여자 이름을 듣고 나긋나긋한 미녀를 상상했다가 실망하는 수도 있다는 이야기다.

각설하고, 한정일(韓貞一)이라는 이름과 그 주인공의 이미지는 어떠한가?

흔히 '이름값을 한다'는 말을 쓰는데, 한정일을 두고 생겨난 말이 아닐까? 이름은 그의 선친께서 지었다고 들었는데, 아마도 그분은 자기 아들로 하여금 오직 한길을 곧고 바르게 흐트러짐없이 살게 하고 싶었을 것이다. 그 아들은 선친의 그러한 유지를 받들어 그대로 살았다고 자부해도 되지 않을까?

생각해보면 우리 세대만큼 지조 지키며 흐트러짐없이 살기 어려웠던 세대도 없을 것 같다. 지금 살펴보면, 이 세상에 지조라는 것이 과연 있기나 한지 의심스럽기까지 하다. 이러한 때에, 한 학자로서, 한 지성인으로서, 그리고 민주주의를 신봉하는 한 시민으로서 한정일만큼 흐트러짐없이 산 사람이 과연 몇이나 될까?

한데 그에게는 또 하나의 이름이 있다. 연곡(然谷)이라는 아호(雅號)다. 우리 시대의 뛰어난 전각가(篆刻家)인 우리 친구 현암(玄岩)이 지었다.

그게 아마 1983년 아니면 그 이듬해였으리라. 당시엔 아직 무명이었던 현암은, 내가 친구라고 데리고 가는 사람에게는 무조건 낙관(落款) 한벌씩을 새겨주곤 했다. 하루는 한정일을 데리고 갔는데, 한참 동안 담소를 나눈 끝에 역시 낙관을 새겨주겠다며 호가 있느냐고 묻는 것이었다. 없다고 하자, 잠시 생각에 잠겨 있던 현암 거사, 돌 하나를 집어

연곡이라 각자(刻字)를 하는 것이었다. 그러고는 말했다.

"한교수, 당신은 날카롭고 강직하니 학자로서 바람직한 일이지만 너무 뾰족하고 뻿뻣하면 주위 사람들이 피곤해. 본인도 부러지거나 다치기 쉽지. 힘 좀 빼시오. 자연스러워야 돼. 이제 좀 부드러워지시우. 연곡, 어떻소?"

한정일은 두말없이,

"예, 좋습니다."

하며 활짝 웃었다. 함께 있던 사람들이 모두 기분 좋게 웃었다.

현암 거사의 말을 혼쾌히 받아들인 것을 보면 한정일 스스로도 자신에게는 부드러움과 여유로움이 더 필요하다는 것을 인정한 셈이다.(그러나 이름과 인상이 뾰족해 보일 뿐 인품은 그렇지 않다.)

그렇게 지어준 아호가 연곡인데, 그뒤 한정일은 이 아호를 별로 쓰지도 않고 선전하지도 않은 것 같다. 그렇다면 부드러움과 여유로움도 별로 늘리지 못했다는 뜻일까? 이제 그도 갑년을 한바퀴 돌았다. 산에 내린 빗물이 자연스럽게 골을 이루며 흘러내리듯, 느긋하고 무리없는 여생을……

이것은 나 자신에게 하는 말이기도 하다.

한정일 화갑기념논총 『21세기를 위한 한국의 정치와 행정』(1999)

현노 최규일의 일도일각

　현노(玄老)가 경인미술관의 초대를 받아 첫 개인전을 연 것이 1985년의 일이니 벌써 십년의 세월이 흘렀다.
　그사이에 서울과 지방 그리고 해외에서 전시회를 10회나 열었으니 해마다 한번씩 가진 셈이다. 누구보다 부지런하고 열심히 작업하는 현노이기는 하지만 놀라운 일이 아닐 수 없다.
　당연한 귀결이지만 현노는 이제 전각(篆刻)예술 분야에서, 누가 뭐라고 해도 뚜렷한 한 위치를 차지하였다. 그러나 현노의 전각예술이 오늘 이 땅에서 과연 정당한 평가를 받고 있는가?
　일개 문외한으로서 한 전문적 예술분야의 일을 섣불리 논단할 일은 아니나, 객관적으로 보기에 그런 것 같지 않다. 엄연한 하나의 분야이면서 독자적인 빛이 극히 미약한 이 땅의 전각계는, 서화가들의 여기(餘技) 또는 부수적 존재로 명맥이 이어져가는 것을 자조적으로 바라보면서도, 온 삶을 전각예술에다 걸고 혼신의 힘으로 부딪쳐오는 현노에 대하여, 자폐적인 반응을 고수하고 있는 듯이 보인다. 여기서 나는 현노와 함께 모 노대가(老大家)를 방문했던 일을 상기한다.

중앙의 국전을 에워싼 잡음 등이 싫어 지방에 내려가 있던 그분은, 공손히 무릎꿇고 앉아 내미는 현노의 인첩(印帖)을 받아 첫 페이지를 펼치면서 숨이 콱 막히는 듯한 표정을 지었다. 한참 동안 페이지를 넘기지 않고 바라보더니 이윽고 한숨을 토하며 다음 페이지로 옮겨가는 것이었다. 한 페이지 한 페이지, 비교적 정성스럽게 봐넘긴 노대가의 한마디는 의외로 가시가 돋쳐 있었다.

"이게 뭐야?"

우리는 어안이 벙벙해서 한참 동안 대답을 못하고 있었다.

"이게 어디 선(線)이야? 쥐 뜯어먹은 자국이지!"

노대가의 표정은 살기마저 느끼게 했다.

"자네는 이걸 가지고 독창 운운하는지 모르겠네만 그건 예술이 아니야! 독창이 무엇이냐? 철저하게 옛 스승들의 것을 모방하되 열 사람이 다 똑같을 수가 없어. 똑같은 것을 보고 모방하는데도 열 사람이 다 각각 달라! 그것이 개성이고 독창인 게야! 이처럼 왕창 허물어뜨리는 독창은 있을 수 없어!"

그러자 현노가 조심스럽게 말했다.

"저는 법칙을 허물어뜨린 게 없다고 생각합니다. 같은 돌에 같은 칼을 썼고, 글자의 획을 줄이거나 보태지도 않았고……"

"선 말이야, 선!"

노대가는 고함을 지르듯 하였고, 현노는 나직하게 대답했다.

"이 선은 자연스럽게 얻어진 선이지, 억지로 만든 것이 아닙니다."

"듣기 싫어!"

한참 동안 답답한 침묵이 흐르기에, 내가 한마디 끼여들었다.

"제백석(齊白石) 선생은, 일도일각(一刀一刻)을 말씀하셨다는데 그것은 어떤 것일까요?"

그러자 노대가는 잠시 뜸을 들이고 나서 대답하였다.

"그런 것은 없어! 말이 있을 뿐이지."

그 말을 들은 우리는 서로 얼굴을 마주 쳐다보았다. 더이상 앉아 있을 필요가 없었던 것이다. 노대가는 우리의 마음을 읽었는지 말없이 일어나 옆방으로 가버렸다.

그날밤 우리는 근처의 한 초라한 여인숙에서 잤는데, 그때 나는 생각하였다. 그분께서 처음 인첩을 펼쳐들고 놀라던 표정은 무엇을 의미하며, 그뒤에 하신 말씀들은 또 무엇이었을까? 그분은 틀림없이 '독창(獨創)'을 본 것이었다. 그럼에도 불구하고 왜 그렇게 거부반응을 보이셨을까?

곰곰 생각하다보니 묘하게 추사(秋史)라는 이름이 떠오르는 것이었다. 추사 김정희가, 명문거족의 신분으로 판서의 아들이 아니었다면? 미천한 신분으로 태어나 과거에도 못 나가고, 중국에 가서 당대 일류의 거장들과 교류할 꿈도 꾸지 못한 채, 혼자서 피나는 공부를 계속한 끝에 그 독창적인 서체를 이루었다면? 그래서 작품을 들고 당대의 명인들을 찾아 인정을 받으려 하였다면? 그랬더라도 그의 진가는 인정을 받게 되었을까? 그랬더라도 그의 이름은 청사에 남아 있고 그의 작품들은 높은 평가를 받고 있을까?

그날밤, 내가 혼자서 내린 결론은 부정적이었다. 미친놈 취급을 당했을 것이고, 그의 피땀어린 작품들은 흩어져 사라졌을 것이라고.

그로부터 십년 가까운 시간이 흘러간 지금, 나는 또 한 사람의 역사적 인물을 생각한다. 다름아닌 고산자(古山子) 김정호이다. '대동여지도'라는 불후의 업적을 남긴 사람이지만, 그 인물에 대해서는 알려진 것이 전혀 없다시피 하다. 서울 출생이라고는 하지만 태어나고 산 곳이 어디인지, 언제 태어나 어떻게 살다가 어떻게 죽어갔는지, 후손이 있는

지 없는지, 어느 한가지도 정확하게 알려진 것이 없다. 비교적 근대의 인물인데다가 그토록 위대한 업적을 남겼음에도 왜 이럴까?

　이유는 간단하다. 신분적 배경도, 학맥(學脈)도 인맥(人脈)도 없는 그를 그 사회가 받아들이질 않았기 때문이다.

　그러나, 그럼에도 불구하고 고산자 김정호의 이름은 지워지지 않고 청사에 남아 있다. 그 이유 또한 간단하다. 도저히 무시할 수 없는 업적을 남겼기 때문.

최규일 전각작품집 『현노인존(玄老印存)』(1996)

그는 여전히 말이 없고
나의 친구 이강복

그는 말이 없습니다.

옛날에도 그랬습니다. 제가 옛날이라 하는 것은, 우리가 스무살 남 짓이던 1950년대 후반을 말합니다.

그때 우리는 대부분 찢어지게 가난했는데, 그는 아니었습니다. 그는 돈이 있고 힘있는 집안의 아들이었습니다. 그래서 우리 가난뱅이들은 늘 신세를 지는 처지이면서도, 속셈으로는 그를 별로 좋아하지 않았습니다. 저도 솔직히 말하면 아무리 그래봤자 한패는 아니다, 뭐 그런 생각도 했던 것 같습니다.

물론 그는 돈 있는 집 자식이라 자세한 일도 없고, 힘있는 집안 사람이라고 위세를 부리거나 건방을 떤 일도 없었습니다. 그는 언제나 말이 없었고, 누구에게나 빙그레 웃는 사람이었고, 누가 어려운 사람이 있다 하면 아무 말 없이 사정이 허락하는 한껏 도와주었습니다.

우리 친구들 중에 그에게서 도움을 받은 사람은 부지기수고, 어떤 친구는 학기가 바뀔 때마다 그에게서 등록금 사오인분을 갈취(?)하여, 이 친구 저 친구에게 나눠주기도 했습니다.

웬만한 사람 같아도, 사람을 뭐로 보고 이러느냐며 눈살 정도는 찌푸릴 만하건만 그는 결코 그러는 일이 없었습니다.

그뒤 세월이 많이 바뀌었습니다.

자유당 시절이 4·19로 끝나고, 뒤미처 5·16이 민주당 정권을 박살냈습니다. 그러고는 다시 기나긴 독재의 터널이 이어지고, 10·26과 12·12와 5·18과 6·29, 그리고 문민정부, 국민의 정부 등등…… 그러는 사이에 그의 집안도 부침이 심했고, 그도 부도를 맞는 등 여러차례 시련의 고비를 넘겼다 합니다. 나는 처음부터 적당한 거리를 두고 그를 보아왔기 때문에 그가 혹독한 시련을 겪는 동안, 과거에 그의 은혜를 입은 그 숱한 사람들이 얼마나 보은을 했는지를 잘 알지 못합니다.

아무튼 그는 적어도 내가 아는 한 언제나 말이 없었고, 입가에는 늘 잔잔한 미소가 번져 있었고, 누구에게 싫은 소리를 하는 일도, 언성을 높이는 일도 없었습니다.

헤아려보니 내가 그를 안 지도 벌써 사십년을 넘어 반세기를 육박해오는군요. 그사이 한결같은 그의 모습을 보면서 그에 대한 나의 시각이 달라진 것도 사실입니다.

몇해 전부터 그는 중심지에 찻집 한곳을 정해놓고, 한 주일에 딱 한번 그곳에 나가 앉아 있습니다. 그러면 친구들이 하나둘씩 모여듭니다. 물론 어릴 적부터의 친구도 어쩌다 나타나는 일이 있지만 대개는 그렇지 않습니다. 근래에 알게 된 사람도 있고, 언제 어떤 연고로 그 패거리에 끼여들게 되었는지 모를 사람도 더러 있는 것 같습니다. 그러나 누구도 그런 것에 개의치 않습니다.

그렇게 모여드는 사람이 어떤 때는 여남은 명이 넘을 때도 있고, 대개는 칠팔명씩 되는데, 각자 마음대로 차 시켜 마시고 떠들다가 저녁때가 되었다 싶으면 또 그가 단골로 정해둔 주점으로 자리를 옮깁니다. 물론 그 누구도, 찻값, 술값, 밥값에는 신경을 안 씁니다.

   그는 여전히 말이 없습니다.

   입가에 잔잔한 미소를 띠우고 조금은 흐뭇해하는 것 같기도 합니다.

『성서와문화』 2001년 6월 15일(제6호)

아름다운 세상
천상병 시인을 추도하며

───────

천상병(千祥炳) 형,

다른 사람도 아닌 그대가 하느님 앞에 가서, '세상은 참으로 아름다웠습니다'라는 보고를 하였을 때, 하느님은 적잖이 곤혹스러워하셨을 것 같네. 그대처럼 이 세상에서 푸대접받고 놀림받고, 그리고도 모자라 무시무시한 간첩단 사건에 연루되어 고문을 당하고, 그 후유증으로 고생 고생하였던 사람도 그리 흔치 않을 터인데, 그런 사람한테서 세상은 참으로 아름다웠습니다 하는 소리를 들으면, 이 사람이 시인이라더니 천국에 와서까지 빈정거리는 버릇을 못 버리는구나 하실 것만 같아.

하지만 세상이 아름다운 곳이라는 건 사실이야. 그대가 시체 되어 누워 있던 그 장소에 가서 나도, 이 세상은 참으로 아름답구나 하는 생각을 하였는데, 나는 지금 그 얘기를 그대에게 들려주려고 하는 거야.

그대가 잠시 누워 있던 거기가 시립이라던가 도립이라던가 하여간 우리가 어릴 적 같으면 그 지방에서 가장 번듯한 시설이었을 그런 곳이건만 지금은 정반대로 가장 후진 곳이더라. 영안실(靈安室)이라는 것도 말만 근사하였지 본래는 주차장으로 설계되었을 성싶은 지하실 씨멘트 바닥에 비닐장판 같은 것 아니더냐. 맨 안쪽 벽에다 붙여서 옆으로 나란히 세 개의 빈소가 마련돼 있었는데 천형(千兄) 것은 가운데였지. 평생을 가난하게 살다 죽은 시인의 빈소가 호화스러울 수야 없지만 괜히 안쓰러운 생각이 들더라.

빈소가 셋이니 문상객들도 세 갈래일 수밖에 없는데 칸막이 하나 없으니, 시간이 흐름에 따라 누가 어느 쪽 손님인지 알아보기도 어렵게 되어갔어. 밤이 되니 여기저기에 술판, 화투판, 포커판 들이 벌어지는데, 나는 그런 분위기에 익숙지 않은 탓인지, 혹은 세 갈래 손님들이 뒤섞여서 문제가 생기지 않나 걱정도 하게 되더라고.

한데 드디어 문젯거리 하나가 내 눈에 비치었어. 그때는 나도 못 먹는 소주 한모금을 삼킨 끝이라 시선이 약간 흔들리긴 했지만, 분명 천상병 형의 빈소에 왔을 듯싶은 어느 기자 출신 국회의원의 화환이 왼쪽 첫번째 빈소에 세워져 있는 것이었어.

'아니 저게 저게 아닌데?' 하면서 나는 노광래나 이윤섭(둘 다 그대가 아끼던 노총각들이지?)을 찾아서 시정을 요구하려다가 살피는데 문득 다른 생각이 떠올랐어.

'저쪽 사람이라고 국회의원 아무개와 모르라는 법도 없지 않나? 그쪽에 온 화환이 틀림없다면 어쩔 건가?' 그래서 나는 생각을 아예 이렇게 고쳤네.

'아무러면 무슨 상관인가? 누가 어느 쪽에 보낸 것이면 어떻고, 잘못 세워진 것이면 어떻다는 거야? 천상병 같은 시인의 빈소에 와서 이런 걸 따지려 들다니, 나도 한심한 놈이군!'

그런 깨달음을 얻은 것도 천형 덕분이라 생각하면서 혼자 쓴웃음을 짓는데, 난데없이 한바탕 곡성이 터지더구려. 깜짝 놀라서 바라보니 바로 천형 위패가 있는 그 앞에 웬 늙수그레한 여편네 셋이 퍼질러앉아 섧게 섧게 울어젖히는데, 아무리 보아도 이쪽 문상객들은 아니고 오른편 쪽 사람들이었어. 이치를 따지고 들자면, 기껏 문상을 와가지고 그래 엉뚱한 위패 앞에 가서 통곡을 하다니 망발이 아닐 수 없겠네만, 사실 우리네 서민들에게 있어서 그까짓 공공장소에서의 경계 같은 게 무슨 의미가 있는가? 그들에게 있어서 중요한 것은 단지 아무개가 죽어서 슬프다는 것과 내가 문상을 와서 서럽게 운다는 사실일 뿐, 빈소가 셋이 있는데 여기서 여기까지는 이쪽이고 하는 따위는 아무 의미가 없을 터이지.

그런 깨달음에까지 이른 다음에 둘러보니, 그대가 누워 있는 그 영안실 풍경이 그렇게 아름다워 보일 수가 없었네. 어느 빈소를 찾아온 사람이건 모두가 한식구 같고 한형제 같은 느낌이 들었네.

한데 천형!
무덤에 들어간 그 다음날 또 한바탕 억울한 일을 당했지? 살아 있는 식구들이 뭘 잘못해가지고 돈봉투를 태워먹었는데, 잘못은 자기들이 저질러놓고서 한다는 소리가, '천상병 노잣돈을 무려 사백만원이나 가져갔다' 하고 소문을 퍼뜨렸다는군!

그건 모함이야! 형편없는 모함인 걸 내 잘 아네만, 이건 정말 웃느라고 지어낸 농담이지. 그 옛날의 그 지긋지긋한 동백림 사건 같은 도깨비 장난은 결코 아니니, 그리 알고 한바탕 웃게나.

　나는 이제 세상을 아름답게 보려고 하네. 그곳도 필시 아름다울 테지?

(1994년 4월)

민병산 선생께
10주기에

허름한 차림새에 빵떡모자 삐딱하게 쓰고, 바랑 같은 가방 하나 어깨에 멘 채 앞으로 구부린 몸, 뒷짐진 자세로, 인사동 길을 저만큼 걸어가시던 선생의 모습, 아직도 선연히 기억하고 있는 사람들 가운데 몇몇이 지금 이 자리에 모였습니다.

선생이 가신 지 벌써 10년, 10주기는 그냥 보내기 아쉽다 하여 몇사람이 이것저것 생각도 해보았으나, 오늘 같은 시절에 과연 선생의 뜻에 합당한 일이 어떤 것일지 가늠하기 어려웠습니다. 그렇다고 그냥 있기는 서운하여, 함께 저녁이나 하며 얼굴이라도 보자는 데로 의견이 기울었습니다. 그런데 이왕 모일 거면 인사동에서 할 것이지, 하는 불만의 소리도 있었으나, 첫째는 오늘의 인사동이 10년 전의 인사동과 달라, 선생이 살아 계신다 하여도 마땅히 가 앉을 만한 곳이 없다는 것이고, 둘째는 선생께서 귀여워하시던 명숙이가 가게를 낸 지 벌써 여러 해 되었는데 아직 한번도 선생을 모시지 못한 것이 한스럽다 하므로, 그 청을 들어줌도 선생의 뜻에 가히 어긋나지 않으리라 생각했습니다.

하기야 선생께서 좋아하신 여성이야 많았지요. 그중에서도 에베레스트 올라갔다 온 남난희를 많이 좋아하셨는데, 시집가서 애낳고 산다더니 지금 저기 와 있어요. 이 집 주인 명숙이는 난희가 달고 다니던 후배 아가씨였는데, 선생께서 늘 꺽다리라 불렀지요. 그리고 함께 다니던 꼬마 명옥이, 그밖에 해○이, 임○재, 선○이와 ○경이 등등, 모두 시집 안 가고 수절 잘하고 있어요. 그런데 사내 친구들 중에서는 하마 몇사람이 그쪽으로 가셨군요. 선생의 죽마고우 신동문, 회갑잔치 열어드린다고 서둘던 강홍규, 기인으로 꼽으시던 시인 천상병, 많이 기특해하시던 강용대…… 그리고 보니 좋은 친구들만 쏙 뽑아가셨군요! 그러니 인사동에 사람이 없는 것은 당연하지요.

아무튼 이 자리에 모인 한사람 한사람의 마음속에 선생은 계십니다. 저기 선생의 글씨 한점 걸려 있는데, 어쩌면 그만치에서 선생도 지금 저희 노는 모습을 지켜보고 계신 듯싶습니다. 같이 노십시다.

(1998년 9월)

채기엽 선생 비문

효암(曉巖) 채기엽(蔡基葉). 초명(初名) 달이공(達伊公)은 서기 1907년 융희 정미년 8월 20일 경상북도 달성군 공산면 연경리에서 부 병원(炳元), 모 영천 이씨의 독자로 출생, 1988년 5월 18일 미국 나성(로스앤젤리스)에서 졸하셨다.

인천 채씨 소감공파 참수공을 잇는 가계는 19대조 다의당(多義堂) 귀하(貴河)가 여말(麗末) 두문동 72현의 한분으로 순절함에 멀리 남으로 내려와 팔공산 기슭 미대리에 세거 절사지 후예의 체통을 지키며 등과 출세를 배격하여 대대로 적빈을 불면하였다.

후사가 귀한 일문의 예에 따라 12세에 여산 송씨하고 혼인한 공은 3·1운동 이듬해인 1920년 대구 교남학당 제1기로 입학 신시대를 호흡하였으니 이때 이루어진 교주(校主) 이장우(李長雨)의 아들 상정(相定)과의 친교는 공의 생애에 큰 영향을 미치었다. 공 16세 때 부 병원이 여행중 일본에서 객사하신 후 홀로서 모, 조부모를 모시고 아울러 일찍

병사하신 삼촌들의 자녀들까지 부양해야 하는 소년 가장이 되셨다.

가장이 된 공에게 닥친 첫번째 시련은 악덕 고리대와의 법정 시비였다. 망부(亡父)가 생전에 남의 빚보증을 서준 것이 있었는데 채권자가 의도적으로 피하여 만나주지를 않아 반제 기일을 넘겼다. 꼼짝없이 가산을 날릴 판이 되었으나 공은 다만 채권자에게 주려고 안주머니에 넣고 다니던 돈을 당시 판사 앞에 꺼내 보이며 사실대로 진술할 뿐이었다. 그런데 판사는 예상을 뒤엎고 공의 진실됨을 인정하여 가산을 되찾게 해주었다. 이 사건은 공으로 하여금 세상을 긍정적으로 보게 하였고, 진심은 그 어떤 권모술수도 이긴다는 신념을 갖게 했다.

때마침 불어닥친 물산장려운동에 호응하여 정미소를 세워 향리에 파고든 일본인 정미업자를 몰아내는 수완을 발휘하였다. 시국은 날로 암담해지고 뜻있는 인사들이 속속 해외로 망명함에 공도 드디어 1938년 샹하이로 건너갔다. 존경하는 선배 이상정을 만나 독립운동에 헌신하려는 뜻이었으나 무명 청년이 이상정을 만나기는 좀처럼 쉬운 일이 아니었으므로 한동안 샹하이 거리를 방황했으며, 한편 소위 독립지사라는 사람들의 일부 태만한 실태를 목격하고는 잠시 방향을 바꾸기로 하였다. 우선 북경에 가서 트럭을 한대 마련, 그때 한창 치열하던 북지전쟁을 뚫고 다니는 생필품 상인이 되었다. 생명을 건 모험이었으나 담배 한 트럭을 싣고 전선을 넘어가면 은궤 한 트럭분을 싣고 나올 정도로 이익이 있었다. 이렇게 번 돈을 가지고 다시 샹하이에 가서 방적공장을 운영하면서 은밀히 독립투사들과 손을 잡아 원조를 하였다.

태평양전쟁이 끝나자 학병으로 대륙에 왔던 청년들이 샹하이에 몰려들었으나 귀국 선편이 없어 유리걸식함을 본 공은 그들을 데려다가 숙식제공하니 1946년 귀국할 무렵에는 그 수가 백수십명에 달하였다.

귀국 후에는 잠시 잠사무역에 종사하다가 6·25동란의 소용돌이 속에서 대구와 부산을 전전하였고, 1952년 서울 수복 후 경운동에 연탄공장을 차린 것을 바탕으로 1956년 흥국탄광회사를 설립, 강원도 삼척군 도계와 정선군 사북 일대의 탄맥을 개발하여 일약 굴지의 대광업가가 되었다. 한미한 산촌이던 사북이 오늘날 읍으로 성장하는 데는 공이 도로를 닦고 교량을 가설한 덕택임을 사북역 광장에 서 있는 '채기엽 선생 공덕비'가 증언하고 있다. 공의 사업은 그로부터 무역, 목축, 임산, 조선, 해운 등 다방면으로 발전하였으며, 한편 존재도 희미하던 해인대학(海印大學)이 경남대학교로 크게 자라는 기틀을 마련해주었고, 또 양산군 웅상면에 있는 6학급 중학교를 인수하여 오늘날 이천명에 이르는 영재들을 품에 안은 개운중학 및 효암고등학교로 만들어놓았다.

그러나 공이 가장 애정을 가지고 관여한 분야는 조국의 통일을 앞당기기 위한 사업이었다. 일찍이 독립운동에 헌신하려던 꿈을 이루지 못한 공은 일생을 두고 못내 아쉬워하였으니 사업이 한창 번창하던 시기에도 정재계의 인물들과 어울리기보다는 불우한 처지에 있는 학자, 사상가, 애국지사 들과 함께하기를 기뻐하였다. 이동화·정석해·이종률·유석현 같은 분들에게 공의 사무실 문은 항상 열려 있었다.

유석현·김재호·장건상·이인·여운홍 제씨의 발기로 '민족정기회'가 조직됨에 공은 그 이사장을 맡았고, 이 모임이 후일에 다시 '민족통일촉진회'로 재편될 때는 그 최고위원 고문으로 추대되어 노년의 여력을 바치었다. 공은 또 아들 현국의 학우들을 비롯 후진을 늘 가까이하여 '담(膽)을 크게 가져라, 간(肝)은 작아야 한다'고 가르쳤으니, 하여야 하는 일에는 과감해야 하고, 하고 싶은 일에는 소심해야 한다는 뜻이었다.

오호, 이제 옷깃을 여미고 삼가 공의 그 파란 많은 생애를 추모하건대 실업에, 육영사업에 또 광복과 통일을 위하여 진력한 다방면한 활동을 하나로 간추리기 어려우니 차라리 친지와 후진 들이 일컬어 부른 거인(巨人)이라는 이름이 적합하다.

중원천지를 두루 다 보아도 조선만한 복지는 없다던 공이 만년에 태평양을 건너간 뜻은 이 땅에 담 큰 자는 없고, 간 큰 자만이 발호하게 된 까닭이었는지, 그러나 마지막 병상에서는 역시 고국산천에 묻히기를 절실하게 당부하면서 개운히 운명하시니 향년 81세였다.

공은 평소에 심흉을 토로하여 이 세상에 나서 살 만큼 살고, 일할 만큼 일하고, 남길 만큼 남겼다면서 오로지 격랑의 시대를 산 조선사람의 한 전형으로 기억되기를 원했다. 고국산하에 돌아온 유해를 맏아들 현국과 손자들이 맞이하여 여기 모시는 날, 생전에 그 은혜를 입고 잊지 못하는 사람들 모두 상여 뒤를 따랐다.

1988년 4월 3일
아들 현국의 죽마지우
박이엽 지어
민병산 쓰다

희곡작품에 나타난 기독교 저항정신

편집자로부터 나에게 주어진 원래 제목은 '희곡작품 상에 나타난 기독교 저항정신'이었다. 이러한 주문은 다분히, 1970년대 이후 한국에서 전개되어온 민주화운동에서 기독교가 차지하고 있는 매우 큰 비중을 염두에 둔 것이 아닌가 싶어졌다. 그렇다면 필자는 당연히 기독교 민중운동을 무대 위에 형상화한 작품 또는 적어도 그러한 내용을 담고 있는 희곡작품을 놓고 이 글을 써야 할 것이다. 그런데 불행하게도 내가 아는 한 이러한 요구에 들어맞은 희곡작품은 없다.

김지하의 「금관의 예수」를 비롯해서 몇몇 국내 작가들이 기독교와 민중의 이야기를 시도한 일이 없는 것은 아니나 어찌 보면 기독교의 본질이라고도 할 수 있는 '저항정신'을 정면으로 다루었다기보다는, 교회라는 현실적 조직체가 가지고 있는 비리나 모순을 고발하는 정도에서 그친 것이 대부분이다. 그 점에서는 아서 밀러(Arthur Miller)의 『시련』(*The Crucible* 1954)도 이런 범주에 속한다.

저항정신이 기독교의 본질이라고까지 말하는 데 대하여 저항을 느끼는 사람이 있겠지만 이 말은 결코 하느님의 절대성을 부정하거나 하느님의 권능에 순종을 저항으로 대치하라는 뜻이 아니다. 하느님의 권능을 지키고, 그것에 순종하는 일 그 자체가 교회를 포함한 모든 세속적 권위에 대한 끊임없는 저항으로써만 가능한 것이 아닌가. 다시 말해서 하느님의 권위는 역사적으로나 현실적으로 교회의 권위로 대치되어 있고, 교회의 권위는 자주 세속적인 정치권력과 일치 또는 평화공존 상태를 형성, 유지해가는 것이므로, 하느님 권능이 아닌 교회의 권위 그것이 저항의 대상이 되기도 하는 것이다.

민주주의의 역사는 인간을 교회의 권위로부터 해방시키기 위한 투쟁의 역사라고 말해지는 것도 그러한 맥락에서 이해될 수 있다. 인간의 옹호자 및 보호자로서의 하느님 권능을 수호해야 할 교회가, 교회 그 자체의 권위를 세우고 유지하기 위하여 인간성을 제약하고 억압하기도 하였으며, 교회의 그러한 필요악이 세속적 정치권력과의 유착을 가져옴으로써, 인간 구원의 주체여야 할 교회가 대다수 민중과의 적대관계를 형성한 일 또한 있었음을 역사는 보여주고 있다.

1970년대 이후 한국의 상황에서 진행되고 있는 소위 민권투쟁 또는 민주화투쟁을 바라보는 시각에 있어서도 교회는 앞에서 말한 속성 때문에 부단히 양면성을 드러내며, 그러한 양면성이 그동안 기독교인들이 쌓아온 커다란 업적에도 불구하고 대다수 민중으로부터 아직도 수상쩍은 대상으로 인식케 하고 있다.

오늘의 기독교 문학인들이—교인이든 아니든 사실 상관이 없겠으나—해야 할 일은 마땅히 앞에서 지적한 것과 같은 오늘의 한국 기독교의 현실, 그 양면성을 올바로 인식하고 파헤쳐서, 대다수 민중의 불신을 해소하고 그리스도 정신의 구현에 이바지해야 할 것이다. 그리고 민중적 공감대를 형성하는 데는 다른 어떤 문학장르보다도 희곡이 유리하다고 보이는데, 소설이나 시에 비해서 희곡분야의 업적이 미비한 것은 무엇 때문인가? 그것은 아마도 짐작컨대 단체 동원을 필요로 하는 연극의 경우는 개인적 작업으로 끝나는 소설이나 시에 비해 제약이 큰 까닭이 아닌가 싶다. 그러나 아무리 어렵다 하더라도 필요한 일은 해야 하고, 또 할 사람이 나오게 마련이다. 이 방면의 업적이 조만간 기대된다.

비교적 최신작이라 할 수 있는 희곡작품들 중에서 기독교 주제의 것을 찾는다면 존 오스본(John Osborn)의 『루터』(Luther 1961)와 로버트 볼트(Robert Bolt)의 『사계절의 사나이』(The man for All Seasons 1961), 그리고 브레히트(Bertolt Brecht)의 『갈릴레오』(Galileo 1962)를 떠올리게 된다. 이 가운데 우리가 접할 수 있는 작품이 앞의 두 개이므로, 여기서는 이 두 작품을 살피면서 문학을 비교해볼까 한다.

오스본의 『루터』는 두말할 것도 없이 저 위대한 종교개혁가 마르틴 루터를 주인공으로 한 작품이다. 1961년에 영국의 로열코트극장에서 토니 리처드슨의 연출과 알버트 휘니 주연으로 공연되었는데, 상당한 논란을 불러일으켰다. 이 작품이 나온 1960년대 초반에는 역사상의 종교적 인물이나 사건을 다룬 작품들이 여러 편 한꺼번에 쏟아져나왔는데, 앞에 이야기한 로버트 볼트의 『사계절의 사나이』 역시 같은 시기에 공연되었다.

작가인 존 오스본의 이름은 1956년에 공연되어 세계적 선풍을 일으킨 『성난 얼굴로 돌아보라』(Look Back in Anger)의 작가로서 이미 유명해져 있었지만 비평가들의 주목과 기대 속에 막이 올려진 『루터』는 별로 성공적이지 못했다. "시대에 대한 한 사나이의 반역이 배열돼 있을 뿐"이라는 혹평을 듣기도 하였다.

아닌게아니라 희곡을 읽어보아도 루터의 종교개혁자로서의 치열한 면모와, 독일 농민봉기를 과격하게 탄압하여 시민사회의 기반 구축을 가능케 한 체제수호자로서의 루터, 저항자와 옹호자로서의 면모를 한몸에 지니고 있는 이 거대한 인물이 잘 부각되었다고 여겨지지는 않는다.

제3막의 제1장은, 원래 광부였다가 차차 신흥 부르주아로 발돋움하게 된 한스 루터의 아들 마르틴 루터가 학자나 변호사 또는 관리로서 출세할 수 있는 길을 마다하고 수도원으로 들어가 사제로 서품되는 과정과 함께 그의 아버지와의 갈등, 수도원의 숨막힐 듯한 분위기에 내심 반발하면서도 누구보다 철저히 규율을 지킴으로써 자신을 채찍질하는 루터의 심리상태가 그의 신경성 질환의 잦은 발작과 함께 묘사된다. 좀 지루한 느낌이 들지만 루터가 종교개혁자로 나서기까지의 성장과정에 대한 예비지식으로서 필요한 대목일 수도 있겠다. 그러나 그가 주도한 종교개혁을 신흥 부르주아의 대두라는 역사적 흐름에서 파악하려고 하는 관점에서 본다면, 그의 신경성 질환을 지나치게 강조한 듯이 보인다.

자 여러분, 이 사람이 누구냐, 내가 어떤 놈이냐 하고 아직도 수군거리고들 있는가? 여러분 중에서 누구라도 좋다! 어린아이, 불구자, 타고난 천치라도 좋으니, 나에 관한 말을 듣지도 못하고, 왜 내가 여기에 있는지 모르는 자가 있다면 나서시오! 없는가? 아무도 없어? 그렇다면, 여러분은 나를 알고 있는 게로군? 좋아요, 암, 그래야지! 한데⋯⋯ 그렇다면 만약에⋯⋯ 오늘 이 자리의 여러분 중에서 단 한 사람이라도, 귀가 멀어서 듣지 못하는 자가 있다면, 내가 그의 귀를 열어, 성스러운 물로 씻어주리라! 다른 분들은 내가 그렇게 하는 동안 조용히 내 말을 들어주면 되는 거야! 그렇게 하겠소? 여러분 그렇게 하겠소?

그는 흡사 시골 장터의 약장사이다. 아니 후대의 약장사들이 이때의 이 거룩한 사제의 옷을 입고 면죄부를 팔던 자들의 행각을 배웠는지도 모를 일이다. 오스본이 기록해놓은 사기꾼의 이야기를 조금 더 듣기로 하자.

붉은 십자가를 든 이 수도사는 누구인가? 누구에 의하여 여기에 보냄을 받았으며, 무슨 목적으로 오게 되었는가? 아니, 여러분 스스로 대답을 찾을 필요는 없습니다. 내가 가르쳐드리지요. 나의 이름은 요한 테첼, 도미니끄회의 수도사로서 주교 재판관을 맡고 있으며, 마인츠 대주교의 부대제도 겸하고 있소. 그리고 내가 여러분에게 가져온 것은 죄의 사면입니다! 예수 그리스도의 붉은 피에 의하여 가능해진 죄의 사면이오! 그리고 내 등 위에 서 있는 저 붉은 십자가야말로, 사면을 갖다주는 자의 표시와 다름아닌 것이오! 보시오! 자, 자알 보시오! 붉은 십자가로부터 드리워져 있는 저걸, 저것이 무엇인지 아십니까? 그렇소, 법왕 성하의 문장이오! 그것이 왜 여기에 있느냐고? 그것은 법왕 그분이 나를 이 자리에 보내셨기 때문이야! 나의 친구이신 법왕 그분이 여러분의 죄를 사면해주라고 나를 이곳에 보낸 것이야! 아아, 아직 너무 기뻐하질랑 마시오! 죄의 사면이란 무엇인가! 나에게 있어서 사면이란 무엇을 의미하는 것인가? 오, 하느님을 두고 맹세하건대, 나는 나의 이 특권을 천국에 계신 베드로 성인의 그것과도 바꿀 마음이 없소? 왜냐고요? 베드로 성인이 그의 말씀으로 구원하신 것보다도 훨씬 많은 영혼을 나는 이미 구원하였기 때문이지! 거짓말이라고? 허, 저런! 그렇다면 내 말을 좀더 들어봐!

이런 엉터리꾼이 백주의 거리를 누비는 것도 뭣한데, 그자의 그러한 행위가 교황의 권위에 의하여 합법화되고 있었다니 얼마나 어이없는 일인가? 그런데도 당시의 독일 교회, 세계의 모든 교회는 거기에 대해

침묵을 지켰을 뿐 아니라, 어떻게 해서든지 그러한 면죄부 판매의 권리를 획득하려 하였고, 비방하거나 불평하는 자는 가차없이 처단했던 것이다. 물론 신학자와 사제들이라고 다 그런 일에 찬성한 것은 아니었다. 그러나 속으로 비난을 하면서도 법왕청(교황청)이 성베드로 성당의 수축을 위한 모금을 명분으로 내세워 행하는 이 사기극에 대하여, 공개적으로 비판하고 나서는 자가 없었다.

비텐베르크의 아우구스띠노 수도회 소속 수도사 마르틴 루터가 누구도 감히 하지 못하는 그 공개적 비판을 하고 나선 것은 1517년 10월 31일의 일이었다. 왜 그는 그렇게 할 수 있었을까? 존 오스본의 『루터』에서는 그의 지나친 결벽증, 조그만큼의 규율위반도 참지 못하고, 마음에 거리끼는 일이 있으면 스스로를 괴롭혀서라도 그에 대한 댓가를 치르려고 하는 그의 병적인 결벽증을 마치 그에 대한 해답인 양 제시하려 하는데, 이 점은 지나치게 안이한 태도가 아닌가 싶다. 작자는 신흥 부르주아지를 대표하는 아버지 한스 루터를 등장시키고 있으나 마르틴은 아버지 한스에 대해 증오에 가까운 반발심을 갖고 있는 것으로 묘사되었다. 그렇다면 작자는 마르틴 루터가 아버지 한스로 대표되는 신흥 부르주아지를 증오하면서도 장래의 지배자로서의 그들의 존재를 믿고 있음을 시사하려 한 것일까? 만일 작가 오스본에게 그러한 의도가 있었다면, 너무 미약하게밖에는 표현되지 못한 것 같다. 오히려 마르틴의 스승 슈타우피츠의 은둔자다운 존재가 한스 루터보다 강렬하게 부각되어 마르틴은 슈타우피츠의 영향을 받고 또 그의 뒷받침을 믿고, 그렇게 과감한 행동을 할 수 있었던 것처럼 그려졌다고 보는 편이 무난할 듯하다.

어쨌든 살아 있는 하느님 권능의 대리자라는 교황의 권위에 감히 도전장을 보낸 루터의 신념은 이렇게 서술되었다.

우리는 위험한 시대에 살고 있습니다. 여러분은 어떻게 생각하실지 모르나, 지금은 빛이 처음 지상을 비춘 이래 가장 위험한 시대인지도 모릅니다. 우리 그리스도인들은 밖으로는 현명해 보이면서 안으로는 미련이 있는 듯합니다. 우리가 세운 이 예루살렘에서 모독이 판치고 있습니다. 그것을 보면 유대인도 킬킬거리고 웃는 어린이들과 함께 비난할 일이 아닌가라는 생각이 듭니다. 사람은 희랍어와 히브리어를 안다고 착한 그리스도인이 되는 것이 아닙니다. 히에로니무스는 5개 국어에 능통했으나, 한 나라 말밖에 못한 아우구스띠누스보다 위대하진 못합니다. (…) 그리스도를 갖지 못한 자는 껍데기뿐인 인간입니다. 우리는 껍데기에 만족하고 있습니다. 어떤 껍데기는 그 인간의 전부이며, 어떤 껍데기는 한갓 장식품일 뿐입니다. 오늘은 만성절 전야, 성스러운 유물들을 여러분은 보시게 되겠지요. 장식품, 화려한 행동, 그럴듯한 치장, 그러한 것에 굶주린 인간들은 가서 보시오!

그는 면죄부 판매만을 비난한 것이 아니라, 교회의 권위를 빙자해서 저질러지는 온갖 부정을 규탄했다. 그리고 그 때문에 종교회의에 회부되었고 교황으로부터 파문을 당했다. 교황이 보낸 파문장을 불 속에 집어넣으면서 루터는 외치고 있다.

지금 나에게는 한 조각의 문서가 있습니다. 그것은 악마의 고국 이딸리아의 수도 로마라고 하는 뒷간에서 온 것입니다. 그것은 법왕 교서라 불리며, 나, 독토어 마르틴의 파문을 선언한 것입니다. 그 문서로부터는 거짓이 피어오르고 있습니다. 유럽이라고 하는 늪에서 피어오르는 독기와 같으. 왜냐고요? 교황의 문서는 악마의 똥이기 때문입니다!

이처럼 철저하게 교회의 권위를 매도한 루터였다. 이처럼 철저한 저항과 부정 없이 종교개혁의 위업이 달성될 순 없을 것이다. 그러한 루터도 뒷날 프로테스탄트의 깃발이 세워졌을 때는, 자신이 교회의 권위를 지키기 위하여 농민봉기를 무자비하게 탄압한 것이다. 이 점에 대해서 오스본은 아주 피상적으로밖에 그려놓지 않았다. 오스본은 결국 역사의 흐름이라는 시각에서 루터를 그리고자 한 것이 아니라, 한 역사적 인물의 인간적인 면을 부각하려 한 것 같다.

다음으로 로버트 볼트의 『사계절의 사나이』는 우리나라에서도 여러 번 공연 된 작품이니 내용에 대한 설명은 생략하겠다. 이 작품의 주인공은 『유토피아』의 저자로 익히 알려진 16세기 영국의 정치가요 신학자인 토머스 모어이다. 그런데 토머스 모어가 행한 저항은 앞에서 본 루터와는 달리 교회의 권위에 대한 것이 아니고, 교회의 권위를 무시하는 왕권에 대한 저항이었다.

그 배경을 잠깐 설명하면, 헨리 8세는 본래 왕이 될 왕자가 아니었으나 형인 아서가 갑자기 죽었으므로 섭정이 되었다. 그런데 스페인 출신의 왕후 캐서린(형 아서의 미망인)과 결혼을 하면 그도 왕이 될 수 있었다. 그러나 가톨릭교회는 그것을 금하고 있었으므로, 스페인과 영국 왕실이 교황에게 탄원을 하여 특별히 형수와 결혼할 수 있는 은전을 받았다. 왕이 된 헨리는 젊은 여자인 앤 볼린을 사랑하게 되어 캐서린과 이혼하고 싶어졌다. 그가 이혼하려는 표면적인 이유는 캐서린이 왕자를 낳지 못한다는 것이었다. 그들 사이에는 딸이 하나 있었는데, 그때까지 영국 왕실에는 여왕이 나온 선례가 없었다. 이에 헨리 8세는 애당초 형수인 캐서린과 결혼한 것이 가톨릭 교리에 어긋난 것이었으니 이를 취소해달라고 교황에게 탄원했다. 그러나 이번에는 스페인이 가만있지 않았으므로 교황은 헨리 8세의 청을 들어줄 수가 없었다. 진퇴양난의 헨리 8세는 자기합리화의 논리를 모색했다. 그 논리란 바로 이런 것이었다.

자기는 애당초 형수와 결혼함으로써 죄를 저질렀다. 그런데 그것이 잘못임을 깨닫고 시정하려고 하는데 교황이 들어주질 않는다. 죄인으로 하여금 죄를 회개하지 못하게 하고 계속 그 죄의 사슬에 묶여 있게 하다니 이럴 수가 있느냐? 교황이 뭐냐? 로마의 한 사제에 불과하지 않으냐? 그렇다! 로마의 한 사제일 뿐인 너의 명령을 내가 왜 들어야 하는가?

헨리 8세의 이러한 논리가 영국 교회로 하여금 로마 교황의 지배로부터 이탈케 하여 성공회를 만든 것이지만, 이 과정에서 토머스 모어는 국왕 헨리 8세의 처사에 반기를 들었던 것이다.

그러니까 로버트 볼트의 이 작품에서는 두 개의 저항이 함께 진행된 것을 본다. 첫째의 저항은 헨리 8세에 의한 저항, 곧 로마 교황의 권위에 대한 저항인데, 처음에 왕위 계승자가 되기 위하여 형수와 결혼하려 한 헨리의 처사에 우리는 분개할 수밖에 없다. 뿐만 아니라, 왕위에 올라 새로운 애인이 생기자 그렇게 어렵사리 한 결혼을 취소하겠다는 그의 심보엔 아연해진다.

그러나 다음 순간, 우리는 잘못된 결혼을 취소함으로써 죄의식에서 벗어나려 하는 헨리 8세의 논리에도 일면 수긍할 점이 있다는 사실을 깨닫는다. 이러한 자가당착은 어디서 연유하는가?

애당초 교황이 형수와의 결혼을 금지한 교회법을 고수하여 헨리의 부당한 요구를 들어주지 않았어야 한다. 교황은 영국과 스페인 왕실의 위협적인 요구에 굴복하여 엄연히 금지된 일을 허락했기 때문에, 그때 이미 교황의 권위는 허물어졌던 것이 아닌가? 따라서 영국 교회의 이탈과 각국 왕실에 대한 교황의 영향력 실추는, 역사적 필연이었다고 할 것이다.

그렇다고 토머스 모어의 왕권에 대한 저항이 과소평가될 이유는 없다. 토머스 모어는 헨리 8세의 총애를 받아 대법원장의 지위에까지 오른 사람이지만, 왕이 하는 일이면 무엇이든 옳다고 따르는 위인이 아니었다. 그는 『유토피아』의 저술로 이상적인 국가상을 그려 보이기도 했지만, 탁월한 식견과 수완으로 대중의 인기를 독차지하고 있었다. 헨리 8세는 자신의 방종한 생활을 합리화하기 위해 모어를 단두대로 보내면서도 대중 폭동이 일어나지 않을까 겁을 내었다고 한다.

토머스 모어의 저항은 왕권의 부당한 횡포에 대한 저항이지만 그것은 또한 신의 권능에 대한 헌신적 옹호였다고 볼 수 있다. 그 반면에 헨리 8세에 의한 교황권의 부정은 세계 지배자로서의 권위가 차차 퇴색되어가는 교황권에 일격의 치명타를 가한 것일 뿐, 그것이 루터의 경우처럼 하느님의 권능을 드러냄이었다고 볼 수는 없다.

토머스 모어는 처형 후 로마 교황으로부터 성인 칭호를 받았지만 그가 하느님의 의를 위해 죽었다고 볼 수는 있으되, 교황의 권위회복을 위해 죽음을 무릅쓴 것은 아니었다고 볼 때 일말의 아이러니를 느낀다.

어쨌든 로버트 볼트의 이 작품은 대단한 성공을 거두었고, 우리나라에서도 여러 극단에 의해 공연되었다. 그런데 이 작품이 우리나라에서는(다른 나라에서도 비슷하겠지만) 토머스 모어라고 하는 인물에 의해 표출되는 기독교적 저항정신, 그것의 부각 때문에 인기가 있는 것이 아니라, 헨리 8세라는 인물이 연출해내는 궁중드라마에 인기의 촛점이 있는 것 같다. 같은 소재를 다룬 연극이나 영화 들이 있었기 때문에 스토리가 비교적 널리 알려진 영국의 궁중 비화 그 자체는 이 작품에서 별로 중요한 것이 아니다. 중요한 것은 토머스 모어에 의해서 시도되는 왕의 절대적 권리에 대한 저항이며, 그것은 모어의 사후에도 면면히 이어져 민주주의 원조국으로서의 영국을 만들어냈다고 하는 사실이다.

작가인 로버트 볼트는 자기가 다루는 사건의 역사적 의미를 깊이 생각한 듯하고, 그는 오히려 헨리 8세에 의한 소동을, 발전하는 경제와 보수지향의 종교 사이에서 빚어진 하나의 컬러풀한 사건이라고 보았다.

그가 중요시한 것은, 그러한 사건이 어떤 식으로 일어났는가, 그 인물들이 어떤 모양으로 살았는가 하는 점이다.

앞의 두 작품은 공교롭게도 영국의 것이지만, 기독교와 관계되는 현대극을 이야기하면 맨먼저 들먹여지는 것들이다. 그런데 두 작품이 다 기독교정신에 따른 민중운동이랄지 그러한 내용을 담은 것은 아니기 때문에, 오늘의 우리 상황에 걸맞은 '기독교 저항정신'과는 다소 거리가 있는 이야기가 되고 말았다. 하지만 구체적인 작품을 가지고 이야기하라면 누구든 별 도리가 없지 않을까 싶다. 일정한 무대에 올려진다고 하는 제한이 좀더 우리의 요구에 알맞은 희곡작품의 생산을 어렵게 만드는 것인지도 모르겠다. 아니, 어쩌면 오늘날 우리가 처한 상황이 다른 어떤 나라의 그것과도 달라서, 우리에게는 절실한 무엇이 영미나 독일, 프랑스 같은 나라들의 작가들에게는 별로 실감되지 않는 탓인지도 모르겠다.

어쨌든 우리 역사의 진전에 알맞은 작품은 우리가 우리 손으로 써야만 되겠다. 우리 기독교 200년의 역사에는 쓸 만한 소재들이 얼마든지 있고, 현실 속에서도 소재는 얼마든지 선택할 수 있는 것이다.

『기독교사상』 1988년 1월호(통권 349호)

문화단상(文化斷想)

 한때 우리나라의 신문과 방송 들이 '일본 속의 한국' 탐험에 열을 올린 일이 있었다. 어느 곳에 가면 고려신(高麗神)을 모신 사당이 있고, 아직도 그 지방 사람들은 그곳을 신성시하고 해마다 참배를 한다느니, 어느 지방에 전승되고 있는 무슨 놀이는 우리나라의 무슨 놀이가 전해진 것이라느니, 일본이 자랑하는 도자기 문화는 임진란 때 끌려간 우리 도공들에 의해 꽃피워졌고, 지금도 그 후예들에 의해서 전승되고 있음은 누구도 부인하지 않는다.
 우리의 신문이나 방송 들은 그러한 발굴 또는 탐험을 통하여, 우리가 일본에 끼친 영향이 많다는 것, 그들이 우리에게서 배운 것이 많다는 것, 우리가 많이 베풀었다는 것을 은근히 자랑한다. 그런 사실들은 역사적 기록이나 사실로써 증명되고 있는바, 그런 르뽀니 다큐멘터리 들을 접하는 일이 결코 기분 나쁜 일은 아니었다.
 한데 교류라는 것은 일방적으로 오거나 가는 것이 아니고, 쌍방통행인 법이다. 준 것이 있으면 받은 것이 있고, 간 것이 있으면 온 것이 있게 마련이다. 그런데 우리가 일본에게 준 것만 들추어 말하고, 받은 것을 말하지 않으면 그것 역시 요새 한창 논란이 되는 역사왜곡일 수밖에 없다.

그러면 우리는 무엇을 그들에게서 받았는가?

나는 까마득히 먼 옛일은 잘 모르고, 내가 직접 겪었거나 목격한 것 몇가지를 이야기하겠다.

1

나라가 해방되던 그해에 나는 국민학교 4학년이었으니 그보다 일년 먼저, 그러니까 3학년 때의 담임은 대단한 호랑이선생이었다. 키가 장대하고 목소리도 크고 눈이 부리부리해 외모부터가 위압적인데다가 성미도 매우 포악하였다. 그때는 학교에서 조선말을 쓰면 누군가에게 고자질을 받아 담임선생의 회초리 세례를 받았는데, 3학년 때 담임은 특히 그 점에 엄격하였다. 그래서 우리는 그가 일본인이라는 사실을 추호도 의심치 않았다.

그러한 그가 하루는 나를 따로 불렀다. 그런 일이 좀처럼 없었으므로 나는 잔뜩 겁을 먹고 다가갔더니, 그는 여느 때 없이 온화한 웃음을 띠고 물었다. "아버님이 무슨 일을 하지?" "농사꾼입니다." "음, 그래? 그러면 마늘농사도 하는가?" "예." "흠, 그럼 말이야, 아버지께 말씀드려서 마늘 몇접만 갖다주게." "………?" "알았지?" "………?" "가봐!"

나는 더이상 머물러 있지 못하고 선생 앞에서 물러나왔다. 선생에게 혼자 불려간 것도 그때가 처음이었거니와 사적인 부탁을 받아본 것도 처음이었다. 아니, 나로서는 상상해본 적도 없는 일이 돌발한 것이었다. 어쨌든 나는 집으로 갔다. 그리고 아버지에게 말씀드렸다. 그랬더니 아버지는 어이없다는 표정으로 나를 한번 바라보았을 뿐 말이 없었고, 대신 곁에 있던 어머니가 말씀하셨다.

"애야, 올해는 마늘이 흉작이란다. 그래서 우리 먹을 것도 한톨 못 건지고 다 땅속에서 녹아버렸다. 이 일을 어짜노?"

그제야 아버지가 한마디 내뱉으셨다.

"어짜기는 뭘 어째? 가서 못 준다 캐라! 없는 걸 어찌 주노?"

지금 생각하면 그 시절의 나도 어지간히 둔한 놈이었다. 별로 심각하게 생각을 안한 것이다. 그래서 담임선생을 만나 곧이곧대로 말씀드렸다.

"마늘이 올해는 없다 캅니더."

"뭐야?"

"우리 먹을 것도 한톨 없다 캅니더."

나는 그러면 끝날 줄 알았다. 그런데 그게 아니었다. 담임선생은 내 등덜미를 꽉 틀어쥐고 눈을 똑바로 노려보며 말하는 것이었다.

"그러면 좋다. 다시 말해서 한접이라도 갖고 와! 알았지?"

"예."

나는 난감해졌다. 다른 묘책이 없었다. 집에 가서 말씀드려봤자 아버지가 들어주시지 않을 것이 뻔했다. 담임선생의 요구가 부당하다고 생각했으므로, 설마 어쩌랴 싶은 생각도 있었다.

그런데 그게 아니었다. 며칠을 기다려도 내게 아무런 반응이 없자 드디어 하루는 담임이 나를 학교 뒤켠으로 끌고 갔다. 그러더니 불문곡직하고 두들겨패는 것이었다. 주먹으로 치고 발길로 찼다. 나는 코피가 터진 것은 물론 맥없이 질퍽질퍽한 바닥에 나뒹굴었다.

그런 일이 있은 얼마 후에 해방이 되었다.

선생들의 인사이동이 있었다. 일본인 교사들은 교장, 교두(요즘의 교감)를 비롯하여 줄줄이 이불보따리들을 짊어지고 귀환자 대열에 끼여 수용소로 갔다. 그런데 이상하게도 그 담임선생은 그 속에 없었다. 도심지 어느 학교로 교장 발령을 받았다는 소문이 나돌았다. 그는 일본인이 아닌 조선인이었다는 얘기인데 나로서는 믿기지가 않았다. 일본인 행세를 하며, 조선말 하다 들킨 아이를 가장 호되게 다스리던 그가 조선인이라니, 헛소문이거니 했다.

해방된 이듬해에 우리집 근처에 새 학교가 생겨 나는 전학을 했다. 그런데 공교롭게도 그해 겨울에 화재가 나서 교사가 잿더미가 되고, 우리는 가교사를 짓고 공부를 하였는데 그럼에도 불구하고 5학년만 마치고 중학교 입시에 합격한 자가 둘이나 나왔다. 도내에서 유일했다. 그래서 그해 졸업식에는 도 학무국장이 직접 축사를 하러 온다는 것이었다. 신설되어 첫번째 졸업식을 하는 학교로서는 대단한 영광이었고, 부임 첫해에 화재를 입어 의기소침했던 교장선생은 감격의 눈물을 억누르지 못하는 처지였다.

나는 졸업식장 맨 앞줄에 앉아 있었는데, 이윽고 학무국장이 단상에 나와 축사할 순서가 되었다. 내가 앉은 자리에서 이삼 미터도 안되는 자리에 학무국장 나리가 나와 섰다. 그리고 나와 시선이 마주쳤다. 나는 소스라치게 놀랐다. 그러나 상대방은 눈썹이 약간 꿈틀했을 뿐 이내 온화한 웃음을 띠었다.

내가 일본인인 줄만 알았고, 마늘을 가져오지 않는다고 마구 치고 짓밟았던 바로 그 사람이었다. 나는 정신이 몽롱해 있었다. 그자는, 이 일년밖에 안되는 신설학교, 더구나 화재를 당해서 가교사 수업을 받는 어려운 환경에서 5학년만 마치고 곧바로 중학교 입시에 합격한 사람이 둘씩이나 나왔다는 것은 실로 기적에 가까운 일이라며 열을 올려 치사했다.

나는 갈피를 잡을 수 없었다. 저 사람이, 저 사람이, 조선인인 것도 말이 안되는데 해방이 되자마자 중심지 일급학교로 교장이 되어 갔다가 이제는 학무국장? 도대체 말이 안된다고 생각했다. 그러나 그것이 엄연한 현실이었다.

일제가 물러감으로써 일본에 충성한 자들이 더욱 잘되었다. 더 핵심이 되었다.

2

지금 생각하면 참으로 잘못했다는 반성이 앞서지만, 나는 중학교 입학 때부터 학교라는 것을 좀 우습게 여기게 되었다. 꼭 학교를 다녀야 하는가? 학교에서 배우는 것이 고작 책에 있는 것뿐이라면, 책이야 집에서 읽는 게 낫지 굳이 월사금 바쳐가며 학교에 다닐 이유가 무엇인가? 그러나 학생이라는 신분은 여러가지 잇점이 있었으므로 그 신분을 버리지는 못했다.

게다가 또 경제적인 이유는 나를 일찍 직업전선으로 몰아넣었다. 처음 출판사에 취직했는데, 마침 중·고교 교과서를 개편하는 시기였다. 내게 처음 배정된 일이 영어교과서였는데, S대 영문학과 교수가 저자였다. 그런데 저자가 쓰는 게 아니었다. 저자는 제자 사오명을 데리고 출판사 사무실을 차지하고 앉아 작업을 했는데, 일본에서 발행된 여러 중·고교 교과서 중에서 A출판사 것을 골라잡아 처음부터 끝까지 베껴가면서, 일본어로 된 부분만 우리말로 고쳐서 끼워넣는 것이었다.

그래서 내가 한 학생에게 물었다. 이왕 일본 것을 참고로 할 바에는 A출판사 것 외에 여러 것이 있으니 골고루 참고하면 좋지 않으냐. 그랬더니 안된다는 것이었다. 일본의 P출판사 것은 국내의 A출판사가 선택했고, T 것은 B가, J는 C가 선택했기 때문에 우리 출판사는 A밖에 없다는 것이었다.

(미완성)

곁에서 지켜본 기독교방송

　기독교방송은 전쟁의 잿더미 위에 세워졌다. 모두들 피난지를 떠나 폐허에 삽질하러 모여들 때, 하느님께서는 그들의 아픈 상처를 위로하라 하셨다.
　나는 그 무렵 제비 따라 강남 간다는 격으로 피난민 귀환열차에 실려 무작정 상경 끝에 아무리 오래 앉아 있어도 눈총 맞을 염려가 없는 음악감상실 '르네상스'의 깜깜한 구석에 죽치고 앉아 클래식에 미친 체하며 세월을 보냈다. 단골 중의 하나인 공대생이 이따금 종로2가의 용케 폭격을 면한 우중충한 빌딩에 가서 타이프로 찍은 종이를 한움큼씩 얻어왔다. 한번은 내게도 한장 주기에 얼핏 보니까 「명곡을 찾아서」의 한달치 프로그램이었다.
　"나는 이거 필요없는데……"
　"왜?"
　"라디오가 없으니까."

그 친구는 화난 몸짓으로 도로 빼앗아갔다. 그 친구를 십년쯤 뒤에 다시 만났는데, 나는 작가고 그는 연출가였다.

한쪽 면 트는 데 오분, 교향곡 하나를 들으려면 대여섯 번은 뒤집어야 하는 SP시절에, 장장 삼십분을 중단 없이 듣게 해주는 CBS의 그 시간은 단연 인기였다. 나는 하숙집 주인 아들이 만들어준 광석라디오를 두어 번이나 들었을까? 어쨌든 CBS와 나와의 인연은 그렇게 시작된 셈이다.

세월이 흘렀다. 책을 만드느라고 인쇄소엘 드나들던 어느날, 새까맣게 납때에 찌든 한 식자공이 하이든의 시계교향곡의 테마를 휘파람으로 부는 것을 들었을 때 왜 그렇게 반가웠을까? CBS가 무언가 하고 있구나 싶었다.

다시 세월이 흘렀다. 피멍이 들다 못해 곪아터질 곳을 찾고 있던 이 땅의 민주주의가 3·15를 거쳐 4·19로 터졌다. 그때 CBS의 목청도 터졌다. 독재가 무너지는 소리, 민중의 소리, 눌린 자의 외침을 CBS가 전파에 실었다.

그때 비로소 우리는 방송도 언론이구나 하고 깨달았다.

그 무렵에 나는 KY의 방송 연주소를 두어 번 기웃거려볼 기회가 있었다. 남산의 그것에 비해서 너무 초라했다.

"이런 곳에서도 방송을 하는구나?"

"진짜 방송은 여기서 하는 거야!"

"하긴 종합병원 분만실만 산실은 아니지. 베들레헴의 마구간에서 진짜가 태어났으니까!"

"하지만 이 집 사람들은 달러로 운영을 한다는데 그건 마음에 안 들어."

"정말이야?"

"하기야 한화는 달러 부스러기 아닌가? 마찬가지지 뭘."

아래층 시온다방에는 좁은 홀이 철철 넘치게 웃어젖히는 거구의 사나이가 있었다. 「이것이 인생이다」의 주태익(朱泰益)이라 했다. 방송작가는 역시 그렇게 좀 염치없이 생겨야 한다고 생각했고 어차피 내가 할 일은 아니라고 생각했다. 그런데 이게 웬일이야, 이년쯤 지나서 내게도 방송작가란 딱지가 붙었다.

CBS가 내게 전화를 건 것은 종로5가로 이사한 뒤였다. 미국 원조는 끊기고 광고장사는 잘 안되고 하여, 써준 원고가 방송된 지 한달이 지나도 고료가 나오지 않았다. 언제라는 기약도 없어서 도대체 '예산을 세울 수가' 없었다. 그런데도 계속 쓰고 싶었던 것은 KBS의 관료주의나 MBC, TBC의 지독한 상업주의가 없었기 때문이다. 사람들은 모두 소탈했고, 하고 싶은 소리 마음대로 할 수 있었고, 쓰고 싶은 대로 쓸 수가 있었다.

10월유신 장기집권을 위한 장식물들이 난무하기 시작하면서 입에는 재갈이, 붓끝엔 납덩이가 매달릴 때, 방송언론의 기수였던 CBS가 그 중요한 표적이었음은 두말할 필요가 없으나, 그때 우리가 깨어 있기 위해서, 잠들지 않기 위해서 제 살을 꼬집는 안간힘으로 버틴 흔적을 누가 부인하랴? 그 가운데 기피작가로 낙인찍혔던 나를 CBS는 끝끝내 버리지 않고 아껴주었다.

그리고 그뒤에 또 무엇이 왔는가? 방송언론의 기수는 언론의 구실을 박탈당했다. 유지수단인 광고장사를 정지당했다.

아, 지금부터 꼭 사년 전 그날 모든 CBS 가족들은 을사보호조약 때의 한국백성들처럼 시일야방성대곡(是日也放聲大哭)하였다. 막막하고 암담함, 봇짐 싸들고 눈물 뿌리며 북간도로 떠나간 사람들, 그 옛날 애굽으로 갔던 이스라엘 유민들처럼……

그러나 기독교방송의 슬기로운 일꾼들은 좌절하지 않았다. 언론이라는 게 별거냐, 말씀과 양심의 한 표현형태일 뿐이니 '복음'으로 족하다. 그렇게 생각한 순간에 마치 홍해바다가 갈라지듯이 길이 열리기 시작했다.

나도 그곳에 있었던 것을 먼훗날 언젠가 자랑스럽게 증언할 것이다. CBS여, 어차피 탄탄대로는 없으니 그렇게 헤치며 가는 거다.

『기독교방송 사보』 1984년 11·12월호

경동 삼대 이야기

　새 목사님이 오시는 날, 당회장으로서는 마지막 예배를 인도하는 목사님의 말씀을 들으면서, 나는 그분과 처음 인연을 맺던 옛일을 회상했다.
　그날 나와 아내는 목조건물 이층의 목사관에 서투른 배우들처럼 서 있었다. 목사님은 우리에게 뭔가 몇마디 일러주신 것 같은데 기억에 없다. 다만 기억하는 것은, 목사님 앞에서 나는 차고 있던 시계를 풀어놓고 아내는 끼고 있던 반지를 빼놓았다는 사실이다. 그러고 나서 우리는 누군가의 인도에 따라 본당으로 갔다. 사람들이 듬성듬성 자리를 채우고 있었고, 헛바람 소리를 푹푹 내며 풍금이 울리고 있었다. 역시 자세한 순서는 기억에 없고, 하여튼 우리는 목사님 앞에 공손히 서서 말씀을 몇마디 듣고, 예물교환 순서가 되었을 때 아내는 내가 월부로 사서 삼년간 차고 다니다 조금 전에 풀어놓았던 시계를 내 손목에 채워주었고, 나는 또 아내가 뽑아놓았던 반지를 아내의 손에 끼워주었다. 그것은 흡사 소꿉놀이였다. 목사님은 약간은 어이없고 약간은 재미있어하는 표정으로 내려다보셨다. 그러나 결코 기분 나빠하는 표정은 아니었다.

그 목사님이 이제 담임자리를 물러나셨다. 그러나 뒤를 잇는 목사님도 나에게 낯설지 않다. 우리가 그런 소꿉장난 같은 식을 올리고 저 서대문 밖 공동묘지가 건너다뵈는 언덕배기 하꼬방에 살림을 차리고 아이를 낳아 기를 때, 울도 담도 없이 바람에 쓰러질 듯 언덕배기 한귀퉁이에 매달려 있던 그 집 앞에서 어느날 갑자기 "영훈아! 영훈아!" 하고 우리 첫아이 이름을 부르는 남자 목소리가 들렸다. 도대체 그 무렵, 아이 이름을 부르며 올 손님이란 우리에게 없었다. 친구라면 아이 이름을 기억할 리 없고, 이웃 사람이라면 아저씨 아니면 아주머니를 찾을 것이었다. 아이 이름을 부르며 찾아올 사람이라면 시골의 우리 친척 아니면 처가식구들뿐인데 갑자기 그렇게 나타날 리가 없었다.

의아한 심정으로 나가보니 우리 교회 부목사님이었다. 구역장님을 모시고 심방 오신 것이었다. 미안한 소리지만 우리는 심방 날짜를 모를 정도로 불충실한 교인이었다. 그런 교인의 아이 이름까지 기억해주시는 부목사님의 기억력에 이끌려 우리는 한동안 열심히 교회에 나갔다.

그때의 그 부목사가 당회장이 되어 취임하시는 날, 우리 교회 첫번째 담임이셨던 분의 모습을 뵐 수 없는 것은 서운했다. 병석에 누운 그분에 대한 언급이 별로 없는 것은 더욱 서운했다.

이것은 들은 이야기이다.

1933년인가 그 이듬해쯤, 눈보라치는 밤의 북간도, 어느 외지고 으슥한 곳에 한 쫓기는 청년이 숨어 있었다. 중학생인 그는 일제의 비위를 상하게 하는 짓을 하다가 수배를 당한 것이다. 밖에는 바람소리만 요란하고, 청년은 배가 고프고 추웠다. 그때 누군가가 문을 두드렸다. 두근거리는 가슴으로 나가보니, 평소에 학교에서 말없고 무뚝뚝하기로 소문난 선생님, 그분은 역시 아무 말 없이 가슴속에서 우유병을 꺼내주셨다. 받아쥔 우유병이 따뜻했다. 선생님의 체온이 밴 것이다. 청년은 감격했다.

그때의 선생님이 김재준(金在俊) 목사님이고, 청년은 강원룡(姜元龍) 목사님, 우리 하꼬방 앞에 와서 얼굴도 모르는 어린애 이름을 부르시던 부목사님은 김호식(金浩植) 목사다.

『경동교회 회보』 1986년 7월 6일(제22호)

아리송한 시(詩)와 같던

첫눈에 홀딱 반한다는 말은 분명히 낭만적이고 멋진 얘기다. 그러나 낭만적인 얘기치고 알맹이가 충실하고 뒤가 깨끗한 경우가 별로 없다는 것 또한 사실이 아닐까?

나도 사실은 첫눈에 반할 만한 그런 여자를 물색하느라고 나이 서른이 넘도록 어른이 못되고, 부모님껜 불효자식 노릇을, 친구들에게는 실없고 건방진 놈 노릇을 해왔다. 그러나 결코 건방져서 결혼을 늦추고만 있었던 게 아니었다. 친구들의 결혼식엘 가볼 때마다, '그 자식, 저런 여잘 구해가지고 이 야단이야?' 하는 생각보다도, '저렇게 좋은 여자를 용하게도 구했군' 하는 생각이 드는 주제에, 건방진 생각을 가질 여유가 없었다. 그런데도 요 얼마 전에야 비로소 결혼식을 올릴 수 있었던 것은, 아마도 내 마음 한구석에 도사리고 있던 그 낭만적인 것에의 향수 때문이었을까?

처음 만났을 때, 그녀는 아무 끄는 데가 없었다. 내가 친구네 집엘 가 있는데, 그 친구 아내의 친구인 그녀가, 과자 봉지를 사들고 찾아왔던 것이다. 본시 단것을 좋아하지 않는 나였지만, 미지의 여인이 가져온 과자는 한두 개 맛볼 용의가 있어서 한자리에 어울려서 인사를 했는데, 몸매가 우선 이상적이 못되고, 목 없는 초록빛 스웨터를 가슴이 한조각도 안 보이게끔 꼭꼭 단추를 채워놓은 옷차림이 또한 비현대적이었다. 다시 만날 기회가 없었더라면 그냥 잊어버릴 그런 타입의 여성이었다. 그런데 우리는 다시 만났다. 그리고 자꾸 계속해서 만난 뒤에 결혼을 했다. 무엇 때문일까?

나는 한때 시를 공부했다. 그 때문인지 요새도 가끔 눈에 뜨이는 시는 빼놓지 않고 읽는다. 어떤 시는 한번 읽어서 고개를 끄덕이게 하고 어떤 시는 실소를 머금게 한다. 그러나 어떤 시는, 한번 읽은 다음에 고개를 갸우뚱하게 만든다. 별로 좋아 보이지도 않고 별로 싫지도 않고, 그러면서 어딘가 좀 모르는 데가 있는 시다, 이런 시에 한해서 나는 한번쯤 더 읽어주는 버릇이 있다. 더 읽어보면 새로운 발견이 있게 된다. 좋은 것이든 싫은 것이든 간에.

말하자면 내가 그녀를 다시 만나고자 한 이유는 그런 데 있었던 것 같다.

그때 나는 다방에 앉아서 커피를 한잔 마신 다음, 전화번호책을 뒤져서 그녀의 직장으로 전화를 했는데, 전화를 받는 그녀의 말투를 보니까 그녀 역시 내가 별로 좋지도 않고 싫지도 않고, 다시 안 만난다면 잊어버릴 수도 있는 듯한 그런 태도 같았다. 그래서 나는 조금 더 만나고 싶은 생각이 강렬해졌다.

두번째 만났을 때 나는, 그녀가 나처럼 무취미한 인생이라는 것을 대강 짐작했다. 그래서 나는 우리 두 사람이 서로 통하는 데가 있고, 그래서 좀더 자주 만날 필요가 있지 않을까 생각한 것이었다.

그 필요라는 것이 정확하게 무엇을 말하는지를 그때는 몰랐지만, 결혼을 한 지금에 와서 생각해보니까 그게 아마 사랑이 아니었나 싶다.

가만있자, 그렇다면 처음 만났을 때부터 그런 미지근한 무엇은 있었던 게 아닐까? 그렇다! 사랑이라고 하는 것은, 적어도 결혼을 전제로 한 사랑이라고 하는 것은 그 시초에 있어선 모름지기 미지근한 것이다. 처음부터 뜨거운 것은 미처 결혼에 이르기 전에 다 타버리는 것이다. 설사 결혼까지는 가까스로 이르렀다 하더라도 오래가질 못하고 불행으로 끝나는 것이 아닐까? 이렇게 적다가 보니 마치 무슨 자기변명 같다. 솔직히 말해서 나는, 우리가 처음 만났을 때를 별로 중요시하고 싶지 않다. 중요한 것은 모두 그뒤부터 아주 서서히 있었던 것이고, 따라서 우리의 관계는 우연이라기보다 필연이라고 느껴진다. 첫눈에 홀딱 반해버리는 것, 그것은 우연이다. 다시 말하면 나는 서른살이 넘도록까지 그런 우연에 부딪쳐보려고 몽상하다가, 그만 꼼짝달싹할 수 없는 필연에 부딪쳐버린 셈이다.

얘기가 묘하게 운명론처럼 돼버렸는데, 사실은 우리 마누라에게 핀잔 듣지 않으려고 한다는 게 그만……

『주부생활』 1967년 3월호

유고시

문패

우리가 처음 집을 샀을 때
수재민이 살다 간
울도 대문도 없는 집, 나는
문패 같은 건 생각지도 않았을 때
당신은
내 이름 석자 새겨진 문패를
마련해왔었지.
"여보, 동명도 번지도 없구려."
"이 집은 임시니까 더 좋은 집 갖거든 써넣읍시다."

그냥 그대로 10년이 흘렀네.
사내 아이 둘이 태어나더니
문패 높이에 손이 닿게 자랐네.
"여보, 당신이 말한 임시는 영원이오?"
"내년엔 도시계획에 이 집도 헐린다오."

처마 밑의 문패는
당신의 선견지명에 놀랐는가
나의 무능을 비웃음인가
한쪽으로 엇삐딱 기울어졌네.

(1973. 12. 9)

조금 늦은 사랑 노래

몰랐었네
한 사십년 같이 살았어도
내가 죽음의 어둑신한 그림자에 싸여
넋 잃고 있을 때
소리쳐 불러 들쳐세운
하늘의 음성이
실은 그대의 절규였음을

삼복에도 닥닥닥 맞부딪는 이빨
앙물고 버티다가
깜빡 졸도
찰랑찰랑 차오르는 피안의 물소리에 놀라
반짝 고개 들었을 때
나를 건져올리는 여러 손길들 속에
그대 모습 하나 뚜렷했었다.

아 사랑하는 사람아
나 이제 살았어
천근만근 칠성판 밀치고 나와
잠시잠시 매연 냄새를 맡기도 하고
변기에 담는 오줌발 소리 조금 굵어진 듯도 하니
약속할게
다시는 내 죽지 않으마.

(2001. 6. 20)

서평 · 옮긴이의 말

2부

『여명 200년』 머리말
『여명 200년』 프롤로그
고전이자 신선한 충격
『빛 가운데로 걸어가면』을 읽고
『한나라 기행』을 옮기고 나서
『탐라 기행』을 옮기고 나서
『나의 서양미술 순례』 옮긴이의 말
『죽어가는 천황의 나라에서』 옮긴이의 말
『에반젤린』 옮긴이의 말

『여명 200년』 머리말

　　지금으로부터 육년 전, 기독교방송이 '한국 기독교 200년사'를 기획한다는 이야기를 들었을 때, 솔직히 말해서 나는 회의적이었다. 그 이유로는 첫째, 한국에 기독교가 들어온 후 오늘에까지 있었던 방대한 양의 자료를 발굴하고 정리하기 위해서는 적어도 사오년의 준비기간이 있어야 할 터인데 그럴 여유가 없었고, 둘째는 인원과 재정의 뒷받침이 어려우리라는 것을 들 수 있었다. 그러나 내가 회의적으로 생각한 가장 큰 이유는, 한국의 교회사 서술이 단순히 교회 안의 사건들, 예컨대 초기 선교사들의 행적이라든가, 이름난 교역자들의 업적, 교세의 확장 사실을 과장해서 선전하는 데 그친다면 하등 새롭게 시도되어야 할 의의가 없지 않은가 하는 것이었다. 기독교의 역사도 전체 한국사의 흐름 속에서 파악하고 평가해야 할 텐데, 오늘날의 상황이 과연 그것을 가능케 할 것인가 하는 의구심이 깊었다. 특히 기독교의 역사는 민중의 역사여야 한다고 믿는 저자에게 있어서 그 작업은 더욱 어렵게만 보였다.

그런데 막상 그 프로그램의 집필이 저자에게로 넘어왔을 때, 나는 그것을 하나의 운명처럼 받아들였다. 지금 생각해도 이상한 일이다. 역사에 대한 지식도 형편없고, 명색이 교회의 집사라고 하지만 안식일조차 제대로 지키지 못할 만큼 불충실한 교인인 내가 어떻게 그런 용기를 발휘할 수 있었을까? 그것은 아마도 내가 그만큼 불충실한 교인이기 때문에 갖게 된 만용 탓이었을 것이다.

그로부터 오년 반의 세월이 흘렀다. 근 이천날, 하루도 거르지 않고 매일 삼십장의 원고를 전파에 실어보낼 수 있었던 것은 물론 필자 한 사람의 힘으로 된 것은 아니다. 「여명 200년」의 애청자, 그리고 이 책의 독자들은 다 아실 일이지만 그동안 기독교방송이 겪어온 신산(辛酸)은 바로 이 프로그램과 궤(軌)를 같이한다. 1980년 겨울은 우리에게 '기독교방송은 과연 살아남을 수 있을까?' 하는 의문을 던져주었으며, 그것은 곧 이 프로그램의 생사에 직결되는 문제이기도 했다. 그러나 기독교방송은 살아남았고, 내가 집필하는 「여명 200년」도 방송사상 유례가 드문 장장 이천 회를 기록하면서 나아가 책으로 출판되는 보람까지 누리게 되었다. 이것을 어찌 내 힘이라고 하랴?

『여명 200년』(전24권)이 방송을 거쳐 책으로 나오기까지는 많은 분들의 성원과 도움이 결코 적지 않았다. 일일이 존함을 들어 사의를 표하는 것이 저자의 예의인 줄 알지만, 짧은 지면에 많은 분들을 들먹이는 것이 도리어 결례가 되겠기에 감히 생략하는 용서를 빌고 싶다. 다만, 처음 방송이 나갈 때부터 하루도 빼놓지 않고 애청하며 출판을 재촉해주신 익명의 성도들에게 특별히 머리를 숙인다.

1985년 9월
박이엽

『여명 200년』 프롤로그
200년 그 앞의 200년(제1권 1장 1절)

환란중에 오시는 이

사람이 하는 일이란 무엇 한가지 정확하기가 힘들다.

얼른 생각하기에 뻔한 일 같고 그 정도는 상식이라고 생각되던 것조차 막상 붙잡고 보면 그렇게 간단치가 않은 것이다.

예컨대 한국에 그리스도의 복음이 언제 들어왔느냐 하는 문제만 해도 그렇다. 구교(舊敎)는 200년이고 개신교(改新敎)는 100년이다 하고 있지만, 주님께서도 과연 그렇게 생각하실지는 극히 의문스럽다.

여호와께서는, 지금부터 1300년쯤 전인 통일신라시대에 이미 우리 한민족이 사는 극동의 한 작은 반도에 복음을 전하신 것으로 치부해두고 있을지 모른다. 만일 그렇다고 한다면, 우리가 오늘날 100년이니 200년이니 하는 것이 얼마나 우스꽝스러운 일인가. 그리고 18세기 말엽부터 100여년에 걸쳐서, 서양 오랑캐의 사도(邪道)를 신봉한다는 죄

목으로 무수한 인명을 희생시킨 일은 얼마나 어처구니없는가.

사람들은 역사나 전통에 관한 한 기를 쓰고 연대를 올려잡는 버릇이 있는 것은 누구나 수긍하는 사실이다. 그런데 우리나라의 기독교인들은 어찌된 셈인지 무려 일천년도 더 넘는 기간을 싹둑 잘라버리고, 더구나 개신교는 구교의 연대 200년의 절반까지를 겸손하게 사양하고 있으니 신통하다고 할 것인가.

그러나 이것은 따지고 보면 일종의 족보의식(族譜意識) 같은 것으로, 그다지 귀하게 볼 일도 아닌 듯하다. 다시 말해서 한국 가톨릭교회의 200년 역사가 있음에도 불구하고 개신교가 '한국 기독교 100년'으로 자족하는 것은, 너는 너고 나는 나다 하는 의식이 깔려 있는 것이다. 만약에 오늘날 우리나라에 저 이라크 북부지방에 조금 남아 있다는 네스토리안 교파가 들어와 있다고 한다면, 한국 기독교의 역사는 단박에 1300년 정도로 끌어올려질 것이 틀림없다.

한국 교회사를 개척한 분 가운데 한 사람인 김양선(金良善) 목사는 1955년에 경주에서 돌십자가 한개를 수습하였다. 그는 그전에도 구리로 된 십자가 형태나 마리아상에 흡사한 유물들을 경주에서 채집한 일이 있었다.

문제의 그 돌십자가에 대하여 학계에서는 상당한 논란이 있었다. 이병도(李丙燾) 같은 학자는 고대의 장신구에 십자형의 것이 있기 때문에, 그것을 기독교의 십자가로 볼 수 없다고 했다. 그러나 그의 말대로 고대의 장신구에 십자 형태의 것이 있었다면, 그것이 오히려 기독교의 영향 때문이 아니었을까 하는 생각을 해보아야 할 것이다. 또 고고학자들은 주장하기를, 어떤 유물이 출토될 때에는 그것과 관련된 다른 유물들이 함께 출토되어야만 그것이 무엇이라는 것을 판정할 수 있는데, 관련 유물들이 없는 상태에서는 그것이 기독교의 십자가라 하기 어렵다는 것이었다. 그런데 앞에서도 말했다시피, 김목사는 구리로 된 십자 형태

및 마리아상에 흡사한 유물들도 가지고 있었다.

교회사 학자들이 통일신라시대에 전래되었으리라고 믿는 기독교의 교파는 동양사에서 경교(景敎)라고 부른다.

이 교파는, 서기 451년에 죽었으리라고 짐작되는 콘스탄티노플의 대주교이자 신학자인 네스토리우스의 교설(敎說)을 따르는 파로서, 서양에서도 네스토리우스 교파라고 부른다.

네스토리우스는 콘스탄티노플의 총대주교(總大主敎)로서, 알렉산드리아의 총대주교 키릴루스와 쌍벽을 이룬 당대의 세력가였으나, 성모 마리아는 그리스도의 어머니지만 신(神)의 어머니는 아니라고 주장한 어느 사제를 변호한 혐의로 키릴루스에 의해 고발당했다. 교황 게레스티누스는 이 고발에 따라 서기 431년, 에베소 공의회(公議會)를 열고, 네스토리우스를 이단으로 선고했다. 이에 네스토리우스는 페르시아로 망명, 그곳 국왕의 보호를 받아 교회를 세우고 한 교파를 형성했다. 그는 451년경 리비아의 사막에서 죽었는데, 그의 교파는 계속 번창하여 아라비아·인도·몽골·중국에까지 뻗쳤고, 13세기에는 중앙아시아를 온통 휩쓸다시피 하다가 14세기 티무르 왕조에 의해 박해를 받아 쇠퇴하기 시작하여, 오늘날에는 극도로 미미한 세력이 이라크 북부에 조금 남아 있을 뿐이다.

네스토리우스파, 즉 경교가 중국에 전래된 것은 서기 635년, 당태종(唐太宗) 9년의 일이다. 그후 845년, 무종(武宗) 5년에 이르기까지의 약 200년간 상당한 교세를 떨쳤는데, 정치와 군사 및 문화 면에 있어서 당나라와 밀착되어 있던 신라에도 유입되었으리라고 짐작하는 것은 무리가 아니다. 이 경교가 일본에 전래되었다는 기록이, 서기 797년에 편찬된 『속 일본서기(續日本書紀)』에 있다.

우리 한반도에 경교가 전래된 사실을 뒷받침하는 직접적인 기록은 아직 발견되지 않았다. 영국 사람 몰리(J. Morley)가 쓴 『1550년대 이

전의 중국 기독교』(1930)에, 명(明) 말에 중국에 들어와 선교하던 마떼오 리찌(M. Ricci, 중국명 利瑪竇) 신부가 경교에 관한 한국측 기록을 본 일이 있다더란 말이 있고, 박학다식으로 떨치던 정조 때의 학자 이규경(李圭景)의 『오주연문장전산고(五洲衍文長箋散稿)』에도 경교를 소개한 글이 있을 뿐 그 전래 사실에 대한 언급은 없다.

그러나 당나라와의 교류에 있어서 일본보다 몇발 앞섰고, 당나라의 문물을 일본에 중개하는 처지에 있던 신라가 경교를 외면했다고 보기는 어려운데, 김양선 목사는 이에 대해서, 경교가 신라에 있어서는 불교의 한 요소로 수용되었다고 보았다. 김목사의 생질로서 그의 업적을 계승하고 있는 장로회신학대학의 김광수(金光洙) 교수는 한걸음 더 나아가, 우리나라 불교의 미륵신앙은 예수신앙의 한 변형이라고까지 본다. 불교에 있어서 '관자재(觀自在)'란 말은 스스로 존재한다는 뜻으로, 「출애굽기」 제3장의 여호와와 같은 뜻이라 한다. 또 삼존불(三尊佛)이라는 것도 기독교의 삼위일체 사상의 영향을 받은 것이라 하는데, 이렇게 되면 이야기가 매우 복잡해진다.

어쨌든 우리나라의 불교는 상당히 복합적인 요소를 지니고 있는 게 사실인즉, 가령 부모의 명복을 빌기 위하여 절을 세우고 공양을 하는 따위는 효(孝)를 강조한 유교의 영향이라 할 수 있다. 중국이나 우리나라에서 음력 7월 보름에 조상의 초혼공양(招魂供養)을 하는 대불사인 우란분재(盂蘭盆齋)는, 중국에 불교를 토착화시킨 금강지(金剛智)가, 유교의 조상숭배 사상과 경교의 망령 위안의 교리(「고린도전서」 제15장 29절)를 조화시켜서 창시했다고 한다. 재일(在日) 교회사 학자인 오윤태(吳允台) 목사는 경주 첨성대가 바빌로니아나 페르시아 천문학의 영향을 받아 세워졌고, 거기에 종사한 사람들은 기독교도였으리라고 본다. 또 그는, 경주의 여러 사찰에서 볼 수 있는 신상(神像) 중에는 페르시아 무사를 닮은 것이 있고, 관음상과 십나한상 등의 옷무늬·신발·유리잔 등은

다 경교적 영향의 소산이라고 본다.

　이런 이야기들을 종합하여 생각해본다면, 경교가 설사 신라에 전래되었다 하더라고 그것은 하나의 독립된 종교로서 존재한 것이 아니라, 모든 신앙 형태를 하나로 뭉쳐놓은 것 속에 하나의 요소로서 존재했다고 할 수 있다. 그 모든 신앙 형태를 하나로 뭉쳐놓은 것이 곧 신라의 불교가 아니었나 싶다.

　김양선 목사나 민경배(閔庚培) 교수는 고려시대에도 경교와의 접촉이 있었다고 본다. 즉 고려는 원(元)나라 세조 쿠빌라이의 부하 내안(乃顔)에게 한동안 지배를 받았는데, 내안은 경교 신자로서 그의 군기에도 십자가 표시를 하였을 뿐 아니라 휘하에 기독교도가 많았으며, 그 속에는 고려인이 다수 섞여 있었다는 것이 김목사의 이야기다. 그리고 민교수는, 1253년 교황 인노첸시오 4세의 명령을 받고 몽골에 파송되었던 프란체스꼬 수도회 소속 루브루끄가 교황에게 보낸 보고서 가운데, 압록강 이남에 있는 카울레이(Caulei, 고려)에 대하여 언급했다는 점을 들고 있다. 선교사의 편지에 나라 이름이 한번쯤 들먹여졌다고 해서 그것이 곧 기독교와의 접촉이라고 볼 수는 없다. 아무튼 루브루끄의 보고서로 서양의 동방에 대한 관심이 고조되어 프란체스꼬, 도미니끄 선교사들이 동방 전도에 나섰고, 마르꼬 뽈로의 여행도 그 여파로 이루어졌던 것이다.

　기독교와 우리 조상들과의 좀더 확실한 접촉은 임진왜란의 전화(戰禍)가 한창이던 1593년에 이루어졌다. 토요또미 히데요시(豊臣秀吉)가 일본의 대권을 장악하여 조선 침략을 감행할 때, 일본에는 천주교가 들어간 지 사십년쯤 되어 교세를 상당히 떨쳤다.『한국 천주교회사(韓國天主敎會史)』의 저자 샤를르 달레는 당시의 일본 교세가 수백만에 이르렀다고 허풍을 떨었으나, 실상 신자수는 삼십만 안팎이었던 것 같다. 아무튼, 그 정도의 허풍이 나돌 만큼 교세의 확장 속도가 매우 빨라서 일본

권력층의 그에 대한 우려도 심각했던 듯하다.

사실인지 아닌지는 모르겠으나 토요또미 히데요시는 일본의 기독교 교세를 말살하기로 내심 결심한 나머지, 조선 침략에 천주교 신자인 장군과 다이묘(大名)들을 대거 기용했다고 한다. 그의 속셈인즉, 만약에 전쟁에 이기게 되면 일본 내의 천주교도를 몽땅 조선으로 이주시키고, 지게 되면 원군을 보내지 않고 모조리 전사하게 만들겠다는 것이었다고 한다.

어쨌든 임진년의 조선 침략군 중에는 천주교 신자가 많았고, 장군들 가운데는 코니시 유끼나가(小西行長)와 아리마 하루노부(有馬晴信)가 독실한 신자였다. 특히 세례명이 아우구스띠노인 코니시 유끼나가는, 출전한 지 일년이 지나 전쟁이 장기화할 조짐을 보이자 본국 교구장에게 신부 한 사람을 파견해달라고 요청했다. 그리하여 그레고리오 데 쎄스뻬데스 신부가 일본인 수사(修士) 한 사람을 데리고, 1593년(선조 26년)인 계사년에 조선땅에 발을 디뎠다. 확실한 기록이 남아 있기로는 아마도 그가 조선땅에 들어온 최초의 기독교 성직자일 것이다. 쎄스뻬데스의 입국 연도가 1593년인지 1594년인지에 대해서 아직 논란이 있다.

쎄스뻬데스는 곰내 또는 곰저라고 불리던 웅천성(熊川城)에 주둔하며 진중 선교를 행하였는데, 웅천은 오늘날의 진해시(鎭海市) 웅천동(熊川洞)이고, 그곳엔 아직 왜군이 쌓은 성이 남아 있다.

그런데 쎄스뻬데스 신부는 일본군 진중에서 신자들을 보살피고 선교를 하였을 뿐, 피점령 지역의 조선인들에 대한 선교는 전혀 하지 못하였다. 원래 그의 입국 목적이 진중 전도에 있기는 했지만, 일본 침략군에 대한 적개심에 불타고 있는 조선인들에게 접근할 수가 없었다. 다만 일본군에게 붙잡혀온 포로들은 만나볼 수가 있었겠으나, 서로 의사소통이 어려운 상태에서 별로 이렇다할 선교 효과를 올릴 수는 없었을 것이다.

그런데 쎄스뻬데스는 조선에 와서 일년 이상 있을 수가 없었다. 천주교에 적대적인 장군으로서 코니시 유끼나가에게 강한 라이벌의식을 갖고 있던 카또오 키요마사(加藤淸正)가, 코니시의 진중에 신부가 와 있다는 사실을 본국의 토요또미에게 고자질했다. 그때 그들의 본국에서는 가톨릭 선교사들에 대한 추방령이 내려져 있었으므로, 카또오에게 있어서는 라이벌을 꺾을 수 있는 호기로 생각되었을 것이다. 그러나, 코니시는 카또오의 그러한 계략을 재빨리 알아차리고 쎄스뻬데스 신부를 서둘러 일본으로 보내는 한편, 자신도 귀국하여 토요또미에게 자기가 쎄스뻬데스 신부를 부른 것은, 마카오의 사정을 알아놓는 것이 전쟁 수행상 필요한 일일 것 같아서였다고 변명함으로써 오히려 칭찬을 들었다고 한다.

어쨌든 쎄스뻬데스 신부는 이 땅에 와서 약 일년 동안 있었으나 조선인 신자를 만들지는 못했다. 그는 돌아간 지 삼년 후에 다시 왔었다는 설이 있으나 근거는 희박하다. 그런데 그가 일본으로 돌아갈 때 조선인 소년 두 명을 데리고 간 것은 우리의 주목거리가 될 만하다. 그들은 일본군에 억류되어 있던 소년들인데 둘 다 양반 출신이었다 하며, 그중 권(權)씨 성(강姜 또는 강康씨라고도 한다)을 가진 소년은 아버지가 승지(承旨)였다느니 대장(大將)이었다느니 하는 설이 있지만 확실치 않다. 어쨌든 이 두 소년은 코니시의 진영에 잡혀 있던 것을 대마도주(對馬島主)가 자기 아내에게 보내기 위하여 쎄스뻬데스의 귀환편에 딸려보냈다.

대마도주 소오 요시또모(宗義智)의 아내는 세례명이 마리아로서 독실한 천주교인이었다. 코니시의 딸이기도 한 마리아는 쎄스뻬데스가 데려다준 두 조선인 소년을 맡아 기르게 되었다. 나이가 열세살인 권 소년은 곧 빈첸시오(원선시오)라는 세례명으로 영세를 받아 신학교에 들어갔고, 다른 한 소년은 아직 나이가 덜 차서 마리아의 집에 있게 되었다고 한다.

임진란은 무려 칠년간에 걸친 대전란이었고, 그사이에 많은 조선인들이 일본으로 끌려갔다. 그 숫자는 정확하게 알 수 없으나 십만여명으로 추산되고 있는데, 그들 대부분은 실상 포로가 아니었다. 포로란 전쟁중에 적군에게 투항 또는 생포된 전쟁 인력을 말한다. 그런데 칠년간에 걸친 전쟁중 일본으로 끌려간 십만여명의 대부분은 민간인이었다.

그렇게 많은 민간인이 적국에 끌려간 사정을 증거해주는 일본측 사료가 있다. 케이넨(慶念)이라는 중은 큐우슈우(九州)의 우스끼(臼杵) 성주 오오따 카즈요시(太田一古)를 따라 종군하여 1597년, 곧 정유재란 때 부산포에 상륙하였는데, 그가 남긴 『조선일일기(朝鮮日日記)』 7월 9일자에 이렇게 씌어 있다.

"부산포에 상륙하여 보니, 여러 나라의 상인들과 귀천 노소들이 들끓고 있더라."

또 11월 19일자에도 이렇게 씌어 있다.

"일본으로부터도 많은 상인들이 왔는데 개중에는 사람 장사하는 자도 와서, 남녀노소를 사서 밧줄로 묶어 앞세워 몰고 가는데 안 가면 뒤에서 지팡이로 후려갈기는 모양은 마치 지옥에서 나찰(羅刹, 사람을 괴롭히는 식인귀)이 죄인을 괴롭히는 광경을 연상케 하더라. 육신의 재난은 숙명 때문이라 하더라도, 만물을 다 팔고 사되 어찌 사람을 원숭이처럼 목을 매어 끌고 다닌단 말인가. 보는 이의 눈에 측은함을 금할 수 없더라."

케이넨의 일기에는 이보다 더 끔찍한 대목들이 많이 있다. 비록 일본인이지만 종교인의 양심으로 사실대로 기록했던 것이다.

이와 같이 붙잡혀 팔려간 사람에, 일본군에 의해 강제노역에 동원된 사람과, 연명을 위해 일본군에게 품을 팔다가 이적행위를 했다는 문책이 두려워 피해간 사람 등등, 아무튼 십만여명의 조선인들은 적국으로 끌려가서 노예생활을 감수해야 했다. 그중에는 더러 강항(姜沆)이나 정월봉(鄭月峰)같이 학자로 대우를 받은 사람도 있고, 수경우(守慶佑)같이 의

술로 떨친 사람, 성립(成立), 김춘복(金春福)처럼 환관(宦官)이 되거나 혹은 유력자의 배필이 되어 평안을 누린 자도 있지만 극소수에 지나지 않았다.

노예생활을 하게 된 조선인들이 자신의 처지를 조금이라도 개선해 보려고 노력한 것은 당연한데, 그러기 위해서는 자신이 가진 기능을 최대로 발휘하여 성주(城主)의 환심을 사는 것이 첩경이었을 것이다. 이들의 기능이 특히 두각을 나타낸 분야는 도자기 공예였고, 오늘날에 일본에서 최상급으로 치는 도자기들, 예컨대 우에노야끼(上野燒), 야요야끼(八代燒), 타까다야끼(高田燒), 사쯔마야끼(薩摩燒), 아리다야끼(有田燒) 등등은 모두 이들에게 기원을 두고 있음이 주지의 사실이다. 또한 일본이 자랑하는 염직이나 자수·유약 등도 따지고 보면 조선인 포로들이 삶의 극한상황을 벗어나기 위하여 피눈물나게 갈고닦은 전통 위에 꽃핀 것들이었다.

이들의 처지가 얼마나 비참했는가는 이들이 얼마씩에 매매되었는가를 보면 알 수 있다. 이들이 포르투갈 상인들에게 1스꾸디(scudi)씩에 팔려 남양(南洋)으로 끌려갔다는 기록이 있다. 1스꾸디는 우리 돈으로 환산해서 삼백원이라 한다. 그때의 화폐가치가 지금과는 다르다 하더라도, 사람의 몸값으로 참으로 어처구니가 없다.

이렇게 비참한 삶을 꾸려가야 하는 그들에게 있어서 무엇보다 소중한 것은 마음의 위안이었다. 그러나 적국으로 끌려간 그들이 일본인들의 종교에 마음이 끌릴 리 없었다. 그들 앞에 나타난 것이 가톨릭 신부들이었다. 가톨릭은 그때 일본에서 박해를 받기 시작한 때였으므로 함께 박해를 받는 처지에 있는 조선인들에게 호소력이 컸을 뿐 아니라, 본시 가난하고 힘없고 박해받는 사람의 복음인 기독교에 그들이 이끌린 것은 당연한 일이었다.

"심령이 가난한 자는 복이 있나니 천국이 저희 것임이요, 비통하는 자는 복이 있나니 저희가 위로를 받을 것임이요, (…) 의를 위하여 핍박을 받은 자는 복이 있나니 천국이 저희 것임이라."

이보다 더 위안이 되는 말이 그들에게 있었을 것인가.

그리고 또 현실적인 면에서도 당시 일본에 있던 포르투갈 신부들은, 노예 신세로 팔려다니는 조선인들을 위하여 많은 활약을 해주었다. 비전투원들이 노예로 끌려와 혹사를 당하는 것과, 그들이 또 포르투갈 상인들 손에 넘겨져서 남양 각지로 팔려가는 것을 목격한 신부들은 인도적 견지에서도 그냥 보고만 있을 수 없었다.

레온 파지에스가 쓴 『일본 기독교회사(日本基督教會史)』 부록에 보면 임진란이 끝나던 해인 1598년 7월 4일에 일본 교구 주교 쎄르헤라이스는 일본에서 행해지고 있는 조선인 노예매매 행위를 종식시키기 위한 비상회의를 소집했다. 나가사끼에서 열린 이 회의에는 열두 명의 성직자가 참석하여 쎄르헤라이스 주교의 사회로 다음 사항들을 검토하고 결의했다.

I. 실정조사 결과

1. 일본 장병은 포르투갈 상인들과 결탁하여 많은 조선인들을 일본으로 보낸 후, 주로 나가사끼 지방에서 매매했음.

2. 포르투갈 상인들은 이 노예장사로 막대한 이익을 얻고, 상선을 조선 해안에 보내어 대기시켜놓고 일본 장병들이 끌어오는 조선인들을 닥치는 대로 수용하였음.

II. 이와 같은 놀라운 사실을 두고 토의한 결과, 다음과 같은 제재를 가하기로 결의함

1. 인신매매에 종사하는 상인은 이유 여하를 불문하고 파문할 것.

2. 노예 1인의 매매에 대하여, 10끄루자도(cruzado)의 벌금을 물릴 것.

이러한 결의를 함으로써, 교회와 상인들은 날카롭게 대립하기도 했으나, 신부들은 이에 그치지 않고 다이묘들을 찾아다니며 행정적으로도 다스려줄 것을 호소하는 한편, 주인과 상인 들의 마수로부터 탈출해 오는 노예들을 안전하게 수용할 장소를 만들어놓고 탈출의 편의를 제공하기도 했다.

가뜩이나 정신적 위안에 갈급하던 조선인 노예들에게 있어서 이렇듯 실제적인 도움까지 주는 교회는 생명의 오아시스가 아닐 수 없었다.

이때 영세를 받은 조선인의 숫자가 칠천명가량으로 짐작되는데, 전체 일본인 교인이 삼십만이던 것을 생각하면 놀라운 비율이 아닐 수 없다.

일본 교회사에 올라 있는 순교 복자(殉教福者) 이백오명 가운데 아홉 명이 조선인인데, 이들은 모두 임진란 때 일본으로 끌려가 신자가 되고 순교한 사람들이다. 그 가운데 앞에서 말한 권 빈첸시오가 끼여 있다. 이 아홉 명 외에도 순교자 명단에 올라 있는 조선인 신자는 이십여명이나 된다.

이들은 물론 한국의 교회사와는 직접적인 관련이 없다. 일본에 가서 신자가 되었고 일본 교회의 교인으로서 순교자가 되었다. 그러나 과연 그들이 우리와는 아무 상관 없는 존재들일까.

그들은 비록 일본에서 여생을 이어가야 했지만, 언제고 간에 고국으로 돌아간다는 꿈을 버리지 못했을 것이다. 이국땅에서 천주의 진리를 발견한 그들은 그 진리를 고국으로 가져다가 동족에게 전해야겠다는 정신을 가지고 있었을 것이다. 그리고 또 어쩌면 그것이 천주의 뜻이었을지 모른다. 예수는 핍박받는 나라의 지지리도 못난 가난뱅이들 속에 왔었다. 그가 만일 다시 우리나라에 온다면, 태평성대와 풍요를 구가하는 시기를 택해서 올 리는 만무하다. 환란의 소용돌이가 휩쓸 때, 시쳇더미가 뒹굴고 부모를 잃어버린 어린이들이 지쳐 쓰러져 있는 황폐한 들녘에 홀연히 그는 나타날 것이다.

임진란이 터진 다음해에 이 땅에 들어온 쎄스뻬데스는 그의 전령이었는지도 모른다. 그러나 그 전령은 침략자를 피해서 산속으로 숨어 버린 이 땅의 양들에게 피리소리를 들려줄 능력이 없었다. 여호와는 하는 수 없이 적국으로 붙잡혀간 사람들에게 복음을 듣게 하셨다. 사실 그 당시의 우리 백성들 가운데 그들처럼 갈급한 자들은 없었을 테니, 누구보다 먼저 그들에게 복음을 내린 것은 당연한 일이었다.

그리고 그들은 이 나라에 돌아왔어야 했다. 또한 그들로 하여금 이 나라 백성들의 마음이 열리고 제도적으로 쇄국의 장벽이 허물어지는 등, 새로운 도약의 전기가 마련되었어야 했다. 전쟁이 전화위복의 계기가 된 선례는 얼마든지 있다.

그러나 당시의 조정은 그러한 지혜가 전혀 없었다. 쇄국정책을 더욱 굳게 하였다. 일본에 끌려가 있는 백성들이 십만여명이나 되었건만, 처음에 삼천명 가량을 데려온 뒤에는 그들은 쇄환(刷還)하려는 적극적인 노력을 기울이지 않은 채 팽개쳐두었다. 일본측이 오히려 화평회담(和平會談)의 촉진을 목적으로 이천명 가량의 포로를 더 돌려보내는 선심을 썼는데, 막상 화평회담을 위해 우리측 대표가 일본에 파견된 것은 임진년으로부터 십사년이 지난 뒤였다. 전후 세 차례에 걸친 회담은 또 팔년이 걸렸으니, 아무리 포로라도 이국생활이 이십년 넘으면 귀환하기 어려운 여러가지 사정이 생기는 법이다. 또 노예를 데리고 있는 일본인들이 귀국을 방해하기도 하여 쇄환자는 고작 일천칠백여명이었다.

당시 위정자들의 백성 사랑하는 마음이 그 정도에 불과했다.

고전이자 신선한 충격

『다산문학선집』을 읽고

내가 다산(茶山)을 이야기하는 것은 장님이 코끼리 만지는 것과 다름 없겠으나 그런 깜냥으로도 다산의 뛰어난 견해에는 흠칫흠칫 놀라지 않을 수 없다.

흔히들 사마천(司馬遷)이 궁형(宮刑)을 당하였기 때문에 『사기』라는 기념비적 저작이 이뤄졌다 하고, 정약용에게 이십년 가까운 기나긴 유배생활이 없었더라면 저 방대한 분량의 훌륭한 저작들은 씌어지지 못했을 것이라고 말하기도 한다. 내게도 한때는 이런 이야기가 그럴싸해 보여서, 별로 하는 일 없이 빈둥거릴 바에는 차라리 한 십년쯤 감옥살이나 했으면 싶던 적이 있었다. 이게 다 장님 코끼리 더듬기가 빚은 난 쎈스가 아니랴?

따지고 보면 사마천도 그 시대상황에서 그런 불행(?)의 구렁텅이에 던져질 운명이었고, 다산 또한 그렇게 될 수밖에 없는 행로를 스스로 걸었던 게 아니겠는가? 나는 지금도 그의 글을 읽다가 문득문득 섬뜩함을 느낀다.

예컨대 유성룡의 『징비록』 앞부분에 대한 다산의 견해도 그렇다. 황윤길·김성일이 일본에 사신으로 가서 관백(關白) 토요또미를 만난 이야기를, 유성룡은 본인들의 말 그대로를 옮겨놓았을 뿐이지만, 다산은 그 이야기를 보고 황·김이 만난 것이 토요또미가 아닌 꼭두각시였음을 단박에 간파해버린 것이다. 다른 것은 고사하고, 한 나라의 최고권력자가 외국 사신에게 내정까지 교자를 타고 들어오게 할 리 없지 아니한가? 또 위의를 갖춘 신하들의 배석도 없이 국빈을 맞이할 뿐 아니라 국빈을 위한 술상에 떡 한접시와 술잔이 놓였을 뿐이라니 놀려도 이만저만 놀리는 일이 아니었건만, 황·김은 추호도 그런 낌새를 알아차리지 못하였다는 것이다.

그러고 돌아온 그들의 이야기를 우리 조정에서는 그대로 믿었다. 다산이 비로소 까발려놓기까지. 보통 사람들은 눈앞에 보이는 것을 그냥 바라볼 뿐이지만 그는 그 속의 진실을 꿰뚫어보았다. 그것이 어떤 권위를 앞세운 것일지라도 그는 아랑곳하지 않았다. 뭇 신하가 그를 질시한 것은 당연한 일이었다. 사마천은 임금의 노여움을 사서 궁형을 당하였으나, 다산은 임금의 총애를 받은 것이 도리어 화근이 되었다. 우리 역사의 이러한 아이러니를 우리는 이 『다산문학선집』(박석무·정해렴 편역, 현대실학사 1996)의 곳곳에서 발견하게 된다.

다산은 지금 살아 있어도 구닥다리라고 외면당할 인물이 아니다. 온갖 씨알머리 없는 소리들이 범람하는 오늘의 상황에, 그의 견해들은 오히려 신선한 충격이 될 것이다. 가령 한치응(韓致應)이 중국으로 사신이 되어 떠날 때 써준 글 속에서, 중국(中國)이 왜 중국이며 우리나라는 왜 동국(東國)이어야 하느냐고 따져 묻는 대목은 세계화를 부르짖는 요즘 사람들에게 절실한 이야기가 아닌가 한다. 그렇다. 좋은 책이란 언제 들춰보아도 항상 우리가 깨닫지 못한 것을 일깨워줄 터이다.

이 책의 편역자 중 한 사람은 감옥살이의 신고 속에서 다산을 친했다던가. 아무튼 그들이 뽑아 번역해놓은 것들은 우리의 생각없음을 꾸짖고 안이한 삶의 자세를 흔들어놓는다.

『창비문화』 1996년 3·4월호

『빛 가운데로 걸어가면』을 읽고

얼굴을 표현하는 말에 '낯꽃'이라는 단어가 있음을 알게 된 것도 윤홍길 씨의 새 소설 『빛 가운데로 걸어가면』(1997)을 읽은 소득 중의 하나다. 낯짝과 낯꽃은 실상 같은 것을 지칭하는 말일 터인데도 그 뉘앙스는 얼마나 다른가?

나는 또 이 소설에서 '말시바우'라는 말을 근 오십년 만에 처음 대하고 감개무량하였다. 이 말은 내게 코흘리던 시절의 아릿한 추억까지를 되살리게 한다. 사전에도 나오지 않는 이 말을 지금의 오십대 이하의 분들은 무슨 뜻인지 짐작키 어려우리라. 나도 이 말이 곡마단(曲馬團)을 가리키는 어느 지방의 사투리겠거니 했는데, 지금에야 꼼꼼 뜯어보니 한국어 말[馬]과 일본어 시바이(芝居)의 합성어임을 알겠다. 일본어 시바이는 연희(演戲)라는 뜻인즉, 우리가 어릴 때 보던 것보다 더 이전의 써커스에서는 말이 주역이었음을 알게 해준다.

윤홍길 씨의 이 작품에는 그밖에도 재미있고 귀한 말들이 많다. '몰풍스런' '나토롬한' '앙바틈한' '휘긴' '이멜무지' '워너니' '괘얀시' 등등, 이런 말들을 만나는 것은 흡사 옛 정취가 듬뿍 스며 있는 물건을 모란장터에서 되찾는 것 같은 기쁨이 아닐 수 없다.

왜 하필이면 모란장터냐고? 거기에는 내력이 있다. 다른 사람은 어떤지 모르지만, 내게는 윤흥길 하면 성남을 떠올리는 버릇이 있다. 그리고 성남을 지나칠 때면 언제나 윤흥길이라는 작가를 생각해왔다. 그것은 말할 것도 없이 『아홉 켤레의 구두로 남은 사내』를 읽었을 때의 충격이 참으로 컸기 때문이다. 누가 뭐라고 하여도 나로서는, 60년대의 광주 대단지, 그 칙칙하고 습하고 을씨년스러운 풍경화를 벗어난 윤흥길을 생각할 수 없는 것이다.

지금 이 소설 『빛 가운데로 걸어가면』(제목이 어째서 이렇게 정해졌는지 도무지 이해가 안되지만)의 무대는 서울이지만 내게는 어쩐지 성남으로만 여겨지고, 주인공 임종술과 김부월이 사는 곳도 성남쯤이라야 어울릴 것 같은 느낌이 든다.

하여튼 지금은 중견작가의 경지도 넘어섰을 윤흥길 씨가 장장 칠백쪽 가까운 지면으로 펼쳐 보이고 있는 풍속도는 의외로 단조롭다. 가난하고 무식한 주제에 성실하지도 못한 주인공 부부는 삶의 막다른 지경에서 어떤 맘씨 좋은 장로님의 구원을 받았으나, 허욕이 지나쳐 휴거소동에 휘말림으로써 꿩도 매도 다 놓치고 삶의 막다른 지경에 다시 섰다, 그런 이야기다.

푸짐한 사투리의 향연과 원색적인 욕설, 둘러치고 메치는 식의 기막힌 화법, 상대를 불문하고 함부로 내지르는 철면피다가도 사세가 불리하면 진흙바닥에 엎드려 싹싹 비는 행투, 그러나 그 모든 것의 밑바닥에 깔려 흐르는 우리네 서민들의 끈끈한 인정, 이런 것을 대하는 일은 참으로 즐겁다. 그리고 이만한 것을 우리에게 제공해줄 수 있는 작가가 어디 그리 흔한가? 하지만 이 정도는 윤흥길 씨가 마음만 먹으면 어느 때고 펼쳐 보일 수 있는 기본실력이지 새로운 경지는 아니다. 아쉬운 것은 아, 이 양반도 많이 편해졌구나 하는 느낌이 든다는 것이다.

(1997년 3월 8일)

『한나라 기행』을 옮기고 나서
시바 료오따로오 『한나라 기행』, 학고재 1998

시바 료오따로오(司馬遼太朗)의 이 책이 이제야 우리나라에 번역, 소개된다는 사실이 사뭇 신기하다. 웬만큼 화젯거리가 될 만한 것이면 앞뒤 가리지 않고 덤벼들어 싸우는 풍토에도 이런 맹점이 있나보다.

일본인들이 시바에게 갖는 사랑과 지지는 가히 우리의 상상을 초월하는 바가 있다. 그의 이름 앞에 '국민작가(國民作家)'라는 호칭을 갖다 붙이는 것은 접어두더라도, 이년 전 그가 타계했을 때는 『문예춘추』를 비롯한 유수의 종합지들이 그를 위한 특별호를 발간할 정도였고, 일본의 서점들은 지금도 그의 작품을 위한 특별코너를 설치해놓고 있다.

그런데 시바 료오따로오 자신은 후꾸다(福田)라는 일본 성씨를 버리고 중국 성씨인 시바(司馬)를 취했을 뿐 아니라, 한국인들이 뼈에 사무치는 저주의 대상으로 여기는 '왜놈'의 조상, 쪽배를 타고 조선반도의 남해안과 서해안에 출몰하여 약탈과 노략질을 일삼았다고 『삼국유사』와 『삼국사기』에 기록돼 있는 그 왜구(倭寇)가 자기네 조상이라고 스스럼없이 말하는 사람이었다. 그렇다고 그가 특별히 친한적(親韓的)이었다든가 하는 그런 이야기가 아니다.

근년에 와서 매스컴 종사자나 학자 또는 작가 들에 의하여 '일본 속의 한국문화'를 찾는 작업이 많이 시도되고 있는데, 한결같이 우리 선조들이 그들에게 무엇을 주었느니, 영향을 끼쳤느니 하는 생각을 바닥에 깔아놓고, 그것을 증명해 보인답시고 사뭇 아전인수적 안간힘까지 불사함을 본다. 어떤 역사적 진실을 밝혀내는 일이 나쁠 리 없다. 그러나 그래놓고서 맛보려는 어떤 우월감이나 터무니없는 보상심리에는 이제 침을 뱉자.

시바 료오따로오가 찾아간 우록동(友鹿洞)에서, 백발 성성한 항왜의 후손이 말하지 않던가.

'그쪽에서도 왔고, 이쪽에서도 갔지.'

시바가 이 글을 쓰기 위하여 이 나라를 찾은 것은 1971년, 경제건설을 지상과제로 내세운 박정희 정권이 10월유신을 선포한 그해였다. 그때 시바는 이 나라 지도자들의 비위를 부욱 긁어 양약(良藥)은 입에 쓰다는 진리를 일깨워주었던 것인데, 대개는 깨닫지 못한 채 게정거리기만 하였다.

보라, 그 미련했던 끝이 드디어 IMF사태에까지 왔다.

『탐라 기행』을 옮기고 나서
시바 료오따로오 『탐라 기행』, 학고재 1998

어떤 기자가 시바 료오따로오에게 물었다고 한다.

"어릴 때 꿈이 무엇이었습니까?"

그 기자는 아마도 이 백발을 휘날리는 작가 입에서 정치가 아니면 화가가 되기를 꿈꾸었다든지 하는 이야기가 나오기를 기대했을 것이다. 그러나 대답은 뜻밖이었다.

"마적(馬賊)이 되고 싶었어."

마적이라니, 섬나라 일본 사람에게는 당치도 않은 꿈이었다. 하지만 다름아닌 시바 료오따로오의 대답이고 보면 고개가 끄덕여지는 바가 없지도 않다.

그는 고등학교 입학시험에 두 번씩이나 낙방을 하는 바람에 어엿한 대학 가기를 일찌감치 포기하고, 당시로서는 잡종학교로 치부되던 오오사까 외국어학교에 입학, 또 하필이면 몽골어를 전공어로 택했다. 마적 되는 게 꿈이었던 소년에게, 몽골어는 가장 어울리는 전공이 아닌가.

왜 몽골어를 택했는지에 대한 적확한 대답은 아직 발견치 못하였으나 이런 말을 한 것은 보았다.

"일본인이 몽골어를 배우는 것은 흡사 프랑스인이 영어나 독일어를 배우는 것처럼 쉽고 자연스러운 일이야. 언어체계가 같을 뿐 아니라, 단어도 유사한 것이 많아 외국어라는 느낌이 안 들어."

그리고 또 그는, 같은 우랄알타이 어족으로서 아직 살아 있는 언어가 일본어와 한국어, 몽골어 이렇게 셋뿐이라고 하면서, 이들 셋이 서로 배우고 존중하기보다는 멀리하고 멸시하는 느낌이 있다는 말도 하였다.

그렇게 된 역사적 배경이야 물론 있지만, 그의 지적은 옳지 않을까? 그가 『한나라 기행』을 쓴 다음에 또 굳이 『탐라 기행』을 쓰려 했고, 한라산 비탈의 초원에 서서 특별히 몽골 이야기를 하고 싶었던 것은 바로 그 때문인지 모른다. 그는 일본인이기보다 몽골인, 아니 분화(分化) 이전의 우랄알타이족 원형이고 싶었는지 모른다.

그런 의미에서 이 『탐라 기행』은 그가 쓴 『가도(街道)를 가다』 씨리즈 중에서 가장 유니크한 부분이 아닌가 한다.

『나의 서양미술 순례』 옮긴이의 말
서경식 『나의 서양미술 순례』, 창작과비평사 1992

이 책은 서경식(徐京植) 씨가 지은 『나의 서양미술 순례』(『私の西洋美術巡禮』東京, みすず書房 1991)이다. 그러니까 저자 서경식 씨가 서양의 여러 미술관·박물관을 돌아다니면서 접하였던 미술품들에 대한 나름대로의 생각을, 평이하고 유려한 문체로 비교적 자유분방하게 피력해놓은 일종의 연작(連作) 에쎄이라 할 수 있겠다. 따라서 이 책은 '미술감상의 길잡이'라든가 하는 개념에 딱 들어맞는 책은 아니다.

그러나 이 책은 평소에 미술에 대한 지식이 전혀 없는 사람들로 하여금 자연스럽게 미술과 친숙해지게 하는 길잡이가 될 수 있고, 제법 미술을 안다고 하는 사람들에 대하여는, 미술품을 한갓 진열장 또는 액자 속에 가둬놓는 완상품으로서가 아니라 역사 속에서 우리와 함께 살아 숨쉬는 존재로 인식케 하는 일을 도와줄 것이다.

지은이 서경석 씨는 1951년에 일본의 쿄오또(京都)에서 태어난 한국인 2세이다. 와세다대학(早稻田大學)에서 프랑스문학을 공부한 뒤 자유기고가로 활동하며 몇권의 저서를 간행하였고, 지금은 대학 강단에 서고 있다 한다. 그러나 이런 유의 경력을 나열하는 것만으로는 그를 소개할 수 없다. 그가 사십세에 쓴 책의 제목을 감히 '나의 서양미술 순례'라고, '나'(서경식)를 내세울 수 있게 만든 이유를 살펴보지 않고는 그를 소개할 수 없다.

그러면 그 이유란 무엇인가? 가까이는 한국의 정치현실, 멀리는 이 민족에게 너무도 가혹한 멍에를 씌워놓고 아직도 벗겨주지 않고 있는 세계사의 흐름이다.

이 책의 본문에서 단편적으로나마 언급되고 있으니 그의 가계(家系)에 대해 새삼 이야기할 필요는 없겠고, 그럴 만한 예비지식이 내게 있지도 않지만, 어쨌든 박정희에서 전두환으로 이어진 군사독재 사반세기 동안 얼마나 많은 양심수들이 양산되어 고통을 받았는가? 그들 가운데 알 만한 사람의 이름을 들어보라고 한다면 반드시 끼이게 될 이름이 서승(徐勝)·서준식(徐俊植) 형제일 것이다. 저자가 본문에서 여러번 언급하고 있는 두 형이란 바로 이들이다.

사는 일에 쫓기고 또 현실적인 여러 이유들 때문에 자꾸 느슨해져가는 듯한 조국과의 관계를 좀더 단단히 동이고 싶은 순수한 마음으로 조국으로 유학을 떠났던 두 형이, 느닷없이 간첩 누명을 쓰고 사형선고까지 받게 된 충격을, 이 책의 저자 서경식은 대학 3년생이 된 갓 스물에 당했던 것이다. 그로부터 그의 부모와 남은 형제들(맏형과 그, 누이동생)의 삶은 오직, 갇혀 있는 혈육을 살려내는 일에 바쳐졌을 것은 두말할 여지도 없다.

끊임없이 현해탄을 오가며 자식들 옥바라지를 하던 모친이 끝내는 9년째에 세상을 뜨고, 그런 지 3년 뒤에는 부친마저 그 뒤를 따랐다.

33세 되던 1983년에 처음으로 외국 나들이에 나선 저자가 그해 10월 15일, 벨기에의 소도시 브뤼주의 흐루닝헤 미술관에서 헤라드 다비드의 그림 「캄비세스왕의 재판」 앞에 우뚝 선 채 움직이지 못하고 있을 때, 그의 가냘픈 두 어깨 위에는 저 망국의 설움에서부터 식민지시대와 해방, 분단 그리고 6·25의 동족상잔과 4·19, 5·16을 거쳐, 10월유신과 10·26, 12·12, 5·18로 이어진 악몽의 터널을 지나 그 어머니, 아버지의 죽음까지에 이른 우리 근현대사의 모든 질곡과, 결코 순탄할 수 없었던 자신의 가족사가 한데 엉켜서 몽땅 지워져 있었던 것이다. 그로부터 한 조각의 그림, 한 덩이의 조각을 보는 그의 눈은 '역사의 눈'이 될 수밖에 없었다. 그 눈으로 그는 프라 안젤리꼬를 보고 쑤띤을 보고 고흐를 보았으며, 고야와 벨라스께스, 심지어 레온 보나마저도 그 역사의 눈을 가지고 보아냈으니, 삐까쏘의 「게르니까」에서 광주(光州)를 읽어낸 것은 너무도 자연스러운 일이었다.

　누가 뭐라고 하건 간에, 이 책을 읽는 독자들은 미술을 보는 새로운 눈 하나를 더 갖게 될 것이 틀림없고, 겸하여 역사를 보는 눈도 한결 밝아지기를 기대해본다.

　일본어 실력이 천박하여 잘못 옮긴 곳이 있을까 두렵고, 독자의 편의를 위한답시고 붙인 '옮긴이 주'가 도리어 번잡을 일으키지 않을까 염려된다.

　끝으로 이 책을 옮겨낼 수 있게 배려해준 창작과비평사의 백낙청(白樂晴), 정해렴(丁海廉) 두 분과 편집·교정을 위해 수고해준 여러분께 감사를 표한다.

『죽어가는 천황의 나라에서』 옮긴이의 말
노마 필드『죽어가는 천황의 나라에서』, 창작과비평사 1995

    어느 책에나 사족 비슷한 것을 달아야 한다는 법도 없거니와 분야도 약간 어긋난 듯하여 망설였는데, 모처럼 좋은 책 한권을 번역해놓고 한마디 안하기도 서운하여 딱 두 가지만 이야기해볼까 한다.
    첫째는 이제 이 지구상의 어떤 일도 남의 일로 치부할 수 없다는 사실이다. 예컨대 일본의 총무청 장관 에또오(江藤)라는 사람이 과거 일본의 한국 지배가 한국인들에게 유익했느니 하는 소리를 하여 잠시 동안 세계 여론이 들끓은 일이 최근에 있었는데, 실상 그 소리가 우리 한국 사람들에게는 대단히 친숙한 것이었다. 지금부터 사십여년 전에 당시 외무성장관 자리에 있던 구보따(久保田)가 한번 불러젖힌 후로, 일본의 각료급 정치가들이 꽤나 애용해온 레퍼토리이다. 사십여년 전 그때 우리의 반응은, 저들이 우리를 만만히 여기고 뇌까리는 시대착오적 망언(妄言)이라는 것이었다. 그러나 사십여년이 지난 지금 그 소리를 다시 듣는 우리의 인식이 여전한 것일 수는 없지 아니한가? 저들의 망언은 이제 발언자 개인의 단견 또는 두 나라 사이의 국민감정 차원의 문제가 아니라, 전체 인류의 역사에 대한 인식의 문제인 것이다. 프랑스가 남태평양에서 핵실험을 계속하는 일이 그 지역 국민들만의 문제가 아니듯이, 한국의 과거사에 대한 일본의 태도와 대응은 이미 두 나라 사이의 문제가 아닌 것이다.

그러므로 저자가 이 책에서 다루고 있는 오끼나와의 슈퍼마켓 주인, 야마구찌의 가정주부, 나가사끼의 시장이 안고 있는 문제가 바로 우리 자신의 문제로 다가서는 것이다.

내가 지적하고 싶은 또 한가지는, 어떤 문제에 대한 그러한 공통된 인식에도 불구하고, 한 언어를 다른 언어로 옮겨놓는 일은 만만치 않게 어렵다는 사실이다. 노마 필드의 이 책, 『죽어가는 천황의 나라에서』(In the Realm of a Dying Emperor)를 번역하는 데 랜덤하우스사 (Random House, Inc.)의 Pantheon Books판(1991)을 대본으로 하고, 여기에 같은 출판사 Vintage Books의 보급판(1993) 후기를 추가하였으며, 필요한 경우 원서의 주와는 별도로 옮긴이의 주를 덧붙였는데, 일본어 역서 『天皇の逝く國で』(大島かおり 譯, みすず 1994)를 비교하면서 옮길 수 있는 혜택을 누렸음에도, 저자의 유려한 문체를 살리는 데는 크게 미치지 못한 것 같다.

책이 되어 나오기까지 애써준 백낙청 형과, 김이구 씨를 비롯하여 실무과정에서 수고해준 여러분께 감사드린다.

『에반젤린』 옮긴이의 말
H. W. 롱펠로우 『에반젤린』, 문림사 1958

헨리 워즈워스 롱펠로우(Henry Wadsworth Longfellow)는 1807년에 메인(Maine) 주 포틀랜드(Portland)에서 태어났다. 그의 아버지 스티븐 롱펠로우(Stephen Longfellow)는 하바드 대학 출신의 법률가로서, 그 고아(高雅)한 인격과 위엄으로 널리 알려진 사람이었다. 다행히도 스티븐은 문학면에도 이해가 깊어, 그 방면의 많은 장서(藏書)를 가지고 있었다. 그리하여 그의 아들 헨리가 시인으로 출발하는 데 많은 도움을 주었다.

롱펠로우의 시 「나의 잃어버린 청춘」을 보면, 그의 유소시절은 매우 행복했던 것 같다.

14세에 그는 포틀랜드 아카데미를 졸업하고, 동생 쌔뮤얼(Samuel Longfellow, 후에 헨리 롱펠로우의 전기를 썼음)과 함께, 그의 아버지가 이사로 있던 바우두인 대학에 입학하였다. 그곳에서 그는 후세에 유명해진 몇사람의 친구를 사귀었는데, 그중에 너새니얼 호손(Nathaniel

Hawthorne)이며, 프랭클린 피어스(Franklin Pierce)가 있었다. 호손은 여러분이 잘 아는 바와 같이 소설 『주홍글자』를 쓴 미국 문학계의 거장이 되었고, 피어스는 대통령이 된 사람이다. 학교에서의 그는 수학에 흥미를 못 붙인 대신, 그레이(Thomas Gray)의 『오드』(Odes), 존슨 박사(Dr. Johnson)의 『시인들의 생애』 및 채터튼(Chatterton)의 작품에서 만족을 느꼈다 한다.

그는 문학작품들을 읽는 데 그치지 않고, 그 작품들을 가지고 여럿과 토론하기를 좋아하였다. 그가 그의 아버지에게 보낸 편지에는 그의 이러한 비평적 정신이 잘 나타나 있다. 그는 지방신문에다 자작(自作)의 시를 발표함으로써 그 무렵에 이미 지역적인 명성을 획득하고 있었다.

그러나 그 무렵의 미국 문학은 실로 한심하기 짝이 없었으며, 문필로써 성공하기를 바란다는 것은 비웃음거리밖엔 되지 않을 정도로 문필가들의 생활은 비참하였다. 롱펠로우의 아버지는 그에게 변호사가 되기를 바랐다. 그리하여 롱펠로우는 자신이 문학을 버리지 못할 것을 알면서도, 아버지의 의사를 우선 받아들이려고 생각하였다.

그 무렵의 미국은 문필가들을 먹여살릴 수 있을 만큼 부유하지도 못했으며, 영국이나 프랑스 같은 이른바 '낡은 세계'(Old World)에서 들어오는 서적에 압도되어, 이른바 '새 세계'(New World)의 문학은 자라나기가 무척 힘들었던 것이다. 당시의 미국인으로서는 포우(E. A. Poe)와 브라이언트(W. C. Bryant)가 이름을 내고 있었지만, 전자는 비참한 환경에서 죽어버렸으며, 후자는 다년간의 변호사 생활 끝에 얻은 명성으로도 입에 풀칠이 어려워, 신문 편집에 시달리지 않으면 안되었다. 당시는 실로 미국 문학의 여명기(黎明期)였던 것이다.

아버지의 갖은 설유(說諭)에도 불구하고, 그리고 당시의 온갖 악조건을 무릅쓰고, 롱펠로우는 문필가의 길을 택하였다. 하바드를 나온 후, 그는 모교 바우두인 대학에서 교편을 잡으면서 문학의 길로 나갈 것을 결심하였던 것이다.

학교에 재직함으로써 그는 2회에 걸쳐서 유럽 여행을 할 수 있었다. 목적은 물론 그가 가르치는 과목(Modern Languages)의 충실을 기하기 위해서였지만 이 여행이 그의 문학적 발전에 미친 영향은 매우 컸다. 그 첫번째 여행에서 그는 『스케치북』(Sketch Book)의 저자 워싱턴 어빙(Washington Irving)과 사귀게 되었고, 어빙의 영향으로 그는 Outre-mer라는 책을 썼는데, 이 책은 그가 여행에서 견문한 바를 스케치북 형식으로 기록한 것이다.

1831년에 그는 메리 스토우러 포터(Mary Storer Potter)와 결혼하였다. 1834년에는 하바드 대학교로 직(職)을 옮겼는데, 그의 두번째 여행은 하바드 재직 당시에 이루어진 것이었다. 이 여행에서 돌아온 그는 역시 Hyperion이란 책을 썼는데, 그의 문학적 역량은 이 무렵에 이르러 비로소 성숙하였음을 보여준다.

1839년에 출판한 그의 처녀 시집 The Voices of the Night는 대단한 성공을 거두었다. 그 속에는 "A Psalm of Life" "Hymn to the Night" "The Night of Stars" "The Footsteps of Angels" 같은 그의 대표작품들이 들어 있다. 오늘날의 독자들은, 이들 작품을 진부하고 설교적이라고 보겠지만, 작자의 철학이 표현되어 있는 점에서 평가를 받는다. 1841년에 그의 제2시집인 Ballads and Other Poems가 나왔는데, 이 시집은 롱펠로우로 하여금 'Ballad'를 시험하여 성공한 최초의 미국 시인이라는 평가를 받게 하였다.

『에반젤린』(Evangelin)은 1847년에 출판된 것인데, 롱펠로우의 시인으로서의 생애에 일대 에폭(epoch)을 이룬 작품이다. 이 무렵에 이르러서 그는 장시(長詩)로 전환하려는 경향을 보여주는데, 이 『에반젤린』의 완성과 더불어 그는 일약 장시의 대가가 되었으며, 『에반젤린』은 미국 문학사상 가장 위대한 금자탑 중의 하나가 된 것이다. 작품에 대한 비판은 여러가지로 가능하다. 그러나 『에반젤린』의 순애보(殉愛譜)는 수많은 사람들의 가슴을 울리어왔고 또한 앞으로도 거기엔 변함이 없을 것이다.

1854년에 롱펠로우는 교단에서 물러났으며, 1855년에 장시 *The Song of Hiawatha*를 발표, 1874년에 *The Courtship of Miles Standish*를, 그리고 초서(Chaucer)의 *The Canterbury Tales*를 모방한 *The Tales of a Wayside Inn*을 1865년에서 1974년에 발표하였다. 롱펠로우의 그 밖의 저작을 소개하면 다음과 같다.

Flower de Luce (1867), *The Masque of Pandora* (1875), *Kéramos* (1878), *Ultima Thule* (1880), *In the Harbor* (1882) (이상은 시)

The Spanish Student (1843), *Judas Maccaboeus* (1872), *Michael Angelo* (1883), *Christus* (1883) (이상은 희곡)

헨리 워즈워스 롱펠로우는 1882년 3월 24일에, 그 다망(多忙)하던 생애를 마쳤다.

번역의 텍스트로서는 Henry Wadsworth Longfellow, *Evangeline*, Macmillan Co. 1954를 사용하였다. 원문을 붙이는 관계상 될 수 있는 대로 직역이라기보다는 축어역(逐語譯)을 하려고 노력했지만, 우리말로 옮겨진 후의 시적 기분을 살리기에도 최대의 노력을 기울였다. 번역이란, 원문의 뜻을 전하는 데에만 그치지는 않아야 할 것이며, 그렇다고 해서 원문을 무시하고 우리말로 옮겨진 후의 그럴듯한 형태만을 내세워서도 안되겠기 때문이다.

작품 중에 나오는 고유명사에는 프랑스어와 영어가 혼재한다. 될 수 있는 한, 그 국적에 따른 발음으로 표기했지만 뜻하지 않은 오기가 있을까 두렵다.

읽는 이의 편의를 위하여 주해와 지도를 붙였는데, 많은 도움이 될 것이다. 그리고 "The Meter of Evangeline"은 특히 영시(英詩)를 공부하는 사람, 또는 이 책이 교재로서 쓰일 경우의 편의를 위하여 붙여진 것임을 밝혀둔다.

끝으로 서문을 써주신 김용호(金容浩) 선생을 비롯하여 장정을 맡아주신 문우식 형 그밖의 여러분에게 감사의 뜻을 표한다.

1958년 10월 1일
박이엽

서간문 · 기도문

3부

버리고 싶었던 고향 · 집 · 부모 형제자매
권정생 선생님께
필드 선생께
현국아
김민형 선생께
박찬준 씨에게
그리운 이에게
병상 메모
세모의 기도
만백 덩이 다 한마음으로
당신과 함께 이 겨울을
자유와 사랑의 생명이 넘치도록

버리고 싶었던 고향·집·부모 형제자매
형제들에게

    그러나 떠돌다가 지치면 다시 찾아갔다. 그때마다 아버지는 냉담하셨다. 너무나 잘 아셨다. 형제라는 것들이 언제나 버리고 떠났다 다시 온다는 것을.

    그러나 사람은 그런 것이고, 나도 결국 그 범주를 벗어나지 못했다. 그러면서 아들(장남)로서의 권리에만 미련 있었던 것이 사실이다. 그러나 별로 주장은 하지 않았다.

    성국(聖國)은 그것이 불만이었고 바꾸려 했으나 뜻대로 못했다.

    태국(泰國)은 이쪽저쪽 다 보며 안 끼여들려고 하였고, 자매들은 조용하기만 원했다. 그저 남들처럼 다정하게 살기만 바랐겠지.

    남들은 재산이나 많아서 분란이 있다지만, 그렇지도 못한 우리는 왜 이렇게 되었는가?

    첫째는, 내가 그곳을 탈출하고 싶었기 때문이다. 사실 거슬러올라가면 백부님(은수 부친)도 그랬고, 그 아들들(은선·은도·은준·은수)도 그랬으나 다 중도에 그만두었는데, 오직 나(은국)는 끝까지 고향집으로 돌아가지 않고 탈출을 관철했다.

이것이 다른 사람들 눈에는 우습게 보일지 모르나, 나와 우리 형제들에게는 그렇지 않다.

내가 태어난 연산동(蓮山洞)은 참으로 숨막히는 곳이었다. 신분·계급적으로뿐 아니고, 생활, 지식, 산업, 그리고 지리적으로도 그랬다.

우리 조상도 상놈 소리 듣는 처지는 아니었던 모양이나, 그 시절에 상놈씨 따로 있었나? 가난하고 기세 꺾여서 밀리고 밀려, 도시 변두리 하수구 같은 곳, 버려진 돌짝밭에 붙어살게 되었다.

내 어릴 때 우리 마을에는 면서기 하나, 순경 하나도 살지 않았다. 그들이 부러웠다는 것이 아니라, 어린 마음에 희망이 전연 안 보였다는 뜻이다. 거기서 벗어나는 것만이 유일한 길이었다. 그러나 어디 가서 하소연해볼 일가친척도 친지 하나도 없었다.

그러니 내게는 계획이고 무어고 없었다. 무조건 집을 떠났다. 그리고 어머니 아버지 형제자매, 그 누구에게도 정이 들면 결국 되돌아가게 된다고 생각했다.

정확하게 무엇이었는지 모르지만, 하여튼 그 무엇이 되기 전에는 집에 돌아가지 않겠다는 생각이 거지 이상의 생활을 강요했지만, 나는 또 거지나 도둑이 될 생각은 추호도 없었다. 때로 도둑질 유혹을 받기도 했고, 훔친 경험도 한두 번 없지는 않지만 정말이지 그런 인간이 되고 싶진 않았다.

물론 어려울 때 정말 참기 어려우면 집에 편지를 띄웠다. 원조 요청이었다. 그러나 나도 기대한 것이 잘못이지만, 집에서 무엇을 보내온 일은 한번도 없었고, 나도 무엇을 집에 보내본 일이 전혀 없었다. 그러니까 인간적인 교류라 할지, 부모와 형제자매 간의 무조건적인 우애와 인정이 오고갈 여지가 없었다. 머리론 알고 말은 하지만 행동으로 나타나주지 못했다는 말이다.

  이게 아니구나, 이래서는 안된다 하고 깨달았을 때는 너무 늦었다. 5·16이 나고 집에 내려가서 살다가 다시 떠난 것 기억하겠지?

  물론 그때 떠난 것과 처음 떠난 것하고는 다른 점이 많지만 어쨌든 나는 고향을 떠나고, 집을 떠나고, 형제들 곁을 떠났다.

  모든 것은 상대적이고, 말을 하자면 한이 없겠지만 다 할 수도 없고 필요도 없다.

  이제 나는 무조건 조상님들과 형제자매들 앞에 무릎꿇고 사죄하려 한다. 아내를 비롯한 자식, 손자들에게도 용서를 빈다.

  일가친척 모든 이들, 나를 아는 친지들에게도 고마움을 표하고 싶다.

  볼 수 있으면 좋겠구나.

신사년(2001) 섣달 초닷샛날
박은국

권정생 선생님께

『한티재 하늘』은 참으로 아름다워요.

이 세상 사람이 쓴 것이라고 믿기가 힘들 만큼요.

선생님은 정말 많은 예수님을 알고 계시더군요. 이 세상에 이렇게나 많은 예수님이 계시다는 사실을 저는 처음 알았어요.

그것은 대단한 충격이었습니다. 그 옛날 부활하신 예수를 만나 함께 길을 가면서도 그가 예수님이라는 것을 몰랐던 사도들같이, 우리는 이렇게 많은 예수님을 두고도 보지 못하는군요.

선생님의 작품은 한 장(章) 한 장이 한편의 시 같습니다. 그렇게 아름답습니다. 천한 사람들의 비통한 이야기를 이렇게 따스하고 아름다운 이야기로 만들어내는 비결이 무엇입니까? 아마도 그것은 곳곳에 엎드리고 있다가 혹은 느닷없이 혹은 슬며시 나타나는 예수님 때문이 아닌가 싶어요. 첫머리의 그 미투리를 바꿔 신던 뱃사공으로 시작하여 각설이꾼도 되고, 문둥이도 되고……

아무튼 저는 선생님의 그 피나는 능력 앞에 망연자실할 뿐입니다. 어쩌면 또 그렇게 많은 토박이 말들을 갖고 계신지? 사람이름, 땅이름, 풀이름, 그리고 사투리 들은 선생님께 와서 제값을 받는 것 같습니다.

참으로 놀랍습니다. 『한티재 하늘』이 이 땅의 한 고전으로 자리매김할 것을 저는 믿습니다. 책 보내주신 것 정말 고맙습니다.

참, 저는 그 사무실(정해렴 씨와 같이 쓰던)에 나가지 않은 지가 꽤 오래되었습니다. 집에만 있습니다. 언제 또 한번 가서 뵙겠습니다. 건강에 유의하십시오.

1999년 11월 28일
박이엽 올림

필드* 선생께

선생의 새 저서와, 책 속에 넣어 보낸 편지는 나를 행복하게 했습니다. 나는 선생이 학자이며 훌륭한 저술가라는 점 외에도, 현모양처이며 효부(孝婦)라는 점을 알게 돼서 기쁩니다.

나는 우리가 여자를 한 사람의 딸이며, 아내이며, 또한 며느리라는 점은 젖혀두고, 한명의 여자로만 보는 세상에 살고 있다고 생각합니다. 나는, 선생도 알다시피, 매번, 선생의 바깥어른의 건강이나 일본말로 안부(安否) 같은 것을 물어야 하는지 염려했습니다. 나는 그러고 싶었지만, 내 마음속에서 그것을 억제하게 하는 무엇인가가 있었기 때문입니다. 그런데 지금 나는 선생과 바깥어른에게 사과하고 싶군요.

아무튼 선생의 일본어 저술능력은 대단합니다. 내 친구 백낙청 교수는 고등학교 때 미국에 유학갔다가 대학의 조교수가 되어 귀국했습니다. 그 당시, 나와 백교수의 친구들 가운데 어떤 사람은 그의 한국어 실력이 형편없어졌을 것이라고 생각했습니다. 그런데 백교수는 그런 우리를 아주 무안하게 만들어버렸어요! 당신의 저서를 읽으면서 그때 그 시절이 생각나네요.

나는 선생께서, 기회 있을 때면 선생의 책을 선전하는 내 친구 채현국(그 친구 기억하시죠?) 같은 사람을 친구로 둔 사실을 자랑스럽게 여기고 있습니다.

내 건강상태는 괜찮아요. 난 오는 봄에 일본에 가려고 생각중입니다. 아주 가까운 시일 안에 당신과 만나게 되기를 기도합니다.

2000. 10. 23.
박이엽 드림
(호영송 옮김)

*Norma Field: 시카고 대학교 일본문학 교수. 『죽어가는 천황의 나라에서』의 저자.

Dear Ms. Field

Your new book and the letter you put in the book made me so happy. And I was greatly delighted to learn that you are not only a scholar and great writer, but a good wife and mother and also a good daughter-in-law.

I think we are living in an age to look a woman as a woman only, and ignore the facts that she is a daughter, a wife and a daughter-in-law. I must confess that everytime I wrote a letter to you, I wondered whether I should ask about your husband's health or something like that 安否(あんぴ) in Japanese, you know. I wanted to but I couldn't, because something in my mind urged me to restrain. And now, I apologize for that to you and your husband.

However, your Japanese writing ability is wonderful. My friend Prof. Paik Nak-chung went to America as a high school student and came back as an assistant professor. At the time I and some of his friends thought that his Korean writing ability would be very poor. But, Mr. Paik disappointed us absolutely! Reading your Japanese writings, I look back those days.

I am very proud you have a friend like Mr. Chai (you remember him?) who is, also my friend, advertising your book whenever he gets a chance.

My health condition is good, and I'm thinking to have a visit to Japan next spring. I pray to meet you in the nearest future.

Sincerely yours,
E-yup Park

현국아

편지 쓰는 짓이 구식이라고 했는데 정말 그렇구나. 네게 쓴 편지를 부치려고 네 정릉 집에 전화를 걸어 주소(물론 프랑스 빠리의)를 문의하려 했더니, 처음 아침에 걸었을 때는 받지 않았고, 두번째로 사무실에 나가서 거니까 경하가 받았어. 주소를 대달라니까 적어둔 것을 아버지가 갖고 가버리셔서…… 또 필요하지도 않기 때문에……

그렇지? 냉정하게 생각해보면 분명 그래. 전화가 있고, 이메일이니 팩스니 컴퓨터니 편리한 것들이 얼마든지 있는데 편지라니! 한심한 노릇인 것은 분명한데, 그래도 나는 미련을 버릴 수가 없어, 힘없는 소리로 경하에게 말했네.

"전화해서 주소 좀 알아두어라."

그 녀석이 네 하고 대답은 했지 싶은데, 도대체 왜 이러시느냐는 듯한 반응이었고 보면, 이 편지를 언제쯤 보낼 수 있을지, 나 혼자 끼적거려보는 낙서로 끝날지 알 수 없네. 누구를 탓하는 이야기가 아니고, 이 세상이 변해버린 데 대한 깨달음과 그것을 쫓아가지 못하는 얼뜨기의 푸념일 뿐인데, 돌이켜보면 내가 워싱턴에 있을 때만 해도 편지도 꽤 여러번 했던 기억이 나고, 그때는 편지라는 것이 이토록까지 멀어진 존재가 아니었던 것 같아. 불과 오년 전의 일이야. 아니, 벌써 오년 전의 일이라고 말해야 할까?

아무튼 나는 이 편지가 네게 가닿을 수 있었으면 좋겠고, 편지라는 장르가 좀 오랫동안 우리의 생활 속에 남아 있어주었으면 좋겠어. 전우익(全遇翊) 선생 같은 이는 편지체로만 글을 쓰시지만 꼭 그런 분을 위해서가 아니라, 오고가고, 주고받는 인간의 모든 행위에서 편지를 빼버리면 얼마나 삭막해질까? 끔찍할 것 같아.

한데 나의 당면 문제는 주소네. 소말리아라는 나라에서는 아직 지번(地番)이 없어, 동쪽에서 두번째 골목 들어가 고목나무 있는 데서 오른쪽으로 몇번째 하는 식이라더라만, 그나마도 가보지 않고서야 어떻게 알까? 무슨 부평초라고 주소도 없이, 재미없네 정말! (…)

그러나저러나 건강 괜찮으냐? 세상이야 미쳐 날뛰든 말든 몸이나 망치진 말아라. 나는 늘 그만그만하다.

1997년 12월 23일

김민형 선생께

　귀한 책과 정감어린 글월 받은 지 십여일이 지나도록 잘 받았다는 말도 전하지 못한 것을 부끄럽게 생각합니다. 그렇게 된 데에는 여러 가지 이유가 있습니다만, 무엇보다 큰 이유는 제가 요즘 자신이 하는 모든 짓을 아주 못마땅해하는 병에 걸려 있다는 것입니다.
　간단한 안부편지 몇마디를 써놓고도 도무지 못마땅해서 찢어버리고 찢어버리고 하다가 아예 포기해버리는 일도 있습니다. 물론 김민형 선생께 보내려는 편지도 무수한 시도를 하였고, 오늘은 죽이 되든 밥이 되든 무조건 보내기로 결심을 하고 쓰는 중입니다.
　저는 원래 호흡기 계통, 그러니까 폐와 기관지 등이 나쁜 환자인데 작년에 폐렴에 걸려 입원과 퇴원을 반복하며 출입을 못한 지가 오늘로 꼭 일주년이 됩니다. 지금은 폐렴 자체는 거의 나은 상태지만 기력회복에 시간이 걸립니다.
　흔히 자신과의 싸움이라고 하지만, 싸움인지 흥정인지 아니면 타협인지 잘 모르겠습니다. 하루하루는 이십사시간으로 되어 있어 똑같기도 하지만 전혀 다르기도 합니다. 똑같아 보이면 지루하고 살맛 없지만, 달라 보이면 신나고 살 만하지요.

사람의 마음이란 한없이 요사스럽고 변덕이 심해서 하루에도 몇번씩 천국과 지옥을 왔다갔다합니다. 그런 때에 외부로부터 어떤 변수가 나타나는 것은 구원이지요.

김선생이 보내주신 동전(東田) 오기영 선생의 저서들이 그랬습니다. 옛날에 미처 읽지 못했던 『사슬이 풀린 뒤』는 참으로 그 어려운 시기를 사람들이 어떻게 견뎠는가를 보여주는 하나의 교본이라 생각합니다. 그리고 『진짜 무궁화』는 시사적인 내용의 칼럼은 세월이 지나면서 퇴색된다고 하는 통념을 여지없이 허물어버렸습니다.

김선생! 이렇게 귀한 글들이 역사의 갈피 속에 자칫 갇혀버릴 뻔한 것을 김선생이 찾아서 살려냈습니다. 정말 장한 일을 하셨습니다. 책이 또 한권 더 나온다니 애타게 기다려집니다. 정말 감사합니다.

제 몸은 많이 나아지고 있습니다. 전우익 선생과 연락하여 언제 한번 찾아뵙는 기회를 마련해보겠습니다. 내내 건강하십시오.

                                    2002년 5월 4일
                                    박이엽 올립니다.

박찬중 씨에게

―――――――

　참 이상한 일이야. 오늘이 25일이니 꼭 사흘 전이구먼. 내 친구 채현국이라고 거 말 많고 목소리 큰 친구, 그 작은 체구의 사나이와 시립미술관의 세계도예전을 보러 갔더니, 마지막 코스의 기념품 매장에 책자들이 놓여 있었고, 여러 권의 '빛깔 있는 책들'도 있기에 당신 생각 났소.
　친구보고 내가, "거 왜 언젠가 신경림한테 점심 사는데 우리 다 같이 얻어먹은 키 크고 체격 실하던 친구 있었잖아? 그 친구가 이 씨리즈 기획했어" 하니까, "아, 이걸 그 친구가 하는 거야" "아니, 처음 기획했는데 지금은 관두고 독립해서 딴것 하지" "응 그래……" 그런 이야기 한 바로 다음날 저녁에 당신이 보낸 책을 보았지. 시집 아직 다 못 읽고 1부만 읽었지만,
　'씨팔! 이렇게 좋은 걸 왜 이제사 보여줘?'

　사람은 아무리 가까이 있고 자주 만나고, 많은 이야기를 나누고 하

여도 역시 모르는 부분이 더 많다는 생각이 들어. 당신하고는 그리 많이 만나지도, 많은 말을 나눈 것도 아니면서 잘 아는 것같이 생각했는데 역시 아니었어. 더 크고, 더 넓고, 더 여리고, 더 짓물러터진 얼간이 같기도 하고…… 어쨌든 가까운 시일 안에 한번 보고 싶소.

내가 나가는 사무실은 창비 사장 하던 정해렴 씨가 낸 것인데, 전화는 703-9815이고, 주소는 마포구 공덕동 404번지 현대실학사요.

정과 나 그리고 국회의원 하다가 밀려난 박석무(朴錫武), 그렇게 셋이 있소.

요새는 재일교포 시인 종추월(宗秋月)의 책을 만지작거리고 있어요.

한번 연락 주소.

1997년 10월 25일
박이엽

그리운 이에게

 어쩌다가 그만 너무 오래 적조하였소.
 하기야 나를 담당했던 한 의사가 본인이 앞에 있는데도 불구하고, '이런 폐를 해가지고 살아서 걸어다니는 게 기적이지 뭘' 하고 혼잣말처럼 뇌까린 적이 있었소. 나는 그때 '뭐, 이런 녀석이 다 있나' 하고 어이가 없었으나, 눈앞에서만 상대방 비위를 맞추기에 급급하다가 돌아서면 혀를 날름거리는 표리부동한 인간들이 득시글거리는 오늘날의 세태에, 이렇게 솔직한 소리 하는 친구도 있구나 싶어 도리어 웃었소.
 그 사람이 정년퇴직한 뒤에 나를 맡게 된 이가 지금 진땀 뻘뻘 흘리는 중이오. 허파가 얼마나 너덜해져 있으면 그래, 이유도 없이 생긴 풍선주머니 같은 것이 달라붙어 그야말로 쬐끔 남아 있는 허파를 압박해 숨쉬기를 어렵게 하고, 그놈 하나 공기 뽑아 짜부라뜨려놓았더니 비슷한 놈이 그 옆에 또 하나 생기고…… 그러다가 이번엔 염증이 두 곳에 한꺼번에 생겼다지 뭐겠습니까?

사람은 숨을 못 쉬면 죽는데 내가 앓는 병은 바로 그 숨쉬기를 담당한 기관에 달라붙어 있습니다. 하느님께서는 우리가 감당해내지 못할 시련은 안 주신다 하셨습니다만 실은 내가 견딜 수 있어서 견디는 것이 아닙니다. 도저히 대처할 방법이 없어, '아이구 모르겠다' 하고 포기할 뿐이죠. 그러면 정신이 아득해지는데, 그러다가 정신이 들면 '아, 살아 있구나' 하는 안도감 때문인지, 조금 수월해진다고요.

사람이 견딜 수 있는 고통의 두께는 어느 정도나 될까요? 한도 끝도 없어요. 그래서 고통도 꼭 나쁜 것만은 아니다 하는 생각도 듭니다만, 다른 한편 그 혹독한 고통을 견디며 이어가야 할 만큼 내 삶이 값있느냐 하는 회의가 있단 말입니다. 그리고 그와 관련된 주변 사람들의 고통은 누가 보상합니까? 아니 어쩌면 그것은 각자의 몫일까요? 내가 내 주변의 누구에게 고통을 주는 것이 아니라, 그것은 원래 그 사람 몫이다 이런 말인데, 어쨌든 미안한 것은 사실이죠.

내 목숨이 이 고통을 견디며 이어가야 할 만큼 소중하냐 하는 회의는 아마 내 목숨이 다하는 순간까지 불쑥불쑥 나를 쑤셔대겠지요. 그런데 나로 하여금 아직은 이 유혹에 넘어가지 않게 하는 것은, 이 엄청난 고통을 견뎌낼 힘이 내게 있었구나 하는, 일종의 만족감이라 할까, 자기신뢰입니다.

아침에 눈뜨는 순간부터 엄습해오는 고통이 점심시간을 지나도록 숙어들기는커녕 정신마저 가눌 수 없게 만들 때, 문득 남의 말 하듯 떠오르는 소리가 있습니다. '이러다가 살겠지.' 산다는 것이 더 큰 고통일지라도, 살아 있는 자는 역시 사는 쪽을 택한다는 것입니다.

(미완성)

병상 메모

그날 부슬비 내리고
저무는 인사동의
국수집 들어가는 골목 어귀
어느 인색한 처마밑에서
두 시간쯤 나를 기다리신 민선생
오늘은 무슨 일로 안 오려나?
아 저기 오는구나!
어둑신한 뒤에 마침내
쥐어보는 다정한 손길
왜 여기 계셨어요?
늦으셨구만!
그러나 선생은
두 시간 이상 기다리셔놓고도

정작 말을 못하신다.
그리고 선생은
이틀 후에 죽었다.
무엇이었을까? 그 하시려던 말
그 말을 내가 들을 수 있었더라면
한 오년은 더 사셨을 것 같은
그 말은 무엇이었을까?
자꾸만 그 생각에 잡히는 것은
나도 죽음이 가까운 탓일까?

(1988. 9. 18)

세모의 기도

하늘의 해와 달, 그리고 별들의 운행에서부터 바람과 구름, 비와 눈, 그리고 땅속에 숨은 한가닥 풀뿌리에 이르기까지 오로지 당신의 뜻과 힘으로 지배하시는 하느님.

이제 1977년도 저물어 한해의 마지막 달인 12월의 두번째 주일이 되었습니다. 12월은 특히 우리로 하여금 당신을 더욱 간절히 생각게 하는 달입니다. 세상의 만물이 잠시 성장을 멈추고 죽은 듯이 앙상한 모습을 드러내며, 살을 에는 바람과 눈보라가 휘몰아칠 때, 춥고 어둡고 괴로울 때에 '오, 주여' 하고 우리는 당신을 부릅니다. 그때에 당신은 사랑하시는 독생자 예수를 우리 곁에 보내셨으니, 그 탄생일인 크리스마스 축제가 얼마 남지 않았습니다.

우리는 지금 이 한해를 마무리짓는 일에 마음이 초조하고, 한편으로는 크리스마스를 맞이할 준비에도 분주합니다.

저는 해마다 이맘때가 되면 언제나 생각나는 이야기가 있습니다.

예수님이 탄생하시던 그 밤, 동방박사 세 분이 베들레헴 하늘에 빛나던 당신의 별을 보고 그 방향을 쫓아 아기 예수의 탄생을 맞이하러 갈 때에, 그들은 어느 조그만 마을 어귀에서 잠시 휴식을 취했습니다. 그들이 들른 오두막집은 아말이라고 하는 한 절름발이 소년이 사는 집이었습니다. 그때에 예수의 탄생소식을 전해들은 마을 사람들은 아기 예수에게 전해달라고 저마다 선물을 들고 찾아왔습니다.

어떤 이는 집에서 기르던 닭을 가져오고 혹은 달걀을 가져오고, 보석과 향유를 가져오기도 하였습니다. 그러나 아말 소년은 워낙 가난하였기 때문에 아무것도 내놓을 것이 없었습니다.

이윽고 동방박사 세 분이 그 많은 선물을 들고 떠나려 하자, 절름발이 아말 소년은 목발을 짚고 따라나오며 말했습니다.

"박사님들, 제가 가진 것이라고는 오직 이 목발뿐입니다. 이 목발이라도 가져가주십시오."

그러면서 아말 소년은 짚고 있던 목발을 내주었습니다. 목발 없이는 걸을 수도, 서 있을 수도 없는 절름발이 소년은 그 자리에 쓰러져 뒹굴어야 했겠지요. 소년은 자기의 유일한 소유물인 그 목발을 내어준 바로 그 순간부터, 굳건한 다리로 대지를 딛고 활보할 수 있는 온전한 사람이 된 것입니다.

오 주님, 당신께서 우리에게 가르치신 것은 바로 이것이었습니다. 그러나 우리는 목발을 버리면 온전한 사람이 된다는 것을 알면서도, 목발을 버릴 용기를 갖기보다는 오히려 언제까지나 불구자로 남아 있기를 바라는 가련한 인간들입니다.

그러면서 우리는 교회를 위해서, 사회를 위해서 빛과 소금이 되고자 외치기도 합니다. 그러나 우리는 목발을 버리지 못하고, 많은 소유물을 축적하여 그 일부를 당신에게 조금씩 바치는 행복을 추구함으로써, 우리 사회를 절름발이 교회로 정착케 하고, 우리 사회를 절름발이 불구의 사회로 만들어가고 있습니다.

　우리에게 있어서 교회와 사회는 따로 있지 않습니다. 교회를 위해서 일하는 것이 곧 사회를 위하는 것이고, 사회를 위해서 일하는 것은 곧 교회를 올바로 지키고 키우는 일인 줄 압니다.

　우리는 늘 당신더러 '주여, 당신의 뜻대로 써주십시오'라고 기도를 하지만, 실상 당신의 뜻을 위하여 쓸 수 있는 얼마간의 여분을 마련해 둘 뿐입니다. 우리가 당신 제단 앞에 내놓는 것, 사회를 위하여 봉사하는 것은 언제나 그 여분을 제공하는 것에 불과하니, 아말 소년의 이웃 사람들이 닭과 달걀과 보석과 향유를 동방박사에게 가져다주었던 그 한도에서 조금도 벗어나지 못한 것이 아니겠습니까?

　'주님, 우리로 하여금 더욱 많은 돈을 벌게 하사, 교회와 사회를 위하여 내놓을 수 있는 여분을 더 많이 마련케 하옵소서' 하고 기도하고 있는 우리를 불쌍히 여기시옵소서. 나로 하여금 이 불구의 손을 지탱하고 있는 목발을 당신 앞에 내던질 수 있는 용기를 갖게 하시옵소서.

(1997년 12월)

만백성이 다 한마음으로

우리의 삶을 주관하시고, 계절의 운행과 세상 만물의 탄생과 죽음, 성장과 결실을 주관하시는 하느님.

오늘도 우리에게 풍족한 양식을 나누어주시고, 맑고 푸른 하늘과 찬란한 햇빛 속에서 당신의 은혜를 찬미할 수 있게 하여주신 것을 감사합니다.

아버지 하느님, 지금은 가을입니다. 가을은 결실의 계절입니다. 수확의 계절입니다. 올해에는 혹심한 가뭄과 폭우도 있었고, 수십년 만의 기록적인 무더위도 있었습니다만, 이와 같은 시련에도 불구하고 지금 한국의 농촌은 풍년을 기약받고 있습니다.

이것이 모두 당신의 섭리이며 은혜인 것을 알며, 이로 인하여 우리 국민들은 다가오는 내년의 결실기까지 안심하고 지낼 수 있게 된 것을 감사드립니다.

그러나 하느님, 우리는 이 풍성한 은혜에도 불구하고 그 은혜의 풍성함이 모든 사람들에게 골고루 나누어지지 아니하고, 어떤 자에게는 엄청나게 많이, 어떤 자는 터무니없이 부족함을 봅니다.

이 세상 모든 일과 모든 것 속에 당신의 존재를 믿는 우리는, 풍성함을 구가하는 자들의 즐겁고 기쁜 가운데에도 당신은 계시고, 풍년을 맞고도 굶주림을 면하기 어려운 사람들의 그 슬픔 속에도 당신은 계실 줄 믿습니다. 그런데 하느님, 우리는 그런 때에 어느 편에 서신 당신과 함께 있어야 하는지 때때로 망설일 때가 있습니다.

저는 오늘 아침 어느 흑인운동 지도자의 자서전을 읽다가, 추수감사절날 교회 신자인 한 백인 부인이 이 흑인의 집에 칠면조를 선물로 갖다주는 장면을 보았습니다. 가난한 칠남매 중의 둘째아들인 이 소년은 그 백인 부인에게 물었습니다.

"그 칠면조는 익힌 것입니까?"

백인 부인이 익힌 것이 아니라고 대답하자 흑인 소년은 말했습니다.

"우리집은 가스값을 내지 못해서 가스가 나오지 않습니다. 익히지 않은 칠면조는 먹을 수가 없으니 다른 데 가져다주십시오."

아버지 하느님, 풍요의 가을이 무엇인지 가르쳐주십시오. 물에 빠져 죽은 이십대 청년의 호주머니에서 오백만원의 용돈이 나왔고, 그것을 훔쳐 달아난 그 친구의 애인이 있었는가 하면, 죽은 청년의 유산 십억 원어치의 행방이 세상을 떠들썩하게 하고 있는 것이 고도성장과 번영을 외치는 우리 사회의 풍경인가 하면, 땀흘려 농사를 지어놓고도 그것이 제것이 아님을 확인해야 하는 농부가 있습니다.

아버지 하느님, 저는 칠면조는 없으나 칠면조를 익혀 먹을 수 있는 연탄불이 있는 것을 감사하면서, 주일날마다 교회에 나와서 '오, 주여. 나보다 가난하고 비참하고 핍박받는 자들을 당신께서 돌보아주소서' 하고 기도를 드림으로써 마음이 편하고자 위선하고 있습니다.

그들을 돌보는 일은 당신에게 맡기고 나는 여기에서 가을을 노래하며 천고마비의 섭리를 찬양하며, 오백만원의 용돈을 갖고 다니다 물에 빠져 죽은 어느 재벌 2세를 적당히 욕하는 것으로 정의감을 뽐내면서 살아가고 있습니다.

 오, 하느님, 우리의 청년들과 어린이들에게 우리의 거짓된 모습을 솔직히 드러내도록 우리에게 용기를 주옵소서. 당신께서 진실로 하고자 하는 일에 우리를 이끌어주옵소서. 이 교회로 하여금 당신의 참된 뜻을 따라 좀더 굳건히 서게 하시고, 혼자서 못하는 일을 합해서 할 수 있게 하옵소서. 당신께서 마련해주신 이 풍요로운 결실의 계절을 만백성이 다 한마음으로 참여할 수 있게 하옵소서.

(1978년 10월)

당신과 함께 이 겨울을

주님.

이 세상에서 일어난 모든 일들을 저 높은 곳에서 지켜보시는 주님 앞에 저희는 오늘도 죄지은 자의 마음으로 나와 엎드렸습니다. 이 자리에 주님이 함께 계셔서 저희가 부끄러움과 아픔을 당신께 솔직히 드러낼 수 있게 하신 것을 감사드립니다.

저희가 주님의 말씀을 듣고 그 뜻에 따라서 살기를 맹세하면서도, 주님의 뜻을 배반하지 않기 위하여 할 수 있는 최대한의 것이 고작 이렇게 기도드리는 일밖에 없다는 것을 저희는 늘 부끄러워합니다.

내일은 입동입니다. 풍요와 아름다움을 구가하던 가을도 이제는 그 쓸쓸한 자취만을 남긴 채 사라지려 하고, 춥고 음산한 겨울의 문턱에 우리는 섰습니다. 겨울이 오기 전에 했어야 할 참으로 많은 일들이 있었습니다만, 우리는 그 일들을 대부분 하지 못했습니다.

일찍이 로마의 감옥에 갇혔던 당신의 종 바울이 디모데를 향하여,

'겨울 전에 오라!'고 한 말이, 때를 놓치지 말라고 한 말씀임을, 고통받는 자는 그 고통이 죽음을 초래하기 전에, 병든 자는 그 병마가 죽음을 결과하기 전에, 배고픈 자에게는 그 배고픔이 다하기 전에 찾아보아야 한다는 뜻임을 우리는 귀가 따갑도록 듣고, 입에 발린 듯이 지껄였습니다만 우리는 아무것도 해놓은 것 없이 겨울까지 와버렸습니다.

주님께서는 바울의 입을 통하여 마지막날에 어려운 때가 온다고 하셨습니다. 그때에 사람들은 자기를 사랑하고, 돈을 사랑하고, 과장하고, 자만하고, 하느님을 모독하고, 부모에게 순종치 아니하고, 감사하는 마음이 없고, 부정하고, 절제가 없고, 난폭하고, 배신하고, 앞뒤를 헤아리지 아니하고, 하느님보다 쾌락을 더 사랑하고, 경건의 모양은 가지고 있으나 경건의 능력은 부인할 것이라 하시고, 그들을 멀리하라 하셨는데, 우리는 어쩌면 그들의 일부로서 어리석은 일을 되풀이하고 있는 듯도 합니다. 그리하여 언제나 배우기는 하지만 진리를 깨닫는 데까지 이르지는 못하고, 모세를 배반한 얀네와 얌부레처럼 배반할 가능성을 버리지 못하고 있습니다.

오, 주여, 저희를 굽어 살피소서! 겨울을 맞을 아무런 마음의 준비가 되어 있지 아니한 저희로 하여금, 당신과 함께 이 겨울을 헤쳐갈 수 있게 하옵소서. 흐트러진 믿음과 자세를 가누게 하여주시고, 저희가 할 수 있는 가장 작고 쉬운 일부터 하나하나씩 이루어갈 수 있는 슬기를 가르쳐주소서.

(1973년 11월)

자유와 사랑의 생명이 넘치도록

우리의 삶을 주관하시는 주님!

저희에게 오늘도 이 경도교회를 통하여 당신의 은총을 함께 받들 수 있게 하신 것을 진심으로 감사드립니다.

지금 저희가 위치한 서울의 맨해튼이라고 하는 여의도입니다. 이곳은 몇해 전까지만 하여도 황량하기 이를 데 없는 한낱 모래벌판이었습니다. 그러나 불과 몇해 사이에 저희는 이곳을 이렇듯 울창한 모습으로 건설하였고 지금도 계속 건설이 이루어지고 있습니다.

이곳에는 특히 이 나라 민주주의의 전당인 국회의사당이 있사오며, 또한 이 나라의 중추신경이라 자부하는 KBS방송망의 본부가 있습니다. 또한 하늘을 찌를 듯이 치솟은 호화롭고 웅장한 맨션아파트들은 경제적으로 크게 성장한 이 나라의 부를 상징하기도 합니다.

주님께서 이러한 곳에 저희의 교회를 마련해주시고, 건설과 번영과 부의 한복판에서 예배드릴 수 있게 하신 것을 감사드립니다.

하오나 주님!

저는 주일마다 대방동 쪽에서 여의도로 들어오는 다리를 건너다가 한떼의 어린이들이 다리 밑 개울물에서 발가벗고 뛰노는 광경을 잠시 지켜보곤 합니다. 아이들은 발가벗고 물속에 들어가 물장구도 치고, 엎어져 헤엄을 치기도 하고, 혹은 몇몇이 한개의 그물을 마주 들고 고기를 잡기도 합니다. 그 광경은 저희가 어릴 때 시골에서 놀던 것과 똑같은 것이었습니다.

하오나 주님!

천진난만하게 뛰어노는 그 어린이들의 모습은 분명 저희가 어릴 때의 모습 그대로였습니다만, 그들이 들어가서 놀고 헤엄치고 고기를 잡는 그 물은, 그 옛날 저희가 들어가서 놀고 헤엄치며 고기 잡던 때처럼 깨끗하고 맑은 물이 아니었습니다. 그것은 시꺼멓게 썩어가는 물이었습니다. 이상한 냄새를 풍기는 물이었습니다. 그러한 물속에서도 어린이들은 아무것도 모른 채 즐겁게 놀고 있었습니다. 또한 그들은 그러한 물속에서도 몇마리의 붕어새끼들을 건져올리며 환성을 지르고 있었습니다.

주님!

그 어린이들의 천진함과, 시꺼멓게 썩어가는 물과, 그 물속에서도 강인하게 살아남은 몇마리의 물고기에서 저는 오늘날 저희가 처한 현실과 그 속에서 영위되고 있는 저희의 삶의 모습을 보았습니다.

오, 주님!

저희에게 하늘을 열어주시고, 땅을 마련해주시고, 맑고 시원한 공기를 그 속에 채우시고 그 가운데 삶의 터전을 마련해주신 주님!

지금 우리 주위를 에워싸고 있는 고루거각(高樓巨閣)들, 저쪽에 위용을 버티고 있는 국회의사당, 하느님과 연결을 꾀하려는 듯이 높이 솟아 있는 안테나…… 우리는 이 모든 것들이 과연 주님의 뜻인지를 알지 못하오나, 한가지 분명하게 믿는 것은 이 모든 것들에게 생명을 불어넣을 수 있는 이는 오직 당신뿐이라는 것이옵니다.

저 의사당의 위용 속에 민주주의라는 생명을, 저 안테나 위에 자유라는 생명을, 그리고 우리 주위의 이 고루거각들의 창마다에 사랑이라는 생명을 주시어, 이 여의도에 민주주의와 자유와 사랑의 생명이 넘쳐서 방방곡곡 퍼져나갈 수 있게 하시옵소서.

저 시꺼멓게 썩어가는 물속에서 뛰어노는 어린이들을 병들게 마옵시고, 그 속에서 강인하게 살아가는 몇마리 물고기들로 하여금 더 많은 힘을 갖게 하시어, 그 시꺼멓게 썩어가는 물을 맑고 깨끗하게 만들 수 있게 도와주시옵소서.

(1978년 7월)

번역문

4부

악사강과 공자의 눈
효를 묻다
얼룩송아지
돼지고기를 선물받은 공자
이문을 탐색하다
크레디트 카드 심화

악사장과 공자의 눈

공자가 노나라의 악사장에게 말하였다. 음악이란 내가 알기에 여러 소리가 합해서 시작하되 하나로 통일되어야 하며, 각 악기의 소리가 또렷해야 하고, 끊어짐 없이 이어져야 한다.　　　　　　　—팔일편

子語魯大師樂曰樂 其可知也 始作 翕如也 從之 純如也 皦如也 繹如也 以成　　　　　　　　　　　　　　　　　　　—八佾篇

노(魯)나라의 악사장(樂師長)은 연주를 마치고 공소(公所)로 돌아가자, 사뭇 불만스럽고 갑갑한 듯이 예복을 벗어던지고 의자에 털썩 몸을 던졌다. 그는 자신의 마음을 안정시키려고, 그 누가 보아도 예술가라 느낄 수 있게 창백한 뺨에 미소를 띠어보기도 하고, 두 다리를 탁자 위로 펼쳐 제법 호기로운 태도를 연출해보려고도 했으나, 그런 정도로 기분을 진정시킬 수는 없었다.

'주악(奏樂)을 실패한 것이 벌써 세번째라.'

그렇게 생각하니, 그의 심장은 한방울의 피도 흐르지 않는 듯이 차가웠다.

그가 이렇듯 참담한 실패를 되풀이하게 된 것은 공자가 사공(司空)의 직책을 받들고 그의 상관이 되고 난 다음부터의 일이다. 공자는 여태까지의 사공과는 달리 아랫사람에 대한 배려가 지극하여 함부로 화나는 표정 한번 지어 보인 일이 없는데, 어찌된 까닭인지 그 앞에서 주악을 시작하려고만 하면 악사장의 손은 굳어버리는 것이다. 물론 공자는 음악에 대한 조예가 매우 깊은 사람이라, 악사장으로서도 그를 만만히 볼 수는 없다. 그러나 그 때문에 번번이 손이 굳어버린다고는 악사장 자신도 생각지 않는다.

'공자의 음악에 관한 이론이야 누구도 따르기 힘들겠지. 하지만 실제로 악기를 다루는 솜씨야, 어떻게 내게 견줄 수 있으려고?'

그는 그렇게 자신하고 있었다. 그럼에도 불구하고 이렇듯 번번이 실패하는 것은 무슨 까닭이냐? 화도 나고, 부끄럽기도 하다. 그러나 현실로 나타나는 사태를 어찌하랴.

그는 양 손가락 열 개를 몽땅 머리카락 속에 쑤셔박은 채, 탁자에 코방아를 찧었다. 자신의 한심한 작태가 도통 견딜 수 없다. 그런데 그러한 감정은 어이없게도 공자에 대한 원한으로 변해가는 것이다. 그는 깜짝 놀라며 얼굴을 번쩍 들었다. 그리고 이 망측한 느낌을 떨쳐버리려는 듯, 두 손을 가슴 앞에서 팔락팔락 저었다.

순간 그는 자신의 눈앞에 어떤 빛이 반짝 하고 지나가는 것을 느꼈다. 그것은 공자의 눈빛이었다. 호수처럼 조용한, 그러나 어렴풋한 미소를 머금은 공자의 눈빛이었다. 그는 문득 무슨 생각이 난 것 같은 몸짓으로 벌떡 일어섰다.

'그렇다. 그 눈이다!'

그는 마음속으로 이렇게 외쳤다.

'그 눈길에 부딪치면, 나는 목구멍도 손도 뻣뻣이 굳어버린다. 오늘도 분명 그랬다. 내 눈이 뻣뻣해지기 시작한 것은, 주악이 한창 진행되는 중에 공자의 눈길과 맞부딪친 때부터였다.'

그는 방 안을 왔다갔다하면서, 연방 고개를 갸웃거렸다. 한참 동안 그러고 있자니 바보스럽다는 생각이 드는 것이었다.

'공자의 눈길이 내 음악을 좌우하다니, 그게 무슨 어이없는 노릇인가.'

그는 분통이 터진다는 듯, 창밖으로 침을 뱉고 나서 푸른 하늘을 한번 올려다보았다. 그러자 그는 거기서 또 한번 반짝 하고 스치는 공자의 눈길을 보았다. 변함없이 어렴풋한 미소를 머금은 깊은 눈길이었다.

'역시, 그 눈이야.'

그는 반짝 하고 사라진 공자의 눈길을 붙잡으려는 듯, 아무것도 없는 푸른 하늘을 마냥 바라보고 있었다.

"사공, 나으리께서 부르시오이다."

언제 들어왔는지, 사환아이가 등뒤에 와서 외친다. 그는 대답을 하는 대신 흡사 용수철에 튕겨진 인형마냥 탁자로 다가가, 서둘러 예복을 입었다.

그는 공자의 방에 들어서기까지 허둥지둥하고 정신이 없었다. 그는 방 안에 들어가서 어둑한 저 안쪽에 단정히 앉아 있는 공자를 보고서야 비로소 제정신이 들었다. 불려온 까닭을 확실히 의식한 것도 그때였다.

그러나 그는 이제 허둥거리지도 두려워하지도 않았다. 숙연한 공기 속에서 그는 도리어 평안에 가까운 느낌을 맛볼 수 있었다. 그리고 다시 한번,

'역시, 저 눈이다.'

하고 속으로 다짐했다.

공자는 악사장을 자리에 앉게 한 다음 앉음새를 조금 풀면서 물었다.

"그래, 생각 좀 많이 해보셨는가?"

그러자 악사장은, 오늘의 실패에 대해서는 한마디 말도 없고, 댓바람에 근본적인 질문부터 하니 얼떨떨했다.

"그만한 기량을 지닌 사람이 그만큼 열심히 노력하고도 세 번씩이나 실패를 되풀이하는 데는 무슨 근본적인 결함이 그대의 마음속에 도사리고 있다는 증거는 아닌지, 그것이 무엇인지 짐작 가는가?"

"대단히 송구스러운 일이오나, 아직 그것을……"

"생각은 해보셨는가?"

"그야, 한두 번의 일이 아닌 까닭에 저도 생각을 안해볼 수 없었습니다."

"확실치는 않더라도 무엇인가 짐작되는 것은 있겠지?"

"있습니다. 하오나 워낙 황당한 짐작인 것 같아서……"

"의외로 그런 것일 수도 있겠지. 분명히 말해보시구려."

"아니, 저 그것이……"

"말을 못하시는가? 그러하다면, 나는 알겠네."

"예?"

"단도직입적으로 말하면 그대에게는 아직 사심(邪心)이 있어."

악사장은 사심이라는 말에 흠칫 놀랐다. 아까 공자를 원망하는 마음을 잠시 가졌던 것을 어느새 꿰뚫어보았단 말인가, 하는 의심도 했다.

공자는 아랑곳하지 않고 말을 이었다.

"시든 음악이든 구경(究竟)에는 무사(無邪) 한마디로 귀착되지. 무사하기만 하다면, 서툴면 서툰 대로 진정한 시, 진정한 음악이 되는 게지. 이 자명한 이치를 그대는 아직 체득하지 못하였네. 좋은 기량을 지녔으나 안타까운 일이네."

악사장은 더이상 잠자코 있을 수는 없었다.

"선생님, 솔직히 말씀드리면 저는 오늘의 실패를 돌이켜보는 중에 어찌된 일인지, 잠시 동안 선생님을 원망하는 마음이 들었습니다. 참으로 부끄러운 일입니다마는, 주악을 하고 있을 때 제게 사심이 있었다고는 도저히 생각되지 않습니다. 저는 오직 이번에야말로 실패하지 않아야지 하는 마음밖에 없었습니다."

"음? 그래? 그렇다면 왜 실패하였는고?"

"그것이 그러니까, 아주 미묘한 그 무엇 때문에……"

"음?"

"선생님의 눈길과 마주치면 그만 제 손이 뻣뻣하게 굳는 것입니다."

"흠, 그렇다면 내 눈길에 무슨 사악한 그림자라도 비쳤더란 말인가?"

"아니옵니다. 선생님의 눈은 언제나 학과 같이 맑고 잔잔합니다."

"과연 그럴까?"

"결단코 아첨하는 말이 아닙니다."

"첨하는 말이 아니라면 내 눈을 볼 때의 그대 눈이 잘못되었다는 말이 되는데……"

악사장은 자신의 눈이 잘못되었다고는 생각할 수 없었다. 그래서 나직하게 중얼거렸다.

"그렇게 말씀하시면 제게 사심이 있다는 말씀이 됩니다마는……"

그러자 공자는,

"악사장!"

하고 앉음새를 가다듬고 상대의 얼굴을 쏘아보면서 말하는 것이었다.

"좀더 과감하게, 자신의 마음을 꿰뚫어보시게."

악사장은 자신도 모르게 벌떡 일어서서 몸이 나무토막처럼 굳었다.

공자는 말을 이었다.

"그대는 주악을 할 때면 언제나 내 안색을 살피지 않고는 못 배기는 성미가 아닐까?"

악사장은 듣고 보니 과연 그렇다는 생각이 들기는 했다. 그러나 그렇다고 그것이 자기에게 사심이 있다는 증거라고 생각할 수는 없었다.

공자는 목소리를 조금 부드럽게 해서 말했다.

"만일 그랬다면 그것이 그대의 사심인 게야. 그대의 마음속에서는 이 공구(孔丘)라는 인간이 항상 대립적인 존재가 되어 있어. 그대는 확실한 의식을 못하고 있을지 모르나, 그대가 주악을 함에 있어서 나라는 존재는 일대 장해물인 게야. 그대의 마음은 그 때문에 분열을 일으켜. 따라서 그대는 그대의 음악에 완전히 몰입할 수가 없는 게야. 그대의 실패 원인이 바로 그것인데, 그대의 생각은 어떠한고?"

악사장은 승복할 수밖에 도리가 없었다. 공자는 악사장을 다시 자리에 앉게 하고 말을 계속하였다.

"음악의 세계는 일여(一如)의 세계요, 그 안에서는 사소한 대립의식도 허용되지 않아. 우선 악사 한사람 한사람의 마음과 손과 악기가 일여로 되고, 악사와 악사가 일여로 되고, 나아가서 악사와 청중이 또한 일여가 되어, 흡여(翕如)로서 하나의 계기를 겨냥하니, 이것이 미발(未發)의 음악이라. 이 흡여한 일여의 세계가 계기를 만나 스스로 진동을 시작하면 순여(純如)로서 흐림〔濁〕이 없는 음파(音波)가 사람들의 귀를 때리지. 그 음은 오직 하나야. 오직 하나지만, 그 속에는 금음(金音)이 있고, 석음(石音)이 있으며, 그것들은 엄연히 독자의 음색을 지니며, 결코 상쇄(相殺)하는 일이 없네. 교여(皦如)로서 독자를 지키면서 오직 하나의 흐름으로 합치는 게지.

이리하여, 시간의 경과에 따라 고저(高低), 강약(强弱), 완급(緩急) 등 갖가지 변화를 보이는 것이지만, 그사이에 털끝만한 틈도 없이 역여(繹如)로서 이어가는 게라. 거기에 시간적 일여의 세계가 있고, 영원(永遠)과 일순(一瞬)과의 일치(一致)가 있게 되네. 참으로 음악이라는 것은 이러한 것이야. 듣는다거나 들려준다거나 하는 세계는 아닐세. 항차, 자신의 기량과 남의 기량을 겨룬다거나, 음악을 아는 자와 알지 못하는 자를 차별하는 것 같은 세계는 결단코 아니란 말일세."

악사장은 흡사 구름 저편에 있는 해를 바라보는 듯한 느낌으로 공자의 음악론(音樂論)을 듣고 있었다. 그러나 공자가 말한 마지막 한마디가 그의 귓불을 때리는 순간, 그의 가슴은 욱신욱신하기 시작했다. 공자에게 '사심이 있다'는 말을 들어도 싸다고 생각했다.

"참으로 뼈아픈 가르침을 받았습니다. 이제부터는 기술을 연마함과 동시에 마음을 다스리는 일에 정진하겠습니다."

그는 진심으로 그렇게 말하고 공자의 방을 나섰다. 그러나 공자는 그의 발걸음 소리가 멀리 사라지는 것을 들으며 생각했다.

'악사장은 이제 최고의 기술은 손이나 목구멍에서 나오는 게 아니고 마음에서 우러난다는 정도는 그럭저럭 터득한 것 같구나. 그의 음악도 서서히 좋아져가겠지. 하나 그는 아직 나의 음악론이 곧 인생론(人生論)이기도 하다는 것은 미처 깨닫지 못한 것 같다. 궁극적 목표를 음악의 기술에 두고 있는 그로서는 어쩔 수 없는 일일지 몰라. 서두를 일은 아니야. 어차피 그도, 인생을 위한 음악이라는 것을 깨닫게 되겠지. 그는 본래 성실한 인간이니.'

공자는, 그날의 의식(儀式)에서 보여준 악사장의 행동이 다른 때보다 나빴음에도 불구하고, 도리어 밝은 마음으로 퇴청하였다.

효(孝)를 묻다

맹의자가 효를 물으니, 공자가 대답하시되 어기지 않는 것이다. 돌아올 때 공자가 수레를 모는 번지에게 맹의자가 효를 묻기에 어기지 않는 것이라 대답하였네 하니, 번지가 그것이 무슨 뜻입니까 하였다. 공자가 대답하였다. 부모가 살아 계실 때와 돌아가셔서 장사를 지낼 때, 그리고 제사를 지낼 때도 예절대로 하라는 뜻이다. ──위정편

孟懿子問孝 子曰無違 樊遲御 子告之曰孟孫 問孝於我 我對曰無違 樊遲曰何謂也 子曰生事之以禮 死葬之以禮 祭之以禮 ──爲政篇

계손(季孫), 숙손(叔孫), 맹손(孟孫) 등 셋은 모두 환공(桓公) 핏줄을 이어받은 노(魯)나라의 대부들이니, 세상에서 이들을 삼환(三桓)이라 일렀다. 삼환은 대대로 대부의 직위를 세습하면서, 공자의 시대에는 셋이 짜고 정치를 마음대로 할 뿐 아니라 재물을 사사로이 쌓고, 군주를 무시하고 때로는 내쫓기도 하는 등 전횡이 극도에 달하며, 국민의 원성을

듣는 표적이 되어 있었다.

공자는 한때 정공(定公)의 신임을 받아 중도(中都)의 수장이 되고, 사공(司空)이 되고 마침내 대사구(大司寇)의 직함을 가지고 재상(宰相)의 직무를 수행하기에 이르렀는데, 그동안에 그는 삼환의 세력을 꺾으려고 애를 많이 썼다. 그 결과 숙씨(叔氏)와 맹씨(孟氏)의 기를 꺾는 데까지는 일단 성공하였으나, 마지막 계씨(季氏)를 꺾는 단계에 가서 실패함으로써 계획은 수포로 돌아갔다. 그런 한편으로, 정공(定公)은 재(齋)나라의 유혹에 걸려들어 계씨와 함께 여색(女色)과 연락(宴樂)에 빠져 그를 경원하기 시작하여, 그도 끝내는 노나라의 정치에 절망하고 말았다. 그리하여 관직을 사퇴하고 표랑(漂浪)의 길에 오른 것이었다.

한데, 이 이야기는 공자가 관도(官途)에 나간 지 얼마 안될 때의 일이다. 하루는 맹의자(孟懿子) ─ 맹씨 가문의 당주(堂主) ─ 가 공자를 찾아와서 제법 갸륵하게도 효의 길을 물었다.

맹의자의 아버지 맹리자(孟釐子)는 훌륭한 인물로서 임종할 때 아들 의자(懿子)를 베갯머리에 불러놓고, 그때 아직 일개 청년에 불과하던 공자의 인물됨을 칭찬하고, 자기가 죽은 뒤에는 반드시 공자를 찾아가 가르침을 받으라 유언하였다.

의자는 그 아버지의 유언을 좇아 동생인 남궁경숙(南宮敬淑)과 함께 공자에게 예를 배웠으나, 그 학문적 태도가 도통 성실하지 못하였다. 그가 공자에게 효의 길을 물은 것도 아버지에 대한 사모의 염(念)에서라기보다 그 제사를 장엄하게 모심으로써 자기의 권세를 과시하려는 것이었을 터이다.

맹손씨네 가묘(家廟)에 제사 지내는 날이 다가온다는 것과, 그 규모가 어떠하리라는 이야기는 공자도 어렴풋이 알고 있었으므로, 그런 질문을 하는 맹의자의 저의는 이미 짐작하고 있었다.

그는 극히 짤막하게,

"어기지 않는 것이오."

하고 대답하였다.

맹의자는 그 뜻을 알았음인지 몰랐음인지 혹은 또 알고도 모른 체하는 편이 편하다고 생각하였음인지 더이상 물어보지 않고 돌아갔다. 공자는 그것이 조금 마음에 걸렸던 것이다.

"만일 맹손씨 집안이 지나치게 참람된 짓을 하게 되면 그것은 맹손씨 한 집안의 문제일 뿐 아니라 노나라 전체의 문제요, 나아가서 천하의 도의를 흩뜨리는 일이 된다. 그런데 저 사람이 만일 내게 물어보고 했다는 말을 퍼뜨린다면, 지금부터 내가 펼치고자 하는 정치이념이 상처를 입게 된다. 그러니 내가 한 말의 뜻을 분명하게 해두어야 하겠다. 하지만 제전(祭典)에 관한 계획을 직접 물어오지도 않는데, 내 쪽에서 먼저 의견을 내는 것도 비례(非禮)이니 어찌할꼬?"

공자는 그런 생각을 하며 기회를 노리고 있었다.

그러던 어느날 번지가 공자의 수레를 몰게 되었다. 번지는 공자의 나이 어린 제자로서, 무예가 출중한 때문에 맹손씨의 귀여움을 받고 자주 그 집에 드나드는 터였다. 공자가 보기에 그라면 자기의 뜻을 맹의자에게 분명하게 전달할 수 있을 것 같았다.

"요전날에는 모처럼 만에 맹손이 찾아와서 효도를 묻더구먼."

공자는 말고삐를 잡고 앉은 번지에게 말을 걸었다.

"아, 예?"

"해서 나는, 어기지 않아야 한다고 말해주었네."

"아, 예……"

번지는 어정쩡하게 대답하였다. '어기지 않는다'는 것은, 어버이의 명령을 거역하지 않는다는 뜻일 수도 있으나 맹의자에게는 이미 어버이가 없다. 번지는 고개를 갸웃갸웃하고만 있었다.

"자네 생각은 어떤고?"

공자는 대답을 재촉하였다. 그러나 그는 한번 더,

"아, 예……"

할 수밖에 없었다. 그러면서 그는 효도가 무엇이냐고 묻는 제자들의 질문에 공자가 무엇이라고 대답했는지를 기억해내려고 애썼다. 맨먼저 생각나는 것이 맹의자의 아들 맹무백(孟武伯)의 물음에 대한 대답이었다.

"부모는 무엇보다도 자식의 병을 걱정한다네."

늘 병치레를 하는 맹무백에게는 그것이 가장 적합한 대답이었을지 모른다.

다음으로 기억되는 것은 자유(子游)에 대한 대답이었다.

"요즘 사람들은 흔히 부모 봉양을 하고 있으면 그것이 효행이라 생각하는데, 개나 닭도 그 정도는 한다. 효행에는 존경하는 마음이 무엇보다 소중한 게야. 그것이 없으면 개나 말을 기르는 것과 무엇이 다르리요."

이것 역시 알아듣기 어려운 말이 아니다. 자유의 신중하지 못한 성미가 있는 것을 감안하면, 그런 대답을 하는 공자의 심정이 이해되었다.

또 한가지, 자하(子夏)의 질문에 대한 대답도 생각났다.

"부모 앞에서는 언제나 온화한 얼굴을 가져야 하니 쉬운 일이 아니다. 부모 대신 뼈가 부러지게 일을 한다거나, 음식이 생기면 맨먼저 부모님께 드린다거나, 그런 것을 효행이라 할 수는 없다."

앞의 자유에게 준 대답과 대동소이(大同小異)하나, 성미가 급한 자하에게 걸맞은 대답이었다. 여기까지 생각하고 나서도 '어기지 않는 것'의 뜻이 분명해지지 않는 것이었다. 그래서 번지는 공자에게서 들은 효에 관한 모든 말들을 차례차례 다 떠올려보기로 하였다.

"부모가 생존해 계실 때는 너무 멀리 떠나가지 않는 것이 좋다. 부득이 가야 할 일이 있으면 행선지를 알려두어라."

"부모의 연치는 잊으면 안된다. 첫째 이유는 장수하심을 기뻐하기 위해서요, 둘째 이유는 여생이 얼마 남지 않음을 알고 효도하기 위해서다."

"아버지가 살아 있는 남자는 그 뜻을 보고 인물됨을 판단하고, 아버지가 죽고 없는 남자는 그 행동을 보고 판단한다. 왜냐하면, 아버지가 살아 있는 사람의 행동은 아버지의 절제를 받으나, 아버지가 없는 사람은 본인 뜻대로 행동하기 때문이다. 그러나 후자의 경우라도 함부로 관습을 바꾸어서는 안된다. 아버지에 대한 사모애석(思慕哀惜)의 정이 깊으면 함부로 고치기 어려울 것이다. 아버지 때의 관례는 삼년 동안 고치지 아니하고 한결같이 상복을 입은 자라야 참으로 효자라 할 수 있다."

"민자건(閔子騫)은 참으로 효자다. 친형제들이 그를 극구 칭송하는데도 누구 한 사람 그것을 욕하지 않는다."

이러한 말들이 차례차례 생각났다. 그러나 번지는 그런 일들이 실현 가능한 일인가는 불문키로 하고, 무슨 뜻인지는 알 수 있었다. 그런데,

'어기지 않는 것이라니, 그게 무슨 뜻일까?'

하고 그는 또 한번 고개를 갸웃하지 않을 수 없었다.

"부모가 악을 행하는데 이를 묵과하는 것은 자식의 도리가 아니다. 말을 부드럽게 하여 간(諫)해야 한다. 만일 부모가 듣지 아니하면, 더욱 경애하는 마음을 가지고 간청하고, 기회 있을 때마다 간하여 어기지 않게 하여라. 아무리 괴롭더라도 부모를 원망해서는 안된다."

비로소 번지의 표정이 환해졌다. 그 말 속에 '어기지 말라'라는 대목이 있었기 때문이다. 그러나 그의 머릿속은 금세 또 어지러워졌다. 공자가 처음에 말한 '어기지 않는 것'과 지금 기억해낸 '어기지 말라'는 뜻이 다른 것같이 여겨진 때문이다. 더구나 후자의 경우는 부모가 살아계실 때의 일이다. 그리고 앞뒤의 관계를 살펴서 생각할 때, 초지일관(初志一貫)하라는 뜻임이 분명하다. 부모가 죽은 뒤의 '어기지 않는 것'이 그것과 같은 의미라고는 생각되지 않는다. 단지 사용된 단어가 같을 뿐이다.

"뭘 그리 생각하는고?"

공자가 다시금 대답을 재촉하였다. 번지는 조금 짜증스러운 느낌이 들기도 했으나, 솔직하게 털어놓기로 하였다.

"아까부터 생각하고 있습니다만, 저로서는 잘 모르겠습니다."

"흠? 네가 모르겠다면 맹손에게는 더욱 어렵겠지. 말을 너무 간단히 해버렸나보네."

"도무지 그…… 무슨 뜻이옵니까?"

"내 뜻은 예법에 어긋나지 않게 했으면 하는 것이었네."

"그러셨군요."

번지는 의외로 평범한 말이라 생각하고, 그런 정도라면 골치 아프게 생각할 것도 없는걸, 하였다.

공자는 말을 이었다.

"말하자면 부모님 생전에는 예로써 섬기고, 사후에는 예로써 장사 지내고, 또한 예에 따라 제사를 지내면 그것이 효다 그런 뜻이지."

"그런 뜻이라면 새삼스럽게 선생님께 여쭤보지 않더라도, 맹의자도 알고 있겠지요. 그도 꽤 오래 예를 배웠으니까요."

"글쎄, 나는 그렇게 믿지는 못하겠네."

"들리는 말로는 이번 제사를 매우 정중하게 모실 것이라고들……"

"자네도 그렇게 들었는가?"

"자세한 것은 알지 못하오나 아무튼 지금까지와는 비교가 안되게 성대한 제전을 준비중이라고……"

"지금까지는 잘못되었다는 것인가?"

"잘못된 것은 아니겠지만, 더할 나위 없이 정중하게 거행하는 것이 자식으로서의……"

"번지!"

공자의 언성이 사뭇 높아졌다.

"자네도 아직 예에 대한 이해가 부족한가보구먼?"

번지는 자신도 모르게 고개를 휙 돌려 공자의 얼굴을 쳐다보았다. 하지만 그 얼굴 표정에 특별한 변화는 없었고, 다만 목소리에 힘이 들어가 있었다.

"예는 지나치게 간소해서도 안되나, 과하면 더욱 안되네. 과유불급(過猶不及)이라 하지 않던가. 인간에게는 각각 분수라는 것이 있는 법인데, 그 분수를 높이지도 낮추지도 않는 것이 예의 바른 모습이라. 분에 넘치는 제사는 어버이의 영(靈)으로 하여금 비례(非禮)를 맛보게 하는 일인데, 항차 대부(大夫)의 비례는 천하를 어지럽히는 기틀이 되나니, 어버이의 영으로 천하를 어지럽히는 비례를 맛보게 하고 어찌 효행이라 할 것이냐."

번지로서는 이제 뒤돌아볼 용기도 없었다. 그는 똑바로 정면을 바라보고 돌같이 굳어서, 다만 허수아비처럼 고삐를 쥐고 있을 뿐이었다.

그가 공자를 목적지까지 모셔다드린 뒤, 곧바로 맹의자의 집으로 발길을 재촉한 것은 두말할 나위도 없는 일이다. 그리고 만일 맹의자가 자기의 권위를 과시하기 위해서가 아니고 진정 사자(死者)의 영을 위로하고 싶은 일념으로 제전을 준비하고 있었다면, 번지의 이 방문은 그에게 참으로 뜻깊은 것이 되었으리라. 그러나 그것에 관해서는 사실을 알려주는 기록이 우리에게 남아 있지 아니하다.

1. 孟武伯問孝 子曰父母 唯其疾之憂　　　　　　—爲政篇
맹무백이 효도하는 법을 묻자 공자가 대답하였다. 부모는 자식의 건강을 가장 염려하느니　　　　　　—위정편

2. 子游問孝 子曰今之孝者 是謂能養 至於犬馬 皆能有養 不敬 何以別乎　　　　　　—爲政篇
자유가 효를 물으니 공자가 대답하였다. 요즘 사람들은 부모 봉양만

잘하는 것을 효라고 생각하는데, 개나 말도 잘 먹여 기르지 않느냐? 물질적으로 잘하는 것보다 공경하는 마음이 앞서야 하느니 　　—위정편

3. 子夏問孝 子曰色難 有事 弟子服其勞 有酒食 先生饌 曾是以爲孝乎
　　　　　　　　　　　　　　　　　　　　　　　　—爲政篇

자하가 효를 물으니 공자가 대답하였다. 부모 앞에서는 언제나 온화한 얼굴을 가져야 하니 그것이 어렵다. 힘드는 일을 대신해드리고, 좋은 음식이 생기면 맨먼저 드시게 하는 것으로는 아직 효도라 할 수 없다.
　　　　　　　　　　　　　　　　　　　　　　　　—위정편

4. 子曰父母在 不遠遊 遊必有方　　　　　　　　　—里仁篇

부모가 살아 계시면 먼 여행을 삼가고, 꼭 해야 한다면 반드시 가는 곳을 알려두어라. 　　　　　　　　　　　　　　　　　—이인편

5. 子曰父母之年 不可不知也 一則以喜 一則以懼　　—里仁篇

부모의 연세는 꼭 알고 있어야 한다. 첫째는 그만큼 사셨음을 기뻐하기 위함이요, 둘째는 여생이 얼마 되지 않음이 염려되기 때문이다.
　　　　　　　　　　　　　　　　　　　　　　　　—이인편

6. 子曰父在 觀其志 父沒 觀其行 三年 無改於父之道 可謂孝矣
　　　　　　　　　　　　　　　　　　　　　　　　—學而篇

부친이 살아 계신 남자는 그 뜻을 보고, 부친이 안 계신 자는 그 행동을 보라. 삼년 동안 관습을 고치지 아니하고 지키면 비로소 효라 할 만하느니라.
　　　　　　　　　　　　　　　　　　　　　　　　—학이편

7. 子曰孝哉 閔子騫 人不間於其父母昆弟之言　　　—先進篇

민자건은 참으로 효자다. 부모 형제들이 그를 아무리 칭찬해도 사람들은 달리 생각하지 않는다. ─선진편

8. 子曰事父母 幾諫 見志不從 又敬不違 勞而不怨　　─里仁篇
　부모가 잘못할 경우에는 부드러운 말로 간하고, 듣지 않으실지라도 반항을 하거나 원망하는 마음을 가져서는 안된다.　　─이인편

9. 子貢 問師與商也孰賢 子曰師也 過 商也 不及 曰然則師愈與 子曰過猶不及　　─先進篇
　자공이 사(師)와 상(商)은 어느 쪽이 낫습니까 하고 물으니, 공자가 대답하였다. 사는 조금 지나치고, 상은 조금 못 미치는 데가 있지. 이에 자공이, 그러면 사가 낫단 말씀이군요, 하니 공자가 말하였다. 지나친 것은 못 미치는 것이나 같으니라.　　─선진편

얼룩송아지

공자가 말하였다. 옹(雍)은 한 나라의 임금이 될 만하다. 중궁이 공자에게 자상백자를 어떻게 보십니까 하고 물으니, 그 사람은 관대한 점이 좋다 하였다. 이에 중궁이 다시 자신에게 엄하고 남에게 관대한 것은 좋은 일이오나, 자신에게도 관대하고 남에게도 관대하면 오히려 지나친 사람이라 해야 되지 않겠습니까 하니, 공자가 대답하였다. 그렇다, 네 말이 옳다.　　　　　　　　　　　　　　　　　　　　　　　　　—옹야편

子曰雍也 可使南面 仲弓 問子桑伯子 子曰可也簡 仲弓 曰居敬而行簡 以臨其民 不亦可乎 居簡而行簡 無乃大 簡乎 子曰雍之言 然　　—雍也篇

옹을 두고 이렇게 말하는 사람이 있었다. 그 사람이 어질기는 한데 말솜씨가 없다. 공자가 듣고 말하였다. 말솜씨란 좋은 것이 못 되니, 사람을 대함에 말솜씨로 상대를 제압하면 자주 미움을 산다. 옹이 얼마나 어진 사람인지는 모르나, 말솜씨 없는 것은 다행이다.　　　　—공야장편

或 曰雍也 仁而不佞 子曰焉用佞 禦人以口給 屢憎於人 不知其仁 焉用佞　　　　　　　　　　　　　　　―公冶長篇

공자가 중궁을 두고 말한다. 얼룩소의 새끼가 털이 붉고 뿔이 잘생겼다 하더라도 사람들은 제단에 바치기를 꺼릴지 모르나, 산천이 그를 버리기야 하겠느냐?　　　　　　　　　　　　　　　―옹야편

子謂仲弓曰犁牛之子 騂且角 雖欲勿用 山川 其舍諸　　―雍也篇

"중궁(仲弓)에게는 인군(人君)의 풍모가 있다. 남면(南面)하여 천하를 다스릴 수 있으리."

요새 와서 공자는, 중궁을 이처럼 최고의 찬사로 추켜세우기를 서슴지 않는다.

중궁은 관인대도(寬仁大度)하여 작은 일에 구애받지 아니하는데다, 덕행이 출중한 제자의 한 사람이기도 하여, 그러한 칭찬이 전혀 부당하다고는 할 수 없었다. 그러나 아무리 그렇다 하더라도, 칭찬이 너무 지나치지 않은가 하는 느낌은 제자들의 마음속에 거의 공통적으로 있었다.

중궁 자신으로서도 겸연쩍을 때가 있을 정도이다. 그는 공자가 일찍이, "도(道)에 합당한 충언(忠言)을 듣고 정면에서 반대할 사람은 없다. 그러나 중요한 것은 잘못을 고치는 일이다. 완곡한 말은 누구의 귀에나 기분 좋게 들린다. 그러나 중요한 것은 그 진의가 어디에 있는가를 가늠하는 일이다. 그냥 듣고 기분이 좋아진 나머지 진의를 파악하지 못하거나, 겉으로만 따르는 체하면서 잘못을 고치지 아니하는 자는 어떻게 손을 써볼 도리가 없다"고 말한 것을 상기했다. 그러니까 그는 공자가 자기를 두고, "인군의 풍모가 있다"느니 하고 칭찬하는 것이, 실은 어떤 결점을 완곡하게 풍자한 것이 아닌가 하는 생각이 드는 것이었다. 그리고 생각하니 세상에서는 자상백자(子桑伯子)와 자기를 같은 유형의 인

물로 평가하는 것 같았다. 자상백자는 작은 일에 얽매이지 않는 훌륭한 사나이나, 다소 거칠고 엉성한 흠이 없지 않았다. 무언가 자기에게도 그러한 결점이 있지 아니할까? 물론 자기로서는 그러한 면이 없게끔 조심하고는 있지만. 아무튼 그는 칭찬을 받음으로써 도리어 불안을 느끼는 것이었다.

그렇다고 해서 공자를 보고, 그렇게 빙빙 돌리지 말고 까놓고 말씀하십시오, 하고 말할 수도 없는 노릇이다. 만일 공자에게 풍자하는 뜻이 없다고 한다면, 그런 말을 한다는 것 자체가 결례이기 때문이다.

해서, 그는 어느날 공자에게 자상백자에 관한 것을 슬쩍 여쭤보았다. 만일 공자에게 풍자하는 뜻이 있다면, 자상백자에 관한 이야기를 하는 가운데 그런 낌새가 느껴지리라 생각한 것이다. 그런데 공자의 대답은 극히 솔직한 것이었다.

"그 사람도 좋은 인물이지. 대범한 데가 있고."

이렇게 말하는 공자에게는 자상백자와 자기를 결부시켜 생각한다는 느낌이 전혀 없었다. 해서, 그는 내친김에 한발짝 더 디밀었다.

"대범한 데도 여러가지가 있는 줄 압니다만……"

"암, 그렇지. 한데 자네 생각은 어떠한고?"

"평소에 모든 일을 신중하게 판단하되, 일단 행동으로 옮길 때는 대범해야 한다고 봅니다. 그것이 백성을 다스리는 요도(要道)가 아닌가 합니다. 평소에도 대범하고, 일을 결행할 때도 대범하면 자칫 방만해질 염려가 있습니다."

공자는 잠자코 고개를 끄덕일 뿐이었다. 중궁은 도무지 흡족하지 못했다. 그러나 일단 물러서는 수밖에 다른 도리가 없었다.

그런데 공자는 이 일이 있은 뒤에 제자들을 보고, 중궁의 이 이야기를 전하면서 칭찬해 마지않았다. 그리고 거듭 말했다.

"역시 중궁에게는 인군의 풍도가 있어."

중궁은 이 소식을 듣자 크게 감격하였다. 그러나 그는 결코 거기에 안심하고 있을 사람이 아니었다. 그는 자기가 공자에게 한 그 말을 어기지 않고자 더욱더 엄격한 자기성찰을 행하려고 애썼다. 그는 일찍이 공자에게 '인(仁)'이 무엇이냐고 물은 일이 있는데, 그때 공자는,

"한발자국 문밖으로 나서면, 고귀한 손님이 눈앞에 있는 듯이 처신하여라. 백성에게 일을 명령할 때는 종묘제전(宗廟祭典)이라도 봉행하는 자세로 하여라. 그리고 자기가 원하지 않는 일을 남에게 베풀지 말라. 그리하면, 나랏일을 하거나 집안일을 하거나, 원성을 듣지는 않으리라."

하고 대답했다. 중궁은 그때 공자가 자기에게 '경신(敬愼)'과 '관서(寬恕)'의 두 가지 덕을 가르친 것이라 생각하여,

"반드시 그렇게 하겠습니다."

하고 맹세했던 것이다. 그는 그때의 맹세를 지금도 잊어버리지 않고 있다. 칭찬하는 말을 들으면 들은 그만큼 삼가고 경계하지 않으면 안된다고, 그는 늘 마음의 고삐를 늦추지 않고 있다.

한데, 그를 위하여 대단히 불행한 사실은, 그의 부친이 신분이 매우 낮은데다가 소행이 좋지 못하다는 것이었다. 그래서 그의 동문 제자들 중에는, 그가 공자의 칭찬을 받는 것을 싫어하고, 어떻게든 그를 헐뜯으려는 자가 많았다. 한번은 제자 하나가 공자에게도 들릴 만큼 큰 소리로,

"중궁도 요새는 인자(仁者)의 반열에 들었는지는 모르겠으나, 말솜씨가 너무 형편없어."

하고 떠들기까지 했다.

공자는 물론 그 말을 흘려듣지 않았다. 그는 정색을 하고 그 제자에게 말했다.

"아니 뭐, 말솜씨라고? 말솜씨는 아무래도 좋지 않은가?"

그 제자는 잠시 당황하여 허둥거렸으나, 곧 정신을 가다듬고 대답하였다.

"하오나, 그래가지고 제후들을 설득하려 들면, 상대도 안해줄 것입니다. 아까운 일입지요."

그는 아까운 일이라는 말에 악쎈트를 주었다. 그런 태도는 정신이 올바른 제자들의 빈축을 살 만큼 묘한 뉘앙스를 풍겼다. 그러나 제자들 중에는 입가에 야한 웃음을 흘리며, 공자가 어떤 대답을 하는지를 흥미거리로 삼고 있는 자도 있었다. 공자는 떨떠름한 표정을 하고 잠시 발밑을 내려다보더니, 다음 순간 번쩍 고개를 들고 두 눈을 번뜩이며 제자들을 한바퀴 둘러보는 것이었다.

"입놀림이 능한 자는 온갖 쓸잘데없는 소리를 지껄이길 좋아하지. 그렇게 지껄이고 다니노라면 아무튼 사람들 입질에 오르내리는 유명인사는 될 테지. 중궁이 과연 얼마나 인자인지는 내 아직 모르겠네. 하나, 입놀림 하나는 대단히 신중한 사람임이 분명하네. 아니, 그게 입놀림이 서툴러서 그런 거라면 얼마나 다행인가. 성실한 사람에게 입놀림 따위는 중요치 않으니 말일세."

그 장면은 여기서 끝났다. 그러나 중궁에 대한 험담은 그치지 않았다. 할말이 없으면 역시 그의 신분 이야기가 나오고, 아버지의 소행이 문제되었다. 물론 그런 이야기가 어제오늘에 시작된 것은 아니었다. 사실 다른 말을 하자면, 공자가 중궁에 관한 칭찬을 좀 과하다 싶을 만큼 하기 시작한 것은, 그가 실제로 출중하기 때문인 것은 물론이었으나, 그의 신분이나 아버지에 대한 소문을 좀 잠재우고 싶은 의도 때문이기도 했다. 그러나 결과는 도리어 반대로 나타난 것이다.

공자가 그를 칭찬하면 할수록 그의 신분이 비천하다는 것과 그 아버지의 좋지 못한 소행이 시빗거리가 되는 것이었다.

공자는 답답했다. 그는 여자와 소인배를 다루기가 얼마나 어려운가를 일찍부터 알고 있었다. 그것은 그들이 가까이해주면 기어오르고, 멀리하면 원한을 품는 때문이었다. 그런데 이제 그는 중궁을 칭찬해줌으로써, 소인배의 마음이 얼마나 질투심에 타오르는지를 생생히 볼 수 있게 된 것이다. 그는 생각했다.

'소인이 기어오르는 것도, 원망을 하는 것도, 질투심을 일으키는 것도, 결국은 자기 하나만 잘 보이고 싶고, 자기 하나만 사랑받고 싶기 때문이다. 악의 근원은 뭐니뭐니해도, 자기를 지나치게 사랑하는 데 있다. 이 근본악을 깨닫게 하지 못하면 그들을 구제할 길이 없다.'

물론 그는 지금까지 중궁의 문제와는 상관없이, 그 점을 특별히 강조해서 제자들을 지도해왔다. 그가 '이(利)'에 관해 말하기를 짐짓 꺼리고, 어쩔 수 없이 언급해야 할 경우가 생기면 일부러 천명(天命)이니 인(仁)이니 하는 것과 결부시켜 말하려고 노력해온 것도 다 그 때문이었다. 또 그는 기회가 있을 때마다 제자들에게 아집(我執)을 버리라는 말을 해왔다.

그리하여 "자기 의견에 집착한 나머지 무리를 강행하거나, 금지된 짓을 행하는 것은 군자의 길이 아니다. 군자의 행동을 다스리는 것은 오로지 정의(正義)뿐이다"라고 주장하며, 스스로 세심한 주의를 기울여 억단(臆斷)을 버리고, 집착(執着)을 끊고, 고루(固陋)를 고치고, 남과의 대립에 빠지지 않게끔 노력해왔던 것이다.

그러나 그러한 그의 노력도 소견이 좁고 어린 제자들에게는 아무 효험이 없었다. 그들에게는 아직 천명이 무엇인지, 인이 무엇인지가 분명치 않은 것이었다. 그들은 단지 중궁에게서 자그마한 트집거리라도 발견되면 신바람이 나서 떠들어댈 판이었다. 이런 종류의 제자들에 대해서는 하도 한심한 생각이 들어 공자도 절망적인 심정이 되는 것이었다.

그러나 단 한 사람의 제자라도 잘못되도록 내버려둘 수는 없는 일이었다. 그때 이 궁리 저 궁리 한 끝에 한가지 묘책을 생각해내었다. 그것은 중궁을 헐뜯고 싶어하는 제자들 대여섯 명을 데리고 교외로 산책을 나가는 것이었다.

그 제자들은 그날 특별히 공자와 동행하게 된 것을 매우 영광스럽게 생각하였다. 그들은 사뭇 의기양양하여 공자의 뒤를 쫓아갔다.

들에는 이곳저곳에서 소들이 흙을 갈아엎고 있었다.

대부분의 소들은 털이 얼룩배기였다. 그리고 뿔들은 멋없이 꼬부라 졌거나, 도무지 좌우의 균형이 잡혀 있지 않았다. 공자는 그것들을 일일이 주의 깊게 관찰하고 있었는데, 그러는 중에 털이 붉은 소 한마리가 눈에 들어왔다. 아직 팔팔한 어린 소였고, 윤기 나는 털은 햇빛에 반짝반짝 빛이 났다. 뿔은 아직 충분히 솟아 있지 않으나, 좌우가 둥그스름한 반원을 그리며 균형을 이루고 있었다.

공자는 그 소에게로 다가가서 걸음을 멈추고, 제자들을 둘러보며 말했다.

"잘생긴 놈이야."

제자들은 소에게는 별로 관심이 없었다. 그러다가 공자가 그렇게 말하니까 어쩔 수 없이 소를 살펴보았다.

"이런 정도면 제전 때 제물이 될 수 있겠구먼."

그러자 제자들은 공자가 제물로 바칠 소를 찾기 위해 오늘 자기들을 교외로 데리고 나왔구나 하고 생각했다. 그래서 합창하듯이 대답했다.

"과연 잘생긴 소입니다."

"이런 놈에게 일을 시키는 것은 아깝습니다."

"이 일대에는 이보다 잘생긴 소가 없을 것입니다."

"사시려면 값을 알아보겠습니다."

그러나 공자는 그 누구의 말에도 대답을 않은 채 다시 발걸음을 떼어놓았다. 그리고 혼잣말을 중얼거렸다.

"참으로 보기 드문 소야. 한데 혈통이 좋지 않으니 안되지."

제자들은 흠칫 놀라서 서로 얼굴을 바라보았다. 희생의 제물이 되는 데는 털빛이 붉고 뿔이 잘생겼으면 그만이다. 소의 혈통을 문제삼았다는 말은 들은 일이 없다. 한데 공자는 지금 소의 혈통 이야기를 하고 있으니, 이 어찌된 일인가.

"혈통은 상관없을 줄 압니다만……"

제자 하나가 더이상 참지 못하고 물었다.

"그러면 가령 얼룩소의 새끼라도 천지신명은 상관하지 않는단 말이냐?"

"예, 선생님, 제물 그 자체만 좋다면요."

"그래, 자네들도 다 그렇게 생각한다는 말인가본데, 그렇다면 나도 안심일세."

제자들은 다시 한번 얼굴들을 마주 쳐다보았다. 공자가 무슨 이야기를 하려는 것인지 도무지 갈피를 잡을 수 없었던 것이다.

공자는 더이상 말을 하지 않고 걷기만 하였다. 그렇게 반 마장가량 걸음을 옮기다 말고, 공자는 문득 생각났다는 듯이 말했다.

"그건 그렇고, 중궁은 요새 어떻게 지내는고? 그 사람도 얼룩소의 새끼가 돼서 천지신명이 싫어할지 모른다는 말이 나도는 것 같던데……"

제자들은 다시 한번 서로의 얼굴을 쳐다보았다. 그러나 그들은 곧 시선을 아래로 떨어뜨려 각자의 발끝을 노려보았다. 공자의 말은 계속되었다.

"한데 자네들이 말한 것같이 세상 사람들이 모두 혈통 따위는 문제삼지 않는다는 사실을 알게 된다면 그 사람도 기뻐하겠지. 나도 기쁘네. 무릇 군자는 사람의 장점을 들어 칭찬할 뿐, 결코 남의 결점을 들춰헐뜯지 않는 법이다만 세상에는 거꾸로 행동하는 소인배가 많지."

제자들은 이제 공자를 뒤따라 걷는 것이 견딜 수 없이 괴로운 일이 되었다.

"꽤 많이 걸었구나. 그만 돌아가세."

공자는 발길을 돌렸다. 그리고 털이 붉은 그 송아지를 가리키며 다시 한번 말했다.

"훌륭한 송아지야. 천지신명께 제물로 바치기에 더없이 합당하지."

제자들 모두가 공자의 이런 교훈에 따라 진지하게 자기반성을 했는지는 아직 의문이다. 그러나 그런 일이 있은 뒤로, 중궁의 신분과 그 아버지의 소행이 그들의 입질에 오르내리지 않게 된 것만은 확실하다. 하지만 짐짓 이 일이 중궁 자신에게 영향을 준 것은 없다. 그는 오직 스스로를 삼가고 경계함으로써 공자의 지우(知遇)에 보답할 뿐이었다.

1. 子曰法語之言 能無從乎 改之爲貴 巽與之言 能無說乎 繹之爲貴 說而不繹 從而不改 吾末如之何也己 　　　　　　　—子罕篇

공자가 말하기를, 충분한 까닭이 있는 충고에는 누구나 인정할밖에 없다. 인정한 이상 고치는 것이 중요하다. 듣기 좋은 말을 들으면 누구나 기뻐한다. 그러나 그런 말을 들을 만한가는 따져보아야 한다. 듣기 좋아만 하고 따져보지 아니하고, 입으로는 인정만 하고 고치지 아니하는 자는 나도 어찌할 수가 없다. 　　　　　　　—자한편

2. 仲弓 問仁 子曰出門如見大賓 使民如承大祭 己所不欲 勿施於人 在邦無怨 在家無怨 仲弓 曰雍雖不敏 請事斯語矣 　　—顔淵篇

중궁이 인을 물음에 공자가 대답하였다. 문밖을 나설 때는 언제나 큰 손님을 맞이하듯 하고, 사람을 부림에는 큰 제사를 치를 때같이 엄숙하여라. 자기가 바라지 않는 것을 남에게 끼치지 말며, 나랏일에나 집안일에 원망을 사지 말라. 중궁이 대답하였다. 그대로 될 수 있을지는 모르겠으나 힘껏 노력하겠습니다. 　　　　　　　—안연편

3. 子曰唯女子與小人 爲難養也 近之則不孫 遠之則怨 ——陽貨篇
여자와 소인은 다루기 힘들다. 가까이하면 함부로 놀고 멀리하면 원망을 산다. ——양화편

4. 子 罕言利與命與仁 ——子罕篇
공자가 이익에 대해 말하는 일은 극히 드물었는데, 그것도 천명과 인도에 관계될 때에 한했다. ——자한편

5. 子曰君子之於天下也 無適也 無莫也 義之與比 ——里仁篇
공자가 말하였다. 그대들은 천하에 서서 아무런 선입견 없이 단지 정의 편에 선다는 태도를 가져라. ——이인편

6. 子絶四 毋意毋必毋固毋我 ——子罕篇
공자는 다음 네 가지를 멀리하였다. 강권, 집착, 고집, 자기중심
——자한편

7. 子曰君子 成人之美 不成人之惡 小人 反是 ——顔淵篇
군자는 남이 하는 좋은 일은 도와주지만 나쁜 일은 이루지 못하게 하나, 소인은 그 반대로 한다. ——안연편

돼지고기를 선물받은 공자

양화(陽貨)가 공자를 만나고자 하되 공자가 응하지 않음에, 양화가 꾀를 내어 공자가 없을 때 찾아와 돼지고기를 두고 갔다. 부재중에 선물을 받으면 찾아가서 사례하는 것이 도리인지라, 공자도 양화가 집에 없는 틈을 타서 사례하러 갔다가 얼른 돌아왔다. 한데 공교롭게도 길에서 서로 마주치니 대화하지 않을 수 없었다. 양화가 묻는다. "좋은 재능을 지닌 사람이 나라를 위해 일하지 아니하면 어진 사람이라 하겠소?" 공자가 아니오, 하니 다시 묻는다. "일하기를 좋아하면서 때를 놓치는 사람을 지혜롭다 하겠소?" 공자가 아니오, 하니 양화가 말한다. "흐르는 세월은 사람을 기다려주지 않는데 어쩌시려오?" 공자가 대답했다. "나도 군자를 만나면 봉사하지요."

—양화편

陽貨欲見孔子 孔子不見 歸孔子豚 孔子時其亡也而往拜之 遇諸塗 謂孔子曰來 予與爾言 曰懷其寶而迷其邦 可謂仁乎 曰不可 好從事而亟失時可謂知乎 曰不可 日月逝矣 歲不我與 孔子曰諾 吾將仕矣 —陽貨篇

"무엇이라고? 양화가 보낸 선물이라?"

공자는 큼직한 그릇에 담겨 자기 앞에 놓인 삶은 돼지고기 덩어리를 바라보며 눈살을 찌푸렸다.

양화는 노(魯)나라의 대부(大夫) 계평자(季平子)를 섬기는 재상이었으나, 계평자가 죽고 그 아들 계환자(季桓子)가 대를 잇자, 교묘한 술책으로 그를 새장 속의 새처럼 구금해두고 국정을 마음대로 하였다. 공자는 그때 이미 오십 고개를 넘은 나이였으나, 관리란 관리들이 하나같이 정도(正道)를 벗어났다고 탄식하며, 관직에 나갈 생각을 버리고 오로지 시서예악(詩書禮樂)의 연찬과 청년지제(靑年之弟)의 교육에 전념하고 있었다. 양화에게는 공자가 야(野)에 있으면서 엄연하게 정도를 설파하고 있는 것이 대단히 못마땅하였다. 해서, 그를 가능하면 자기 편으로 만들고, 안되면 한번 만나서 자기는 결코 현자를 예우할 줄 모르는 자가 아니라는 것만이라도 밝혀두고 싶었다.

그는 사람을 보내서 몇번이나 회견을 신청하였다. 그러나 공자는 전혀 응하지 않았다. 공자가 불응하면 불응할수록 양화의 불안감은 더해갔다.

마침내 그는 한가지 묘책을 생각해냈다. 즉, 일부러 공자가 집에 없는 틈을 타서 돼지고기를 보낸 것이었다. 당시의 예법에 대부가 선비에게 선물을 보냈을 때, 선비가 부재중이어서 찾아간 사람을 직접 응대하지 못했을 경우에는 선비는 그 다음날 대부 집을 찾아가 죄송하다는 말을 하게 되어 있었다. 양화는 그 점을 노린 것이었다.

과연 공자도 당황했다. 그는 앞에 놓인 고깃덩어리를 바라보며 생각했다.

'예법을 어길 수는 없다. 그러나 무도한 인물에게 이끌려 단 하루라도 그와 상종을 하는 것은 선비의 도리가 아니다. 항차 술책에 말려서

그럴 수는 더더욱 없는 일이지.'

공자는 곰곰이 생각한 끝에 한가지 꾀를 냈다. 상대방이 자기에게 썼던 계책을 그대로 되돌려주는 일, 즉 양화가 집을 비운 때를 틈타서 찾아가는 것이었다.

공자는 원래 익살, 곧 유머를 즐기는 사람은 아니다. 그런즉 그의 이 계책은 심각하게 생각한 끝의 결론인데, 스스로 생각해보아도 다소 우스꽝스러운 면이 없잖았다. 그는 빙그레 웃으며 어울리지 않는 발상이라 여겼다. 그러나 다시 생각하고 거듭 생각해보아도 그 이상의 계책이 떠오르지 않는데 이 어쩌랴!

'최선책이 없으면 차선을 택할 수밖에 없지.'

그렇게 결심한 그는 이튿날 아침에 사람을 시켜 양화의 동정을 살피게 하였다. 그렇게 해서 공자가 양화의 집을 방문한 것은 점심때쯤이었다. 일은 계획대로 진행되었다. 주인 없는 집을 방문한 공자는 집을 지키는 사람에게 인사말을 전해두고, 홀가분한 마음으로 귀로에 올랐다. 그런데 이 어찌된 노릇인가. 집으로 오는 도중에 양화가 탄 수레와 마주치게 되었다.

선비 된 자, 고관의 마차를 보고도 못 본 체하고 우물쭈물 지나쳐버릴 수는 없다. 공자는 어쩔 수 없이 마주오는 양화의 수레를 향해 다가갔다. 공자의 수레를 알아본 양화는 재빨리 앞길을 가로막고 능글맞게,

"필시 제 집에 오시리라 짐작되기에 서둘러 돌아오는 길인데, 하마터면 못 뵐 뻔하였소이다. 죄송하오."

공자는 속으로 역시 한재주 부리는 자를 잔재주로 당할 수는 없다고 생각했다. 그래서 상대가 원하는 대로 양화의 집으로 되돌아갔다. 그러나 어떤 일이 있더라도 점심 대접은 받지 않으리라 작정했다.

양화는 자리를 정하고 앉자마자 열의에 찬 어조로 입을 열었다.

"비할 데 없이 큰 덕을 쌓아놓으시고도 나라의 어지러움을 방관만

하고 계신다면, 과연 인(仁)의 도(道)라 할 수 있겠소?"

공자는 양화가 말 하나는 그럴싸하게 잘하니, 구태여 반박할 필요는 없다고 생각했다. 그래서 곧바로 대답했다.

"인이라 할 수 없지요."

이에 양화는 신바람이 나서 제2의 화살을 날려보았다.

"구세제민(救世濟民)의 뜻을 품고, 국사(國事)에 진력하기를 희망하면서 기회가 와도 출사(出仕)하지 아니한다면 과연 지자(知者)라 할 수 있겠소?"

공자는 이 말에는 약간 이견이 있었다. 그러나 다른 의견을 말해보았자 시간을 끄는 효과밖에 없을 것 같아서,

"지자는 아니지요."

하고 대답해버렸다. 그러자 양화는 얼씨구나 하며 세번째 화살을 날렸다.

"때는 쉬지 않고 흐르고 세월은 사람을 기다려주지 아니하오. 당신 같이 고덕유능(高德有能)한 선비가 마냥 그렇게 시일만 흘려보내고 계시니 안타깝소그려."

양화는 이렇게 말하고 나서, 잔뜩 긴장한 표정으로 공자의 대답을 기다렸다.

그러나 공자의 대답은 아주 간단했다. 그는 상대의 말에 가볍게 고개를 끄덕이며 동의하고 나서,

"좋은 의견 잘 들었습니다. 나도 될 수 있는 한 빠른 시일 안에, 좋은 군주를 만나 섬기고 싶습니다."

라고 대답하고 일어나, 양화에게 정중히 절을 하고 방을 나왔다.

그를 위해 마련된 점심 요리를 그가 떠난 뒤 양화가 어떤 표정을 하고 처치했는지는 공자가 개의할 바 아니었다.

이문(異聞)을 탐색하다

　진항이 백어를 붙들고 "그대는 선생으로부터 특별한 가르침을 받은 것이 있겠지요" 하고 물으니 백어가 대답하였다. "아직 이렇다 하게 특별한 가르침을 받은 일은 없소만, 아버지가 혼자 대청마루에 서 계실 때 그 앞을 지나간 일이 있었소. 그때 아버지께서, 시를 배웠느냐 하고 물으시기에, 아직 못 배웠습니다 하고 대답했더니, 시를 모르면 말하는 법을 모르지 하시었소. 그래 그때부터 시를 배웠소. 그뒤에 또 아버지께서 대청마루에 서 계시는 앞을 지나가게 되었는데 이번에는, 예를 배웠느냐 하시었소. 아직 못 배웠습니다 했더니, 예를 모르면 사람 구실을 제대로 못하느니라 하시기에, 그때부터 또 예를 배웠지요. 이 두 가지 일밖에, 다른 일은 없었소." 진항이 이 말을 듣고 나가서 크게 기뻐하며 말하였다. "한 가지를 물어서 세 가지를 얻었구나. 시를 들었고, 예를 들었고, 또 군자는 제 자식을 직접 가르치지 않음을 알았다."　　　　　—계씨편

　　陣亢 問於伯魚曰 子亦有異聞乎 對曰未也 嘗獨立 鯉趨而過庭 曰學詩

乎 對曰未也 不學詩 無以言 鯉退而學詩 他日 又獨立 鯉趨而過庭 曰學禮乎 對曰未也 不學禮 無以立 鯉退而學禮 聞斯二者 陣亢 退而喜曰問一得三 聞詩聞禮 又聞君子之遠其子也 　　　　　—季氏篇

진항(陣亢)은 자(字)를 자금(子禽)이라 하였다. 공자의 가르침을 받고자 멀리 진(陳)나라로부터 노나라에 왔으나, 제자들이 하도 많아 자기 같은 신출내기 제자가 직접 공자와 대화할 수 있는 기회는 좀체 얻기 어려웠다. 그래서 평소에는 고참 선배 자공(子貢)을 스승으로 받들며 지도를 받고, 공자의 일언일행(一言一行)을 간접적으로나마 알려고 애썼다.

한번은 자공에게 이런 묘한 질문을 해보았다.

"선배님은 공연히 공자님의 제자 노릇을 하고 계신 것 아닙니까? 제가 보기에는 선배님이 공자님보다 더 나으신 것 같습니다."

이 질문은 공자를 제대로 알고 싶은 일념에서 나온 것이기는 하였으나, 어느정도는 그의 본심이기도 하였다. 왜냐하면 이따금 얼굴을 접할 수 있는 공자의 입에서는,

"나는 아무것도 모른다네. 단지 옛 성인의 발자취를 건성으로 쫓아갈 뿐이지."

한다든가,

"덕을 쌓지는 못하고, 학문은 깊어지지 아니하고, 정의는 실행하지 못하며, 잘못을 고치지 못하는 이것이 내 근심거리로다."

라든가,

"말없이 학문을 닦고, 배움에 싫증내지 아니하며, 가르침에 게으르지 않기가 어디 쉬우냐? 나는 그중의 어느 한가지도 잘하는 것이 없다."

하는 따위의 겸손한 말밖에 듣지 못하는 데 비하여, 자공의 언변은 시

원시원하고 화려한 때문이었다.

그러나 그러한 자공도 이 질문에 대해서만은 정색하고 신중한 대답을 하는 것이었다.

"군자는 말을 함부로 해서는 아니되네. 한마디 말이 그 사람을 분별 있는 사람으로 보게도 하고 몰지각한 사람으로 보이게도 하네. 내가 공부자님께 멀리 미치지 못하는 것은, 사닥다리를 타고 하늘에 오를 수 없는 이치와 같네. 만약에 공부자께서 뜻을 얻어 일국을 다스리게 된다면, 그야말로 옛말씀에 '서라면 서고, 가자면 가고, 오라면 오고, 움직이면 화합하고, 삶은 번영한다'고 이른 그대로, 민생은 풍성하고 도의가 행해지며 인민은 평화를 누리게 되어, 공부자가 살아 계신 동안은 모든 사람이 그 정치를 칭송하다가, 돌아가시면 어버이를 잃은 것같이 슬퍼할 것이네. 그러한 능력이 내게는 없네. 감히 비교하는 말을 하다니, 그 말을 들은 것만으로도 나는 귀가 멍멍하네."

진항은 이런 말을 듣고도 아직 공부자라는 인물의 이미지를 가늠하기가 힘들었다. 그래서 기회를 보아 다시 한번 물었다.

"공부자께서는 어느 나라에 가시든지 반드시 그 나라의 정치에 관여하신다고 들었습니다. 그것은 공부자께서 자진해서 그리 하시는 것입니까, 아니면 그 나라의 군주가 원해서 그리 하시는 것입니까?"

이런 질문을 하는 진항의 마음 밑바닥에는, 공자가 어쩌면 공명심이 대단히 강한 사람이 아닐까, 어느 나라에서도 오래 머물지 못하는 까닭이 바로 그런 데 있는 게 아닌가 하는 의문이 깔려 있었다.

이 질문에 대한 자공의 답은 이러했다.

"공부자님의 용모와 언동에는, 온·량·공·검·양(溫良恭儉讓)의 다섯 가지 덕이 저절로 넘치고 있네. 그래서 각 나라의 군주들은 공부자님을 뵙게 되면 자연스럽게 정치 이야기를 듣고 싶어하지. 많은 사람들이 관직을 구하려고 알랑거리고 아첨하는 것과는 근본적으로 다르다네. 요컨대 공부자께서는, 덕으로 다스릴 수 없는 나라에서는 그 어떤 지위에도 연연하지 않으시네."

진항은 자기가 사숙하고 있는 자공에게서 이러한 말들을 듣는 사이에 공부자의 인물상을 조금씩 조금씩 알게 되었다. 그와 동시에 그는 직접 공자를 대면할 기회를 절실히 갈망하게 되었다.

단 한가지 문제는 자공에게 공자에 대한 인물평을 청할 때의 말투에서 짐작되듯이 그가 다소 의심이 많은 편이라는 것이었다. 뭐 꼭 성격이 뒤틀려 있다고까지 말할 처지는 아니지만, 사물을 좀 지나치게 악의적으로 해석하는 버릇이 곧잘 나타났다.

'그는 특히 신참자인데다가 노나라 사람도 아닌 까닭에, 혹시라도 소홀한 대접을 받고 있는 것은 아닌지, 오히려 원래(遠來)의 신참자에게 더 친절한 대접을 해야 하는 법이나 아닌지⋯⋯ 그렇게 생각하고 본다면, 공부자가 눈에 넣어도 아프지 않다 할 만큼 애지중지하는 안회를 비롯하여, 자로·민자건·염백우 등의 무리는 모두 노나라 태생이다. 내가 가장 존경하는 자공이 안회나 자로에 비해서 공자의 사랑을 덜 받는 것은, 혹시 그가 위나라 사람인 때문은 아닐까.'

별로 심각하게 생각할 일도 아니건만, 그는 그따위 생각까지 하고 있는 것이었다. 그러자 문득 그의 뇌리에 떠오르는 인물이 백어였다.

'백어는 공부자의 하나뿐인 아들이다. 공부자가 평소에 그를 다른 제자들과 구별없이 대하는 체하고 있으나 그것은 아마도 표면상의 문제일 것이다. 남이 안 보는 곳에서는 틀림없이 다른 제자들에게는 가르쳐주지 아니하는 것을 그에게만 가르쳐주고 있을 것이다. 공부자라고 자기 아들이 다른 아이들보다 잘되는 것을 싫어할라고.'

이 생각은 한번 떠오르자 그의 심기를 적이 불편하게 했다. 어쩌면 백어에게 접근하면 다른 제자들이 얻지 못하는 무엇을 자기는 얻을 수 있을 것 같은 생각도 드는 것이었다.

그는 위대한 발견이라도 했다는 듯이 히쭉 웃었다. 그리고 그뒤부터는 백어가 나타나기만 하면 그 곁으로 다가가서 말을 걸려고 애썼다. 게다가 그는 두 사람이 주고받는 대화를 다른 제자들이 듣지 못하도록 하는 배려도 게을리하지 않았다.

한데 그의 이러한 세심한 배려도 결국 별다른 효과를 보지 못할 것 같았다. 그것은 백어가 본시 과묵한 사람인데다가 어쩌다 입을 여는 경우라도 남다른 이야기를 전혀 하지를 아니하고, 공자의 특별한 가르침이라 생각되는 말은 아예 비치지도 않기 때문이었다.

'역시 자공이 공자보다 위대한 게 아닐까?'

그는 곧잘 그런 생각을 했다. 그리고 또 그는 곧잘 백어와 자신을 비교해보기도 했던 것이다.

'하기야 백어도 바보는 아니니까, 어쩌면 공자의 특별한 가르침을 받았더라도 우리에게 숨기고 있는지도 모르지.'

그렇게 생각하면 역시 심기는 불편한 것이었다. 그래서 그는 어느 날, 공자의 집 뜰을 백어와 나란히 거닐면서 벼르고 벼르던 말을 던져보았다.

크레디트 카드 삽화

워너 로 지음

할리우드 백화점 앞 인도에 얌전히 떨어져 있는 플라스틱 지갑을 발견했을 때, 오늘은 일진이 좋은 날이라고 나는 생각했다. 그러나 시치미를 떼고 그 지갑을 한번 툭 걷어찼다. 그러고는 그 위에 내 담뱃갑을 떨어뜨려 지갑과 함께 집어올렸다.

나는 누추하고 좁은 내 아파트로 올라간 뒤에야 그 지갑의 내용물을 꺼내보았다.

'윌리엄 윌슨'이라고 적힌 면허증. 그의 주소는 해변 가까운 썬세트 가(街)로 되어 있었다. 그리고 윌슨 자신의 서명이 있는 마스터 카드가 있었으며, 손풍금처럼 펼치게 되어 있는 홀더 속에는 다섯 군데 석유회사와 로스앤젤리스 지역 네 군데 백화점 체인에 대한 크레디트 카드가 들어 있었다. 카드는 하나도 써먹은 것이 없었다. 이보다 더 큰 횡재가

＊이 단편을 쓴 워너 로(Warner Law, 1932~79)는 주로 캘리포니아주를 중심으로 작품활동을 벌인 작가로 현대 도시의 어두운 면을 씨니컬하게 그려내는 경향을 보이고 있다.

또 있으랴.

나는 휘파람을 불면서 탁자에 걸터앉아 '윌리엄 L. 윌슨'의 싸인을 연습하기 시작했다. 그것은 간단하고 모방하기 쉬운 것이었다. 자필 서명이 든 마스터 카드가 있었으니 누워서 떡 먹기지.

나의 이십칠년에 걸친 지난날을 회상해볼 때, 좋은 일이건 궂은 일이건 모든 것이 순전히 운이었다. 다른 말로 표현하면 하느님의 뜻이었다. 모든 일이 아스파라거스 잎사귀처럼 멋지게 펼쳐지던 시절이 있었나 하면, 뒤로 자빠져도 코가 깨진다는 악운이 겹친 시절도 있었다.

하느님이 나를 봐주지 않은 날의 예를 들어본다면, 삼년 전 어느날 새벽 한시쯤 할리우드 거리에 세워진 한 자동차에서 카쎄트녹음기를 떼어내던 때 일이 생각난다. 한참 열중해 있는데 헤드라이트 불빛이 다가와 나는 시트 위에 납작 엎드렸다. 차는 저만큼 지나가서 멎었는데 고개를 쳐들자 제복 입은 두 명의 경관이 나를 쏘아보고 있었다.

운이 나쁘려니까 내가 녹음기를 떼어내고 있던 그 차는 도난신고가 된 차였다. 나는 그때 녹음기를 절반쯤 떼어내다 만 상태였으므로 변명할 여지 없이 할리우드 경찰서에 갇히고 말았다.

그런데 더욱 일이 공교롭게 되느라고, 아파트 관리인이 바퀴벌레약을 뿌리기 위해 내 방문을 열고 들어갔다가 거기 스물다섯 개의 녹음기가 놓여 있는 것을 발견하고 경찰서에 전화를 건 것이었다. 그 값어치는 나를 상습 특수절도죄로 묶는 데 충분했다.

더욱 난처한 노릇은 내가 그때 집행유예중이라는 점이었다. 그건 또 무슨 사건 때문이었느냐 하면, 어떤 친구가 애완용으로 기르던 '보아' 뱀을 잃어버리고 그 뱀을 찾아서 돌아다니다가 문이 열린 내 차고로 들어왔던 것이다. 그전에 나는 차고 안에다 아흔일곱 개의 튜브캡(자동차 바퀴 중심부의 바깥쪽에 씌우는 캡)을 수집해놓고 있었던 것이다. 그 때문에 나는 체포되었고 초범이라 해서 일년간의 집행유예 처분을 받았던 것이다.

  나는 혹시나 하고 항소를 했는데 그게 또 액운을 겹치게 하는 잘못이었다. 담당판사의 이름이 공교롭게도 '티모시 후크', 내 이름과 똑같았다. 그는 나를 자기의 빛나는 이름에 먹칠을 한 자라 하여 불같이 성을 낸 나머지 징역 삼년을 선고했고, 그래서 나는 비옥한 쎌리나스 밸리에 있는 쏠리다드 주립형무소에 수감되었다.

  십팔개월 뒤 끝없이 펼쳐진 배추밭이 한창 아름다울 무렵에 나는 가석방되었다. 나의 담당관이 로스앤젤리스의 한 수영장 건설회사에 취직을 시켜주었다. 벌이가 신통찮아 생활이 어려웠다.

  쏠리다드 형무소에서 나온 후로는 나는 비에 씻긴 달걀껍질처럼 깨끗하게 살려고 애썼다. 또다시 형무소로 되돌아가게 되는 짓은 하고 싶지 않았다.

  내가 하느님을 발견한 것은 쏠리다드의 채소밭에서였다. 내가 말하는 하느님이란 양배추가 둥그렇게 영그느냐 안 영그느냐, 일천 개나 심은 무가 싹을 내느냐 안 내느냐 하는 문제였다. 그것은 물을 많이 대주거나 비료를 많이 뿌려서 되는 일이 아니고, 무한한 능력을 가진 하느님이 결정할 수 있는 문제였다.

  그래서 나는 이 크레디트 카드를 발견하는 순간 척 알았던 것이다. 이것을 이곳에 두어서 나로 하여금 발견케 하신 것이 하느님인 이상, 하느님은 내가 이 크레디트 카드를 사용하기를 원할 것이다. 하느님께서는 내가 그동안 고되게 열심히 일만 해왔다는 것을 아시고, 이런 행운을 만들어주신 것이다.

  하느님의 배려는 그뿐만이 아니었다. 오늘이 토요일이고, 크레디트 카드를 분실한 윌리엄 L. 윌슨 씨는 은행과 백화점 들이 문을 여는 월요일까지는 분실 사실을 통고할 수 없다는 것, 그래서 나로 하여금 이틀간의 여유를 갖게 하시지 않았는가! 참으로 하느님은 모르는 게 없으셔.

나는 새 타이와 의복 등 내게 가장 필요한 물품들의 목록을 작성했다. 그다음에는 술이나 스테레오카쎄트같이 내가 갖고 싶은 물품목록도 작성했다. 나는 목록의 마지막에다가는 이렇게 적어넣는다. 최고급 식당에서의 진수성찬!

그러나 나는 쓸쓸히 혼자 먹기는 싫었으므로 도린을 불렀다. 도린은 누드사진 모델을 한 일도 있고, 나와 데이트도 두어 번 했으나, 돈 많이 쓰는 남자만 좋아하는 년이 돼서 한번도 뜻을 이뤄보지 못한 여자였다. 나는 내가 곧 상무가 될 몸이지만 아직 업무파악이 잘 안된 상태라 이것저것 훈련받는 중이라고 그녀에게 말했다.

내가 전화를 걸어 저녁을 같이하자고 말했을 때 그녀는 처음에 시큰둥한 반응이었다. 그러나 내가 오늘 삼천일백 달러의 보너스를 받게 되어 써버릴 궁리를 하는 중이라고 말하자, 그녀는 옥타브를 한층 돋우더니 "그러잖아도 오늘은 당신하고 데이트나 하려고 생각중이었어요. 왜냐하면 오늘 내 친구 마샤가 해리와 약혼을 하게 돼서, 슈발리에 식당에서 쌍쌍파티를 연다고 초대를 했거든요. 슈발리에 식당이 어디냐고요? 오! 새로 생긴 고급식당이에요. 영화, 텔레비전 스타들이 모조리 드나드는 곳이에요" 하고 쫑알대었다.

나는 그녀에게 어떤 고급식당에라도 갈 능력이 있다고 말하고 일곱시에 약속을 했다.

나는 슈발리에 식당에 전화를 걸어 크레디트 카드를 받는지 확인했다.

반시간쯤 지나서 나는 단벌 옷을 꺼내 입고 아파트를 나가 차를 탔다. 배터리가 약해서 시동이 가까스로 걸렸다.

'새 배터리!'

나는 목록을 찾아 체크했다.

나는 내가 사는 곳에서 멀리 떨어진 주유소로 가야겠다고 생각하고 로스앤젤리스의 번화가를 향해 가는데 하느님이 내 귀에다 대고 속삭여주셨다.

(이 바보야, 주유소에서는 네 크레디트 카드 청구서에다 차번호를 적어둔단 말이야!)

맙소사! 나는 차를 세우고 잠시 생각한 끝에 얼핏 떠오르는 게 있어서 차를 할리우드 쪽으로 돌렸다.

내가 종종 가본 일이 있는 지름길로 해서 언덕길을 올라가니, 다행히도 그 차가 그 자리에 세워진 채 있었다. 포도나무 덩굴이 덮인 채 비어 있는 낡은 집 옆에 버려진 차였다. 번호판이 그대로 붙어 있었다. 내가 그것을 떼어내는 동안 아무도 지나가는 사람은 없었다. 나는 으슥한 곳으로 가서 번호판을 갖다붙였다.

내가 거의 로스앤젤리스의 번화가로 되돌아왔을 때 하느님이 다시 속삭여왔다.

(이 바보야! 번호판에는 74년이라는 표시가 없잖아? 교통경찰에게 걸리면 네 등록증 번호하고 맞지 않는 게 탄로나!)

나는 하느님에게 감사한 다음, 드라이버로 내 번호판에 붙은 74년 표시를 떼어내려고 했으나 되지를 않았다. 나는 하는 수 없이 집으로 돌아가 번호판 위에 뜨거운 물을 끼얹었다. 그런 다음 면도날로 74년 표시를 떼어내어 훔친 번호판 위에다 붙여보았으나 잘 붙지 않았다. 방에까지 뛰어올라가 고무풀을 가져와서야 겨우 붙일 수 있었다.

시계를 보니 벌써 두시 삼십분.

빌어먹을, 한나절을 허비했잖아!

나는 집에서 멀리 떨어진 주유소로 가서 "오늘 경마에서 복식을 맞혔는데 그 김에 필요한 걸 한꺼번에 사겠다"고 하고, 좋은 래디얼 타이어 네 개와 배터리 하나, 와이퍼 한쌍, 그리고 기름을 넣어달라고 했다. 모두 225달러 85쎈트였다.

다음으로 나는 할리우드에 있는 한 술가게로 가서, 진 세 상자와 고급 포도주 한 상자, 그리고 한 병에 8달러 75쎈트나 하는 프랑스 샴페인 한 상자를 산 다음, 상자를 되돌려주는 댓가로 10달러 50쎈트어치 마카다미아 너트를 샀다. 무척 좋아하면서도 사먹지 못한 것이었다.

청구액이 440달러. 나의 크레디트 카드를 받아쥔 점원이 이십오 달러 이상은 조회를 해보아야 한다면서 전화 다이얼을 돌리는 통에 나는 진땀을 뺐다. 이 '윌슨'이란 작자가 죽은 지 오래여서 지난 몇달째 불입을 하지 않았으면 어쩌나 하고. 그러나 아니었다. 하느님은 아직 내 어깨 위에 앉아 계셨다.

그다음으로 나는 뮤직씨티에 가서 123달러어치 스테레오 테이프를 샀다. 그들 역시 내 카드를 조회해보았으나 역시 오케이였다.

나는 베인 가에 있는 보석가게에 가서 십팔금에 사파이어 박힌 귀고리를 샀다. 도린에게 주기 위한 것이었다.

나는 요긴한 것을 뒤로 남겨두고 있었다. 내가 가장 원하는 것이 있다면 그것은 의복이었다. 나는 내 힘으로는 도저히 상상도 못할 옷들을 한번에 걸쳐보고 싶었다.

나는 차를 몰아 브로드웨이 할리우드라는 큰 백화점 맞은편에다 갖다 세웠다. 나는 최고급 남성복을 파는 가게가 이 백화점 안에 있다는 소리를 들은 일이 있었는데 윌리엄 윌슨이 이 백화점의 크레디트 카드를 갖고 있었다는 것은 참으로 다행한 일이라 생각했다.

나는 가게 안으로 들어가자마자 점원에게 말했다.

"나는 오늘 나쁜 뉴스와 좋은 뉴스를 동시에 갖고 이곳에 왔다. 나쁜 뉴스란 내 아파트에 불이 나서 옷이 몽땅 타버린 것이고, 좋은 뉴스란 마음껏 정장을 갖출 수 있는 자금이 보험회사에서 나왔다는 것이다." 그러자 점원은 눈을 커다랗게 뜨고 나를 부러워했다. 나는 그에게 크레디트 카드를 주면서, 혹시 마누라가 불입 못한 게 있을지 모르니까 체크해보라고 말했다.

점원이 다이얼을 돌리는 것을 보면서 나는 문득, 이 백화점의 크레디트 카드 과(課)는 오늘 열려 있어서 윌슨씨가 분실계를 낸 게 아닌가 하는 생각이 들었다. 나는 계단을 통해서 달아날 태세를 갖추었다. 그러나 점원은 금방 전화를 끝내고 활짝 웃으며 소리치는 것이었다.

"네, 좋습니다! 시작해보실까요, 윌슨씨."

이것이 내 평생소원이었다. 애들아, 나는 브로드웨이 백화점에서 옷을 맞췄다. 나는 열한 벌의 고급옷을 입어보고 여덟 벌을 샀다. 그리고 바지 열 개, 스포츠 코트 다섯 벌, 구두 여섯 켤레, 셔츠 스물네 장, 넥타이 열두 개와 양말 스물여덟 켤레도 샀다.

그곳에선 마침 내복이 쎄일중이어서 두 벌 사고 손수건도 몇장 샀다. 그리고 흑색 개버딘으로 지은 외투와 털로 된 재킷, 캐시미어 라인이 장식된 백색 돼지가죽 코트도 샀다.

희한하게도 옷들은 다 잘 맞았다. 그런데 나는 바짓단들을 모두 손을 봐야 하고 그것이 다 되려면 화요일이나 돼야 한다는 사실을 모르고 있었다. 나는 이마에 땀이 송송 내배는 것을 느끼며, 오늘 저녁에 꼭 입어야 할 한 벌이 필요하다는 것과, 바짓단 정도는 아주 싼값으로 마름질해주는 곳이 우리 이웃에 있다고 말했다.

짐이 꾸려지기를 기다리는 동안 나는 백화점 안을 이리저리 돌아다니며 장차 여행을 하게 되면 쓰려고 멋진 가방 세 개를 사고, 파이프 여섯 개와 담배 육 파운드, 그리고 런던제 씰크 가운, 밍크털로 장식된 가죽 슬리퍼와 향수도 샀다. 오! 하느님, 부자가 된다는 것은 참 좋습니다.

청구액은 181달러 50쎈트의 세금을 포함해서 무려 3026달러였다. 점원 두 사람이 친절하게도 내 차에까지 짐들을 날라다주었다. 내 트렁크는 이미 술병으로 가득 차 있었기 때문에 짐은 시트 위에 쌓는 수밖에 없었다.

한 뚱뚱한 사나이가 옆을 지나다가 불쑥 뇌까렸다.
"아니 이거, 가게 하나를 몽땅 샀구먼! 누구의 크레디트 카드를 사용했지, 드레이스?"
사나이는 깔깔거리면서 자기 차를 향해 걸어갔다.
점원은 안고 있던 짐을 바싹 끌어안으며 눈이 휘둥그레졌다.
내가 웃으며 말했다.
"장난이야. 난 알지도 못하는 사람인걸."
"아, 그래요?"
점원은 그제야 안심을 하고 그들의 써비스에 불만은 없었느냐, 다음에도 꼭 자기네 가게를 이용해달라며 허리를 굽신거렸다. 나는 두번 다시 이 백화점 안에 발을 들여놓지 못할 것을 생각하니 서글퍼졌다.
나는 시계를 보았다. 여섯시 오분이었다. 나는 옷 때문에 뒤를 돌아다볼 수도 없이 된 채 집으로 차를 몰았다. 차에 있는 짐을 방으로 옮기는 데 꼬박 이십분이 걸렸다.
나는 면도를 하고, 이를 닦고, 샤워를 한 다음, 몸에다 향수를 뿌리고, 새 내의를 입고 새 양말을 신고, 새 셔츠를 입고, 새까만 새 양복을 입고, 새까만 구두를 신고, 새 넥타이를 윈저 형으로 매고, 머리를 빗었다. 마지막으로 나는 거울을 들여다보고 난생처음 자랑스러운 미소를 지어 보였다.
내가 도린의 아파트에 도착한 것은 일곱시 오분. 도린은 가슴이 온통 다 드러나고 엉덩이가 꽉 조이는 옷을 입고 있었다. 그녀는 내가 샴페인 두 병을 들고 있는 것을 보더니, 나에게 키스했다. 나는 그녀에게 너무 열내지 말라고 했다.
나는 오늘의 행운을 내가 정말 좋아하는 사람과 나누고 싶다고 말하면서 귀고리를 그녀에게 주었다. 그녀는 십팔금이란 표시를 확인하더니 탄성을 지르며 거울 앞으로 달려가 귀에다 달아보곤 좋아서 어쩔 줄 몰라했다. 그리고 나서 나에게 준 그녀의 키스는, 내가 평생 받아본 키스 중에서 가장 강렬한 것이었다.

슈발리에 식당은 비벌리 힐즈에 있었는데 실내는 마치 성당 내부 같았다. 흰 타이를 매고 연미복을 입은 웨이터가 횃불을 들고 이리저리 뛰어다니는데, 나는 저 작자들이 불을 지르는 게 아닌가 했다. 그러나 나는 곧 그것이 칼자루 위에서 번쩍이는 음식이라는 것을 알았다. 맥도널드 식당 따위에서는 볼 수 없는 광경이었다.

우리는 수석 웨이터의 안내로 홀을 가로질러 걸어갔는데, 모든 사나이들이 도린의 몸매에 군침을 흘리면서 멋쟁이로 차린 나를 시기하는 것처럼 보였다. 마샤와 해리는 이미 자리를 잡고 앉아 있었다. 해리는 변호사고, 마샤는 은행에서 근무한다는데, 서로 쉴새없이 낄낄거리다가 키스하곤 하는 것만 빼면 아주 매력 있는 남녀였다.

우리는 마셨다. 도린과 나는 손으로 쓴 메뉴를 들여다보았다. 당신은 아마 이렇게 고급스런 식당에선 으레 메뉴를 인쇄하는 줄 알겠지만 백만장자 폴 게티도 그런 짓은 안한다.

"하지만 이건 굉장히 비싸!"
하고 도린이 말했다.

"돈은 충분히 갖고 왔겠지?"

"아니."

내가 대답했다.

"하지만 내게는 마스터 카드가 있다고, 자, 시작해! 돈이 문제가 아냐!"

해리는 크레디트 카드를 가지고 다니지 않는다고 말했다. 지갑을 자주 잃어버릴뿐더러 일일이 전화로 조회를 하기 때문에 번거롭다는 것이었다. 그래서 그는 현금을 갖고 다니는데, 오늘 계산의 절반은 자기가 현금으로 줄 테니 나더러 계산을 책임지라는 것이었다. 나는 주차장

사용료를 낼 돈도 없었기 때문에 대단히 반가운 제안이었다.
수석 웨이터가 주문을 받으러 왔다. 도린은 금방 40달러어치의 음식을 주워섬겼다. 캐비어와 훈제 연어, 홀랜드 쏘스를 친 아스파라거스, 동그랗게 썬 양파와 부풀린 감자를 곁들인 필레 미뇽(안심 스테이크), 플람베 등등이었는데, 맨 나중 것은 바람만 가득 채운 것이어서 사기로 판명되었다.
내가 시킬 차례였다.
"에, 가만 있어, 난 귀찮은 게 싫으니까 같은 걸로 하지……"
해리와 마샤도 돈에는 인색한 사람들이 아니었다. 해리는 작은 병 하나에 17달러 60쎈트나 하는 백포도주와 22달러 50쎈트짜리 홍포도주를 주문함으로써 포도주 애호가라는 것을 과시하고 이곳 포도주 값이 매우 적당하다고 말하는 것이었다.
맙소사! 어쨌든 나는 음식을 즐겼다. 처음 먹어보는 캐비어는 괜찮았다. 훈제 연어는 빛깔이 발그스레하고 짜지 않았다. 해리가 시킨 포도주는 마신 뒤에 석유 맛이 전혀 나지 않는 것으로 보아 과연 괜찮은 것이었다. 도린과 나는 해리처럼 키스하고 낄낄대고 하였다.
어쨌든 그것은 내 생애에서 가장 행복한 밤이었다. 마샤가 나를 괴롭히기 시작한 것은 식사 후의 커피를 마실 때부터였다.
그녀의 호의에서 나온 것이었다. 크레디트 카드를 분실했을 때를 대비해서 마스터 카드를 조회할 수 있는 전화번호를 적어두라는 것이었다. 은행지점의 비서인 그녀는 분실된 카드를 사용해서 물건을 사기해가는 악당들이 수없이 많다고 했다.
하루 스물네 시간, 그리고 주말에는 신고를 받는 전화가 따로 있는데, 많은 사람들이 그것을 모르고 있어서 그런 사고가 생겨나는 것은 안타까운 일이라고 했다.
나는 윌리엄 윌슨이라는 사람이 제발 그 번호를 모르고 있어주기를 속으로 기도했다.

"하지만 말이에요."

하고 마샤는 신이 나서 지껄였다.

"일단 분실신고가 들어왔다 하면 난리가 나요! 찰칵찰칵, 삑삑, 텔렉스가 울고 힝, 덜커덕 힝, 컴퓨터가 돌아가죠!"

나는 어지럽기 시작했다.

"그래서 순식간에, 문자 그대로 순식간이라고요. 전 미국을 통해서 그 계좌는 동결! 그 카드를 사용하려고 하는 더러운 얌체들의 손목에는 모조리 찰칵! 쇠고랑이 채워지는 거죠."

맙소사, 누가 듣지 않을까 겁이 날 정도로 내 심장은 큰 소리로 뛰었다. 가슴에도 땀이 흘러내리고 있었다. 내 몸은 오싹하게 한기를 느꼈다가 화끈 달았다가 했다. 나는 거기서 나가고 싶은 생각뿐이었다.

마침내 단두대로의 안내자 같은 웨이터가 다가와 계산서를 해리 앞에 내밀었다. 해리는 그것을 잠시 들여다보다가 내 앞으로 밀어놓고, 한 무더기의 20달러짜리와 10달러짜리를 꺼내주며 말했다.

"팁 삼십 달러도 절반씩 내지."

계산은 220달러 50센트였다. 나는 마스터 카드를 꺼내어 그 위에 적힌 이름이 도린의 눈에 보이지 않게끔 재빨리 웨이터에게 주었다. 그러자 웨이터는 그것을 받아들더니,

"감사합니다, 윌슨씨!"

하고 떠나는 것이 아닌가!

"윌슨? 윌슨이라니?"

하고 도린이 나에게 물었다.

나는 다급했다. 잠시 생각하다가 웃으며 대답했다.

"아카 윌리엄 윌슨이야."

"아카?"

도린이 어리둥절해서 물었다.

"올쏘우 노운 에즈(also known as), 그렇게도 알려져 있다는 뜻이야"

하고 마샤가 아는 체를 했다.

"이봐!"

나는 안간힘을 쓰며 설명했다.

"우리 아버지는 내가 어릴 때 돌아가시고 어머니가 윌리엄 윌슨이란 남자에게 시집을 가셨어. 난 그 남자 앞으로 같은 이름으로 입적이 됐는데 그 남자가 또 죽었거든. 그래서 나는 티모시 머도크라는 옛 이름을 다시 쓰게 됐지만 법적으로는 윌리엄 윌슨이야."

나는 손가락으로 테이블을 북치듯 두들기며 웨이터가 다시 나타나기를 기다렸다. 해리가 법원에 가서 이름을 고치는 것은 아주 간단하다는 말을 하고 있었지만 내 귀에는 들리지 않았다. 내게는 이 식당의 경리직원이 전화를 걸고 있는 모습이 보이는 듯했고, 그 전화통에서 외치는 소리도 들리는 듯했다.

"그 사람 체포하시오! 그 사람은 윌슨이 아니야, 더러운 사기꾼이야! 그 카드는 십분 전에 분실신고가 들어온 거야. 계좌는 동결됐소."

웨이터가 떠난 지 한나절은 되는 듯이 느껴졌다. 내 귀에는 북소리가 들려왔다. 써커스에서 스펙터클한 장면이 벌어지기에 앞서서 둥둥둥 치는 것 같은 북소리는 점점 커지고 빨라졌다.

"부웅."

도린이 장난으로 내 귀에다 대고 소리를 질렀다. 나는 기겁을 했다.

"어머, 놀라긴! 왜 그렇게 놀라죠? 오늘밤 즐겁지 않았어요?"

나는 그녀에게 키스했다. 웨이터가 은접시 위에 내 카드와 펜을 담아 들고 다가와 테이블에 놓았을 때 나는 반가운 나머지 까무러칠 뻔했다.

나는 펜을 집어들었으나 커피잔에 빠뜨리고 말았다.

"아니, 어떻게 된 거예요? 왜 그러죠?"

놀란 도린이 물었다.

"키스 탓이야."

나는 이렇게 말하고 손이 떨리지 않게 하려고 애쓰면서 액수를 적고는 밑에 서명을 했다.

그런데 그때 수석 웨이터가 다가오더니 빙긋 웃으며 내가 서명한 카드 영수증을 집어 두 쪽으로 짝 찢고 말했다.

"이런 건 필요없습니다, 윌슨씨. 나리께서 우리 업소의 일만 번째 고객임이 밝혀졌습니다. 진심으로 축하드립니다."

나는 어안이 벙벙해서 어찌할 바를 몰랐다.

"그게 사실이오? 놀라운 일인걸. 하여튼 고…… 고맙소!"

"고맙단 인사는 저희가 드려얍죠."

수석 웨이터가 이렇게 말하며 손으로 신호를 보내자, 번쩍번쩍 빛나는 술병들이 가득 실린 수레가 달려왔다.

"저희 집의 술들을 고루 맛보시기 바랍니다."

그가 다른 곳으로 가자, 도린과 마샤와 해리는 마음 내키는 대로 술을 맛보며 좋아 날뛰었다. 해리가 내게 웃으며 말했다.

"이봐, 내 돈은 좀 돌려줘도 되잖겠어?"

"아, 그렇지! 헤헤……"

나는 내 호주머니에 일단 들어온 돈이 도로 나가는 것이 아까웠으나 하느님한테 신세를 지는 데도 한도가 있어야 한다고 생각했다.

우리가 각각 다른 술을 석 잔씩 마셨을 때 해리가 너무 게걸스럽게 먹는 것도 좋지 않다고 말해서 우리는 그만 일어서기로 했다.

로비로 나오자, 경관 두 사람이 나를 기다리고 있었다. 하나는 카운터 앞에 섰고 다른 하나는 출입문에 붙어서 있었다. 그들은 사복을 하고 있었으나 그들 중에 하나가 내게 이렇게 물었을 때 금방 알아볼 수 있었다.

"윌슨씨입니까?"

"그런데요?"

경관은 배지를 내보였다.

"비벌리 힐즈 경찰서의 쌜리 경사입니다."

"경찰?"

도린이 내 팔을 잡으며 외쳤다.

"경찰이라니?"

"무슨 일인가, 경사?"

사고 담당 변호사인 해리가 물었다.

"조만간 날 찾아올 줄 알았어."

나는 숨을 푹 쉬고 말했다.

"교통위반이야."

하고 나는 대답했다.

"딱지를 스물다섯 번이나 떼이고도 출두를 안했거든."

"그건 너무했구먼?"

해리가 말했다.

쌜리 경사는 나를 한번 노려보더니 도린을 흘낏 쳐다본 다음, 체면을 세워준다는 듯 입을 꾹 다물었다.

"그런데 여기 있는 걸 어떻게 알고 왔죠?"

"주차장에 세워둔 내 차를 보고 알았겠지."

그런 다음 나는 해리를 보고 말했다.

"시간이 걸릴 것 같은데, 도린을 집까지 좀 태워다줘."

나는 도린에게 키스했다.

"잘 가. 전화할게."

"별일 없겠죠?"

"잘 가요."

세 사람은 먼저 떠났다.

"고맙소."

하고 나는 경사에게 말했다.

"귀여운 아가씨던데."

경사는 고개를 끄덕했다.

"대단히 죄송합니다."

수석 웨이터가 나타나 아까 찢어버렸던 카드 영수증 조각을 경사에게 주면서 내게 말하는 것이었다.

"괜찮소. 경찰관들이 올 때까지 나를 붙들어놓는 방법이 아주 훌륭했소."

"가실까요?"

경사가 말했다.

"네."

나는 수석 웨이터에게 또 말했다.

"주방장에게 전해주시겠소? 내 평생에 처음 먹어본 훌륭한 음식이었다고."

"그가 들으면 대단히 기뻐할 것입니다, 나리."

나는 경찰서까지 가는 동안 하느님에 대해서 생각했다. 하느님은 어쩌면 내가 그 크레디트 카드를 윌리엄 L. 윌슨 씨에게 갖다주고 그와 친해지기를 바라셨는지도 모를 일이었다. 억만장자이고 아름다운 딸이 있는 사람인지도 모르지 않는가. 혹은 내가 가꿔놓은 저 쏠리다드 형무소의 배추밭을 놈이 아주 망쳐놓았기 때문에, 내가 다시 필요해져서 불러가시는 것인지도 모를 일이다.

아무튼 나는 하느님이 앞으로는 내게 무엇을 원하시는지 좀 분명히 해주었으면 좋겠다. 나같이 둔한 머저리가 생각해볼 적에 하느님과 평범한 인간 사이의 의사소통이 잘 안되는 이유는, 필시 오늘날 교회에 가는 사람은 너무나 적고 감옥에 가는 사람은 지나치게 많기 때문이 아닌가 싶다.

『여성동아』 1983년 1월호

추모의 글

5부

박이엽 형을 생각한다
늘 남을 보살피던 가난한 사람
늘 앞서가던 멋쟁이 박이엽
그때 인사동에 박이엽이 있었다
필사본 노트 『예세닌 시집』이야기
조용한, 그러나 신화적인 삶
헌닝캡 박이엽 선생
박이엽 선생님과 「서칠리아 마부의 노래」

박이엽 형을 생각한다

신경림 / 시인

　내가 박이엽 형을 처음 본 것은 학교 신문사에서였다. 점심이라도 얻어먹을까 해서 동급생인 학생기자 송혁(시인, 작고)을 신문사로 찾아가면 언제고 한쪽 구석 책상에 앉아 글을 쓰거나 책을 읽고 있는 동료 기자가 있었는데, 송혁은 그를 소개하면서 영어를 아주 잘하는 사람이라고만 설명했다. 그때만 해도 시에 취해서 영어에는 별로 관심이 없던 시절이다. 늘 빙긋 웃으며 악수만 하고 도로 제자리에 앉아 책을 읽거나 글을 쓰고 있어서 내 뇌리에는 그가 조용한 사람으로만 남았다. 그 뒤 그는 송혁의 집에 기숙을 했기 때문에 더 종종 만날 수 있었지만, 그와 술을 마시거나 대화를 할 일은 별로 없었다. 아마 우리가 얘기다운 얘기를 처음 주고받은 것은 서로 알고서도 한참이 지나서였을 것이다. 우연히 길거리에서 영자 시 전문지 『포에트리』(Poetry)를 사서 들고 다닌 일이 있었는데, 마침 딜런 토머스 특집호였다. 그는 딜런 토머스를 좋아하느냐고 물었고, 나는 제대로 읽지도 않았지만 우물우물 그렇다고 대답했다. 그는 딜런 토머스야말로 자신이 가장 좋아하는 시인이라면서 여러가지 얘기를 했는데 그에 대해 아는 것이 별로 없는 나는 물론 시종 듣기만 했다. 이를 계기로 그는 송혁의 다른 친구들보다는 나와 더 가까워졌고, 별반 말이 없는 그지만 가끔 나와 시에 대해서 말을 주고받기도 했다.

그가 번역 일거리를 만들어준 것도 그 무렵이다. 다른 교수 이름으로 나가는 책의 번역을 맡아, 한 장(章)을 내게 맡긴 것이다. 그때까지 번역이라고는 해본 일이 없는 나인데다 번역을 할 만한 실력도 아니었지만, 약간의 선금까지도 받으면서 나는 무모하게 그 번역을 맡았다. 한달 가까이 끙끙거리면서 번역을 끝냈고, 원고료를 받아 친구들한테 호기있게 술도 한잔 샀다. 그런데 책이 나온 것을 보니 내가 번역한 부분에 전혀 다른 원고가 들어가 있는 것이었다. 내 번역이 못 쓰겠어서 그가 다시 번역해 넣은 것이 틀림없었다. 내가 한번 슬쩍 물었더니 그는 빙긋 웃기만 하고 대답하지 않았다. 그는 아무한테도 이 이야기를 하지 않았기 때문에 나는 끝까지 서투른 번역가가 되는 수모를 면했다. 그는 먼저 입이 무거운 사람, 남의 흠을 들추지 않는 사람의 이미지로 내 머리에 각인되어 있다.

한때 그는 음악과 관련된 출판사에서 일했었다. 그 무렵 나는 권농동에서 유종호 교수(문학평론가)와 같이 하숙을 하고 있었는데, 학교는 별로 가지 않고 '르네상스'로 '돌체'로 음악을 듣는다 술을 마신다 하고 나돌던 때였다. 늘 늦게 일어나 점심때가 다 되어서야 아침을 먹는 우리한테 어느날 하숙집 여주인이 불평을 했다. 문간방 젊은이는 하숙비도 제때 내지 못하면서 매일처럼 새벽에 나가 밤늦게 들어오니, 학생도 아니고 직장인도 아니고 도대체 정체를 알 수 없다는 것이었다. 그 정체를 알 수 없는 사람이 하필 박이엽이었다. 서너 달이나 지나서 모처럼 일찍 일어나 세수를 하고 있는데, 딜런 토머스처럼 모자를 삐딱하게 쓴 박이엽이 문간방 미닫이를 밀고 나와 구두를 신고 있었다. 그뒤 우리는 명동 등에서 자주 마주쳤다. 그는 나와 가까운 황명걸(시인)과도 친하고 김승환(작가)과는 직장동료였던 터이다. "오늘 같이 들어가자." 밖에서 만나면 더러 이런 말도 했던 것 같다. 그러나 한집에서 일년여를 하숙하면서 우리는 한번도 집에 함께 들어간 일이 없었다. 세수할 때 한번 말고는 집에서 마주친 일도 없다. 그가 데면데면한 성격의 사람으로 내 머리에 남아 있는 것은 이래서다.

하지만 우리가 그렇게 인연이 없는 것만은 아니다. 한때 같은 시동인으로 깊은 관계가 있다. 내가 시골살이를 끝내고 서울로 올라와 한 신문에 처음 시를 발표했을 때였다. 그 무렵 저녁이면 한국기원에 나가 신동문 시인, 민병산 선생(철학) 등을 만나 술과 저녁을 먹는 일이 일과처럼 되어 있을 때였는데, 자주 얼굴을 보이는 사람 가운데 박이엽도 있었다. 방송원고를 쓰던 박이엽이 밥값과 술값을 내는 일이 가장 많던 시절이다. 우연히 황명걸과 박이엽, 그리고 월간지 『여원』의 편집장을 하던 김하중만 남은 자리에서 발표된 내 시 얘기 끝에 시 동인지를 하자는 얘기가 나왔다. 먼저 아이디어를 낸 것이 박이엽이었다. 그가 오래전부터 시를 쓰고 있고 그 수준이 매우 높다는 것은 황명걸로부터 이미 들어 알고 있던 터였다. 넷은 의기상투하여 매주 날짜를 정해서 만나기로 약속을 했고, 주위에서 몇을 더 동인으로 받아들이되 일단 넷이 주축이 되기로 뜻을 모았다. 이 약속은 그뒤 얼마 동안 지켜져 넷만의 술자리는 여러차례 이어졌지만, 모두 한결같이 소극적인 성격의 사람들인지라, 내가 『농무』를 내고 황명걸은 『한국의 아이』를 내면서 자연스럽게 무산되었다. 나는 어쩌면 딜런 토머스의 시를 닮았을 박이엽의 시를 끝내 보지 못한 일이 아직도 아쉽다.

하지만 아쉽다고 해서 그가 해야 할 일을 하지 못했다고 생각한다는 말은 아니다. 그는 시를 쓰는 것보다 더 크고 더 많은 일을 했으니, 가령 기독교방송(CBS)을 통해 7년 가까이 「여명 200년」이라는 대작을 연속 방송했다. 실제로 내가 그를 아주 좋아하게 된 것도 이 연속물을 들으면서였다. 그는 남이 못 보는 것을 보고 남이 듣지 못하는 것을 듣고 또 그것을 말할 수 있는 용기를 가진 아주 드문 사람이라는 사실을 이 연속물을 들으면서 나는 처음으로 알았다. 술에 취해서 자지 않는 새벽이면 나는 꼭 이 연속물을 들었던 일을 아직도 기억하고 있다. 나는 이 연속물을 들으면서 많은 역사적 사실을 알게 되었지만, 그의 섬세함과 성실함, 그리고 인간적인 순결성을 찾아내는 것도 이 연속물을 듣는 적지 않은 재미였다. 또한 이 연속물을 들으면서 거꾸로 박이엽이 시를 썼더라면 다른 사람이 흉내내지 못할 시를 썼을 것이라는 생각에 아쉬움이 배가되었다.

그의 섬세함, 성실함, 그리고 인간적인 깨끗함은 그가 가끔 선보이는 산문에 잘 드러난다. 그의 산문은 한 편 한 편이 완성도 높은 시적 향기를 지닌다. 아니, 그것들은 그의 번역에도 나타나고 있다. 흔히 여기(餘技)로 간주하여 대충 넘기는 번역에도 그의 이런 성향은 유감없이 발휘되어, 그의 번역을 예술이라고 극찬한 민병산 선생의 말을 뒷받침한다.

그가 타계한 지 이제 다섯 해가 되었지만, 이 유작집을 통해 그가 새롭게 발견되었으면 싶다. 또 이것이 단순한 유작집으로 끝나지 않고 많은 사람들을 위한 글쓰기의 한 전범이 되기를 바란다.

(2007년 10월)

늘 남을 보살피던 자상한 사람

강민/시인

혹독한 유신 시절, 나는 전재산인 판잣집을 도로를 낸다는 그들의 강요로 철거당하고, 어쩔 수 없이 노모와 동생을 데리고 빈손으로 셋방을 전전하고 있었다. 몇달 후로 예정된 결혼을 앞두고 큰 낭패가 아닐 수 없었다. 오랜 투병생활과 워낙 가난했던 가계(家計) 탓에 겨우 생활하고 있던 처지라 정말 막막했다. 철거를 끝까지 용납하지 않던 나를 그들은 공무집행방해라며 협박하고, 끝내는 한푼의 보상도 없이 쫓아내버렸으니 말이다.

그래도 그런 내게 약속대로 시집을 와주겠다는 어린 신부를 데리고 나는 미친놈처럼 산꼭대기 판자촌을 헤매고 다녔다. 마땅한 집을 좀처럼 찾을 수가 없었다. 그때 우연히 박이엽 형을 만났다. 우거지상의 나를 보더니, 무슨 일이 있느냐고 한다. 그래서 늘어놓은 내 푸념을 듣고 그는 조용히 말했다.

"우리집으로 와."

그는 그 무렵 방송국 스크립터를 하며 어렵게 지내고 있었는데, 요행히 북가좌동 산꼭대기에 판잣집보다는 좀 나은 집 한 채를 가지고 있었다. 그 집을 반으로 나눠 칸막이를 해줄 테니 오라는 것이다. 그야말로 구세주 같았다. 나는 셋방 보증금을 빼어 그에게 주었다. 그 보증금은 아마 칸막이 공사대금으로 다 나갔을 것이다. 그리하여 나와 그의 한집살이가 시작되고, 나는 거기서 노모와 동생을 데리고 신접살림을 시작했다. 얼마나 고마운 일인가.

그는 늘 조용히 웃으며 언제나 있는 듯 없는 듯 주변 사람들을 보살폈다. 일찍이 그가 '국민음악연구회'라는 음악서적 전문 출판사에서 발행하는 『월간 음악』의 편집장으로 있을 때, 직장이 없는 친구들을 숱하게 그 휘하로 끌어들여 위기를 면하게 해준 얘기는, 아는 사람은 다 안다.

그는 나이는 우리와 동년배이면서도 일찍 문단 선배들과 어울려 영시를 번역하고, 최신의 시 이론도 꽤 많이 소개했다. 1950년대 말부터 1960년대에 걸쳐 나왔던 시 동인지 『시작(詩作)』을 보면 그의 글이 나온다. 나는 그의 학력을 모른다. 그런데 그가 어떻게 당시에 쟁쟁하던 고원(高遠), 장호(章湖) 선생 등과 거기 참여하여 활동했는지 알 수가 없다. 그래서 한동안 학생 신분이던 우리는 그가 나이 지긋한 선배인 줄 알았다.

독재의 폭압이 극에 달한 70년대였을 것이다.

그는 방송작가협회의 임원이었는데, 폭정의 앞잡이들은 자신들에게 협력하라고 작가들에게 날인할 것을 강요했으나, 그는 끝끝내 저항하고 응하지 않았다. 그때부터 그는 협회에서 쫓겨나고, 제도권 방송사들은 그에게 집필 기회도 주지 않았다. 오로지 기독교방송(CBS)에서만 기회를 주어, 몇년 동안에 걸쳐 그의 역작(力作) 「여명 200년」이 방송되었다.

그는 또 아무도 못 따라갈 멋쟁이다. 그 궁핍한 시절에도 그는 늘 영국 신사풍의 옷차림으로 우리를 놀라게 했다. 비록 중고일지라도 그는 어디선가 홈스펀 상의에 코르덴 바지, 격자무늬 헌팅모, 그리고 장미뿌리 파이프를 물고 빙긋이 웃으며 나타난다. 이 버릇은 그가 타계하기까지 계속되었다.

원래 선병질(腺病質)적 체질이던 그는 늘 몸이 좋지 않았다.

방송일이 멀어지면서 그는 다시 번역일을 한 것으로 아는데, 당시 주로 반체제 인사들이 모여 운영하는 『창작과비평』 쪽 사람들과 어울리는 것 같았다. 나와는 주로 민병산, 신동문, 황명걸, 신경림, 구중서, 민영 등 선배, 동료 들과 함께 만났는데, 어쩐 일인지 만년에는 자주 만나질 못했다. 인사동에 있는 어느 조용한 찻집을 그가 가르쳐주어 여러 번 찾아갔는데, 몇번밖에 만날 수가 없었다. 그는 늘 나를 만나면 어려운 살림을 걱정해주었다. 어쩌면 나보다 더 어려운 자기 처지는 제쳐두고……

어느날 그에게서 전화가 왔다. 파주로 이사를 했노라고, 전화번호와 주소를 가르쳐주었는데, 그리로 전화 한통 못해보고 그의 부음(訃音)을 들었다. 문상을 가서 그의 부인과 가족을 보고도 그저 고개만 숙일 뿐 할말이 없었다. 그가 가르쳐준 전화번호와 집주소는 아직도 내 수첩에 그대로 기록되어 있는데……

은국(殷國) 박이엽 형, 부디 하늘나라에서 즐거운 평화, 자유, 누리소서!

(2006년 4월)

늘 앞서가던 멋쟁이 박이엽

황명걸 / 시인

그토록 죽이 맞더니 갈 때도 같은 병으로

기관지가 나쁜 나는 주기적으로 호흡장애 증상이 나타날 적이면, 호흡기질환으로 타계한 지기와 친우, 두 사람을 떠올린다. 한분은 인사동을 사랑한 거리의 철학자 민병산 선생이고, 또 한 사람은 역시 인사동을 떠날 줄 몰랐던 방송극작가 박이엽 군이다.

민병산 선생은 환갑을 맞는 해 작고했으니 햇수로 어느덧 18년이 되는 셈이고, 박이엽 군은 우리 곁을 떠난 게 엊그제 같은데 얼마 전 대상(大祥)을 치렀으니 벌써 3년이 지났다.

민선생은 폐결핵을 앓으면서도 병원 찾기를 마다하고 기호품인 담배 끊기를 거부해 고생이 자못 심했었다. 평소 가까이 지내던 채현국, 박이엽, 임재경 등의 주선으로 건축가 조건영의 집에 원룸을 장만하여 주거가 편안해지나 싶더니, 고질인 폐기종이 돌이킬 수 없는 지경에 다

다라, 소설가 구중관이 곁에 있었어도 손쓸 겨를이 없었다. 후배들이 마련해드리고자 한 작은 회갑잔칫상을 받지 못하고 환갑 전날밤에 돌아가신 것이다. 너나없이 모두들 유감스러워한 것은 물론이다.

지금도 눈에 선한 선생의 준수한 용모. 남달리 타고난 골상이 귀골인데다 안광(眼光)도 형형해 범접키 어려운 위엄마저 풍겼다. 그럼에도 불구하고 본인은 평소, 불구가 아름답다고 강조했었다.

그런데 기이한 것은, 그토록 우애가 각별하던 민병산과 박이엽이 점차 그 병증마저 닮아가는 것이었다. 그러더니 마침내 박이엽마저 같은 병으로 무진 고생 끝에 선배 민병산을 따라가고 말았으니, 두 사람은 참으로 기연이 아닐 수 없다.

만성폐쇄성폐질환, 그 숨막히는 고통에 괴로워하면서도 두 사람은 똑같이 흡연을 단호히 단절치 못했다. 의지가 약한 탓만이 아니라 기호를 중시하는 생활철학 같은 것이 있지 않았나 싶다. 시쳇말로 그때 벌써 삶의 질의 향유에 생활의 우선순위를 두었던 선각자였다고 할까. 그러하니 미망인과 유가족이 겪어야 했던 마음고생이 어떠했으리란 건 짐작이 가고도 남는다.

회색 플란넬 바지에 세피아색 홈스펀 윗도리를 걸치고 길이 잘 든 파이프를 입에 물던 영국 작가풍의 멋쟁이 박이엽. 그는 남성 소지품의 명품——이를테면 만년필에 몽블랑·펠리컨·워터맨, 라이터에 던힐·뒤뽕·까르띠에 따위——의 값어치를 알고, 우리로 하여금 명품에 눈뜨게 했던 정신적 귀족이었다.

독학으로 이룬 성취, 늘 앞서간 선두주자

내가 박이엽, 그러니까 개명 이전의 본명 박은국을 처음 만난 것은 대학 초년생 시절, 인사동 초입의 막다른 골목 안에 자리한 음악감상실

'르네상스'에서였다. 궁정동에 위치한 음악서적 전문 출판사 '국민음악연구회'의 『월간 음악』 편집장이던 그는, 나와 달리 어엿한 사회인의 풍모였다. 당시 그는 종로 3가 안쪽, 하숙비가 비교적 눅은 봉익동에서 하숙을 하고 있었는데, 그 집에는 서울대 영문과 학생이던 문학평론가 유종호와 『문학예술』지에 「갈대」로 시추천을 완료한 동국대 영문과의 신경림이 함께 하숙을 하고 있었다. 이밖에도 이 집에는 광주 출신의 시인 박성룡과 정현웅이 더불어 묵고 있었는데, 나는 신경림의 고향(충주) 한 해 선배이기도 한 유종호를 보러 들르곤 해서, 우리는 자연스레 친구가 되었다.

정통 영문학도인 유종호가 W. B. 예이츠나 T. S. 엘리어트를 원서로 읽을 적에, 독학파인 박은국은 에즈라 파운드, W. H. 오든, 스티븐 스펜더 같은 현대 영미의 주지주의 시를 줄줄 읽어내려갔다. 그리고 내가 소월이나 청록파 시인들에 머물러 있을 때, 그는 오장환과 설정식으로 뛰어가 있었다. 또한 내가 교과서에 실린 워즈워스나 롱펠로우의 전원적·교훈적인 시를 읊조릴 때, 그는 마야꼬프스끼나 예프뚜셴꼬의 진취적인 시를 노래했다. 뿐만 아니라 내가 하이든·모짜르트의 감미로운 선율에 젖어 있을 때, 그는 스뜨라빈스끼와 쇤베르크 같은 현대의 무조음악에 관심을 가졌다. 그는 국민음악연구회의 편집장 일을 친구 김승환에게 넘기곤 영화잡지의 주간으로 활동하기도 했다.

박은국은 문학·음악뿐만 아니라 영화·무용·미술에 이르기까지, 예술 전반에 걸쳐 해박한 식견을 가진 전방위 아방가르드였다. 그는 모든 면에서 우리 친구들을 앞서가던 선두주자였던 것이다.

하기야 박은국은 일찍이 부산 피난 시절에 이미 주간 예술종합지 『문학예술』에 될성부른 패기의 필봉을 선보인 바 있었다. 그가 우리에겐 선배격인 시인 장호나 고원과 호형호제하는 사이인 것도 다 지난날의 그런 연줄이 있었기 때문이다.

나는 지금도 잊을 수 없는 것이, 그의 부산 고향집을 함께 찾았던 일이다. 그의 집은 부산 외곽의 수영비행장 근처에 있었는데, 호롱불로 흐린 흙 담벼락에서는 궁색이 흘렀어도, 거기에서 나는 정말 보고 싶었던 오장환의 시집 『성벽』과 『헌사』의 원본을 구경할 수 있어, 방 안이 온통 빛으로 가득 찬 느낌이었다. 더구나 오장환 번역의, 러시아의 마지막 농촌시인 예쎄닌 시집의 필사본을 대할 때는 엄습해오는 전율로 온몸을 떨었다. 그 시집은 박은국이 손수 정성들여 꼼꼼히 옮겨적은 필사본이었기 때문이다. 나는 그의 학구열에 또 한번 놀랐다.

그의 시작 공책에는 주지주의 경향의 시편들이, 그 특유의 달필로 정연하게 들어차 있었는데, 그의 시적 정조는 '후반기' 동인들―김기린·김수영·박인환 등에 닿아 있었다. 그의 시편들이 활자화되지 못하고 유실되고 만 것은 참으로 아까운 노릇이다. 하지만 그의 역시집 롱펠로우의 『에반젤린』이 1950년대 말에 출간되어 널리 애독된 사실은, 친구인 나로서 두고두고 기분 좋은 추억이다.

훨씬 뒤, 방송극 집필에 힘이 부치면서 간간이 역서를 냈는데, 노마 필드의 『죽어가는 천황의 나라에서』와 서경식의 『나의 서양미술 순례』같은 것은 지금도 꾸준히 생명력을 이어가고 있어 반갑다. 그것은 그의 번역이 평이하고 유려하여 읽기에 수월하고 머리에 잘 들어오기 때문이다. 그의 명번역은 정평이 나 있지만, 그 바탕은 그의 흡인력있는 문장력에 기인하지 않나 생각한다.

생활을 위해서였지만 그의 재능이 아깝다

박은국이 필명을 박이엽으로 개명한 것은 방송극을 쓰기 시작하면서였다. 이를테면 심기일전하려는 나름대로의 속셈이 있었을 터다. 아무튼 그가 생활을 위해 순수문학을 접고 방송극을 쓰게 된 것은 함께 문학을 하던 친구로서 섭섭한 감이 없지 않지만, 그의 방송극이 단순한 대중취향에 머물지 않고 격조있는 본격극의 체통을 지켰음을 감안할 때, 적이 위안이 되는 일이다.

그의 대하방송극 「한국 기독교 100년사」와 「여명 200년」은 방송사에 길이 남을 노작임에 틀림없다. 그러나 그가 순수문학에 매진했더라면 높은 수준의 시인·평론가로 일가를 이루었으리라는 아쉬움이 끝내 남는다.

알고 보면 박이엽은 나와 동년배지만, 사실 그는 앞선 선배였고, 철든 형님이었고, 묵묵한 신사였고, 명품을 아는 멋쟁이였고, 맛을 아는 미식가였다고 해도 지나친 말이 아니다.

그가 충무로 영화판에 있을 적에 명동에 나오면, 자신은 술을 마시지 않지만 친구들을 위해 안주가 있는 술판을 마련해주었으니, 명동공원 맞은편의 송도집에서 먹던 빈대떡 맛은 잊을 수 없다. 그립구나, 박은국―박이엽!

그가 우리 곁을 떠난 지 어언 3년, 유족·친지·친구·후배 들이 고인이 생전에 친우 채현국과 함께 자주 가던 '누님손국수집'에 모여 조촐히 대상을 치르고, 이제 추모집을 내면서 곧 그의 동상을 선배 고인들의 것과 함께 세울 기획이라니, 후배들의 마음씀이 한결 대견하고 고맙게 느껴진다. 그 중심에 채현국이 있을 터이고, 실행에 후학 김명성이 도움을 줄 텐데, 인사동에 모이는 지성들의 살가운 정은 각박한 오늘의 세상을 녹이는 보기 드문 미담이 아니고 무엇이랴.

사실 언뜻 보기에 과묵의 박이엽과 다변의 채현국이 친구가 되기 쉽지 않을 것 같으나, 용케도 둘은 묘하게 어울리는 한쌍이었다. 이것은 다 각기 다른 성격들을 아울러 판을 만드는 인사동의 특질, 묘한 매력이 아닐까 한다.

박이엽과 같이했던 50여년. 르네상스·돌체·청동을 섭렵하던 명동시대를 넘어 한국기원·유전다방·꼬마네집을 맴돌던 관철동시대를 건너, 귀천·수희재·문우서림으로 옮겨다니던 인사동시대도 왠지 저물어가는 듯한 느낌을 지울 수 없는 2005년 세모에, 당신들과 함께했던 짧지 않은 세월이 계속 이어지기를 빌며, 민병산을 그린다. 천상병을 그린다, 박이엽을 그린다.

(2005년 11월)

그때 인사동에 박이엽이 있었다

구중관/소설가

우리가 관철동에서 인사동으로 근거지를 옮긴 것이 1980년대 초반에서 중반으로 들어가던 무렵이었다. 그때 강홍규가 경향신문에 연재하던 『관철동시대』를 끝내고 있었고, 박이엽이 기독교방송에서 7년여 동안 방송된 「여명 200년」의 집필을 끝내고 그것을 24권의 책으로 엮어내고 난 다음이었으며, 천상병의 아내 목순옥이 인사동에서 '귀천'이라는 찻집을 시작한 무렵이었다.

그때는 한국기원이 관철동에 있었고, 일반 대국실에 자주 와서 바둑을 두고 구경하는 문인들을 중심으로 언저리 찻집이며 술집에 모이는 사람들의 일화를 강홍규는 '관철동시대'라는 이름으로 신문에 팔아먹으며 그 돈으로 우리에게 간혹 술도 사고 밥도 샀는데, 강홍규가 가장 많이 팔아먹은 것이 천상병, 신동문 두 시인과 문필가 민병산이었다.

우리가 만남의 장소를 인사동으로 옮긴 것은, 이제 바둑판은 그만 들여다보고 다양한 볼거리가 있는 곳으로 가보자는 민병산의 제안에 따라서였다. 그때의 우리라고 함은 민병산, 박이엽, 채현국, 강홍규, 방영웅 등을 말함이나 이들 말고도 비상임으로 나오는 이들의 친구들이 많았고, 그래서 민병산과 그 일당이라는 백수 패거리는 인사동에서 금방 하나의 세력을 형성하였으며 이들은 모두 그동안 지식을 많이 흡수한 사람들이었으므로 우리의 주업무인 담소는 풍성하고 즐거웠다.

 우리 패거리 가운데에서 가장 열심히 인사동으로 출근하는 사람은 민병산과 박이엽이었는데, 민병산은 낮이면 거리에 나와서 끼니를 사먹고 찻집에 앉아 소일하는 것이 이미 오랜 습관이 되어 있었기 때문이고, 박이엽도 거리에 나와 찻집에 앉아 있는 것을 좋아하는데다 또한 자기가 나가지 않으면 민병산이 홀로 외롭게 밥먹고 앉아 있을 것을 안타깝게 여겼기 때문이다. 그때 강홍규는 『바둑세계』라는 월간지를 맡아 만들고 있었으므로 백수가 아니었고, 방영웅은 거리에 나와도 아직 바둑판에 미련을 버리지 못하여 한국기원과 인사동을 바쁘게 넘나들고 있었다.

 그때 민병산은 오십대 중반의 총각이었고 박이엽은 사십대 후반으로 한 가정의 남편이며 아버지였는데, 두 사람은 닮은 점이 많았다. 우선 그들은 나이보다 더 늙어 보였다. 강홍규가, 삼십대에 이미 늙어버린 민병산이라고 『관철동시대』에 썼을 만큼 일찍이 늙었던 민병산은 그즈음엔 허리도 구부정해 있었고 얼굴도 쭈그러진데다가 많이 퇴색한 노인의 모습이었고, 박이엽도 바짝 말라 나이가 더 들어 보였다. 두 사람은 말수가 적었고, 술은 못 마셨지만 커피는 매우 잘 마셨고, 아무 말을 하지 않고도 편안하게 가라앉은 모습으로 오랫동안 앉아 있을 수 있었고, 자리를 옮기느라 거리를 걸어갈 때면 매우 느리게 걸었고, 밥을 먹을 때도 천천히 씹었으므로 시간이 많이 걸렸고, 아무튼 그들은 결코 서두르지 않는 느림의 미학을 일상으로 보여주고 있었다.

 그렇게 느린 발걸음으로 이동하고 마주앉아 낮은 목소리로 짧은 대화를 나누다가 오래 침묵하고 그런데도 그들과 함께 있으면 기분이 좋았고 느긋하고 편안한 즐거움이 느껴졌다. 사람 사이에는 마음의 교감이라는 것이 있고 정겨움과 신뢰는 말을 하지 않아도 우러나오는 것이어서 그때 그들과의 수많은 만남은 오랜 세월이 지나도록 잊히지 않는 즐거움과 행복으로 여태 남아 있다. 사람이 살아가는 동안 어떤 욕망을 어렵게 성취했을 때나 무슨 유별난 성공을 거두었거나 그런 데서 오는 행복감은 자극적이기는 하나 오래가지 못하고 불행의 소지가 될 수도 있지만, 일상의 삶에서 가질 수 있는 만남과 어울림, 그 교감과 친교에서 오는 즐거움과 행복이야말로 오래도록 유지되는 참된 기쁨이라는 옛사람들의 이야기를 나는 그들과의 만남에서 이해하고 수긍할 수 있었다.

그러고 보니 그때 우리와 어울렸던 또 한 사람이 생각난다. 이십대에 출가하여 스님이 되어, 스리랑카 어디 깊은 곳을 찾아가 박쥐똥이 켜켜이 쌓인 암굴 속에서 사십일 금식하며 좌선하기도 하고 열심히 공부하여 싼스크리트어를 읽었으며 이미 능통한 영어실력으로 불교 외교의 통역을 하기도 했고 해인사 강원에서 중강 노릇도 했고, 그러다가 깨달은 바 있어 환속하여 우리와 어울려 놀던 그를 우리는 옛 법명 그대로 홍교 스님이라고 불렀는데, 그는 채현국의 오랜 친구였다.

채현국이 철학과를 졸업하였으나 돈벌이 사업가로 나서 여러개의 회사를 거느린 촉망받는 재계인이 되었지만 파산하고 거지가 되어 우리와 어울려 즐겁게 놀고 있었듯이, 그도 공과대학을 졸업하였으나 불교계에 들어가 촉망받는 스님이 되었고, 그러나 스스로 작파하고 백수가 되어 우리와 합류하여 재미있게 살고 있었다. 그도 민병산과 박이엽을 닮아 말수가 적고 조용하게 가라앉은 모습이었고 서두르지 않았고 그런데도 정겨움이 느껴지는 사람이었다. 그는 술을 잘 마셨는데, 아무리 많이 마셔도 흐트러지지 않고 본래 모습 그대로였다. 이들 세 사람과 함께 있던 때를 생각하면 참으로 그윽한 분위기가 느껴져온다. 이미 욕망도 잠재우고 집착도 떨쳐버리고 겸손하게 조용히 고개 숙이고 앉아 일상의 즐거움과 행복에 귀의한 사람들이라 여겨진다.

이렇게 느긋하고 아늑한 분위기가 채현국이 나타나면 달라졌다. 시끄러워지고 활기가 감돌았다. 채현국은 우선 목소리가 크고 말이 빠른 데다 풍부한 이야기 소재를 가지고 있었다. 그는 말하는 동안에도 새로운 이야깃거리가 자꾸만 빠르게 뇌리에서 마구 솟아나오는 것 같았다. 폭넓은 관심과 식견에서 나오는 거침없는 설파가 이어졌다. 발랄한 의식에서 나오는 기발한 의미부여, 상식을 뒤엎는 독특한 해석, 기존의 관념을 깨뜨리는 과격한 질타가 서슴없이 쏟아졌다. 그렇게 그는 두세 시간 동안 계속 떠들 수 있었고, 민병산과 박이엽과 홍교 스님은 꼭 응수해야 할 대목에서만 짧게 응수할 뿐, 때로는 두세 시간 동안 한마디 하지 않고 듣고만 있기도 했다. 거기에 방영웅과 나는 때때로 엉뚱한 소리를 잘하여 실소를 터뜨리게 하였고, 또한 민병산은 이따금 해학적 발언을 내놓아 우리를 즐겁게 했으며, 그리고 누군가 무슨 이야기를 하다가 역사적 사실이 헷갈리고 기억이 나지 않을 때면 박이엽에게 자문을 구했는데, 박이엽은 탁월한 기억력으로 체계있는 지식을 가지고 있었으므로 도움을 주었고, 그래서 우리의 어울림은 풍성하였다.

그때 우리는 허름한 옷을 입고 모였는데, 그것은 우리의 두목 격인 민병산의 영향 때문이라 여겨진다. 민병산은 늘 퇴색해 보이는 허름한 차림을 하고 있었는데, 그것은 경제적 이유 때문이 아니라 그의 취향이라 생각된다. 누가 산뜻하고 고급스러워 보이는 옷을 사줘도 입지 않았으니 그것은 자신의 몰골과 비슷한 치레가 더 어울린다는 균형감각에서 나온 의식적인 선택이었을 것이다. 그래서 우리는 자신도 모르는 사이에 조화롭게 어울리는 모습을 위하여 허술한 옷을 입었던 것 같다. 민병산은 길거리 좌판에서 싸구려 물건을 골라 사는 취미도 있었는데 마음에 드는 똑같은 물건을 여러개 사서 사람들에게 나누어주고는 했다. 한동안 채현국과 박이엽과 홍교 스님과 나는 민병산이 나누어준 똑같은 모양의 싸구려 옷을 입고 다녔는데 우리가 그 차림으로 인사동을 함께 걸어가면 마치 거지들이 모처럼 단체복 입고 떼로 몰려가는 꼴이었다.

민병산이 밤에 들어가 거처하는 방도 그의 모습처럼 퇴색하고 허름했다. 변두리 동네에 있던 그 조그만 사글셋방은 부엌도 없이 방문 옆 처마밑에 달랑 연탄아궁이 하나가 있고 방 안 풍경은 매우 독특했다. 방문 반대편 벽에 몹시 작은 나무책상이 하나 놓여 있을 뿐 다른 살림도구는 하나도 없었는데 그 양옆으로는 온통 책으로 뒤덮여 있었다. 그런데 그 책더미가 차곡차곡 쌓은 것이 아니라 그냥 던져놓아 경사를 이루며 드높이 올라가 그 가운데로 오솔길 같은 방바닥이 간신히 드러나 책상으로 뻗어 있는데 그 오솔길이 어찌나 좁은지 거기에 간신히 앉으면 무릎이 책무덤에 닿았고 누우면 양어깨가 닿게 되어 있었다. 그 오솔길 방바닥에 누워 자다가 몸이라도 뒤척이면 책더미가 무너져내려 몸을 덮칠 형세였다. 어떻게 그런 가운데 누워 잠을 잘 수 있을까 신기하게 생각되었다. 그 책을 다시 차곡차곡 정리해서 쌓아올리면 가운데 방바닥이 좀더 넓어져서 운신하기 조금은 편하겠다 싶어 말해보았으나, 민병산은 단호하게 그대로 가만히 두라고 하였다. 남에게 일 시키는 것을 싫어하는 그의 성질 때문에 그랬는지 아니면 그렇게 책무덤을 양쪽으로 만들어놓고 좁은 틈새기에 간신히 끼여 자는 것도 그의 취향이었는지 그것은 지금도 알 수가 없다. 그렇게 우리는 1980년대의 중반기를 살아갔는데 민병산과 누구보다 많은 시간을 함께한 박이엽은 민병산의 건강이 날로 나빠지는 걸 알아채고 속 깊은 걱정을 하고 있었다.

민병산과 천상병, 이들 인사동의 두 거물이 거의 비슷한 시기에 병들어 쓰러져 눕고 말았는데, 누가 먼저 쓰러졌는지 지금의 기억으로 확실하지 않지만 아무튼 그 시절에는 의료보험이라는 것도 없었고 사회보장제도라는 것도 거지 같았으므로 우리에게는 감당하기 어려운 위기 상황이었다. 그때 소설가 이문구의 동서인 김경하가 서울시의 공무원을 하고 있었다. 우리는 그를 호출하였다. 김경하는 문학을 좋아해서 스스로도 공무원 세계에서 문필활동을 하고 있었는데, 그 때문에, 아니 그보다는 우리와 알고 지냈다는 죄 때문에 어려운 일을 두 번이나 떠맡아야 했다. 그는 열심히 뛰어다니며 천상병과 민병산이 거지라는 것을 증명하는 서류를 만들어내고 행정당국에 호소하여 두 사람이 무료로 입원치료를 받을 수 있도록 만들어주었다.

그렇게 두 사람은 위기를 모면했으나, 민병산의 지병인 천식은 계속 그를 괴롭히고 있었다. 박이엽은 우선 민병산을 그 책의 소굴인 낡은 방에서 끄집어낼 방법이 없을까를 고민했다. 책들이 언제 반란을 일으켜 쏟아져내려 쇠약한 몸을 뒤덮어버릴지 몰랐고 잘못해서 연탄불이라도 꺼진다면 그까짓 책더미의 보온이 있다고는 하지만 얼어죽을 수도 있는 그 방의 환경이 염려되어서였다. 그래서 채현국이 떨치고 나섰다.

채현국은 거지였지만 부자들의 돈을 털어오는 능력이 있었다. 그동안 그가 털어온 돈이 우리 어울림의 경제기반이었다. 그 돈으로 우리는 밥도 먹고 술과 차를 마시고 간혹 지방 출장여행도 다니고 그러고도 남는 돈이 있으면 모두가 분배해서 가졌다. 그래서 그를 활빈당 괴수 채길동이라고 부르는 사람도 있었다. 그런 채현국이 민병산을 그 위험한 책더미 소굴에서 구출하기 위하여 크게 한탕하기로 나선 것이다.

그때 건축가 조건영이 불광동에 멋들어진 최신식 가옥 한 채를 지었는데, 서너 세대가 어울려 살 수 있는 그 모던하우스의 한 칸을 채현국이 강탈해온 돈으로 구입할 수 있었다. 그리고 우리는 가지 않겠다고 버티는 민병산을 반강제적으로 이주시켰다. 민병산은 자기가 가진 것은 부리나케 다른 사람들에게 나누어주면서도 남에게 신세지거나 도움받는 것을 무척이나 싫어하고 부담스러워했으니, 그것은 그의 커다란 약점이며 공평하지 못한 처사라고 여겨지고 때로는 안타깝기도 했다. 민병산은 어쩔 수 없이 새로운 거처인 그 신식 집에 적응해가면서 지병인 천식을 힘겹게 다스리며 인사동으로 출근하여 사람들과 어울리며 살아나갔다.

민병산이 환갑을 맞이하게 되자, 그를 많이 팔아먹은 강홍규가 주동이 되어 우리는 민병산 회갑잔치를 준비했는데 그것도 당사자인 그에게는 커다란 부담이었을 것이다. 회갑일 전날에 인사동에서 밤늦게까지 우리와 함께 있었던 민병산은 어디로 꺼져버리고 싶다고 심중의 부담을 토로하였고, 회갑 초청장을 보고는 부고장 같아 보이네 하고 중얼거리기도 하였다. 그리고 다음날 아침, 그는 천식의 발작을 이기지 못하고 숨이 끊어지고 말았다. 잔치의 즐거움을 누리려고 잔뜩 벼르고 있던 우리를 남겨두고 거리의 철학자 민병산은 그렇게 홀로 저세상으로 가버렸다.

민병산은 그렇게 떠났지만 그후로도 계속하여 우리는 그가 터잡아준 인사동에 모여 떠들고 웃으며 살아갔다. 채현국은 여기저기 돌아다녀야 할 곳이 많았지만, 박이엽이 홀로 외롭게 떠돌고 있을지도 모른다는 생각에 다른 곳에서 볼일을 끝내면 부리나케 인사동으로 달려왔다. 박이엽과 채현국은 겉모습은 상반되어 보였지만 누구보다 스스럼없이 밀착되어 있었고 그러한 두 사람의 우정은 또한 오랜 세월을 지속하여 온 것이었다.

부산이 고향인 박이엽은 고등학생으로 이미 그곳 선배들의 문학모임에 막내로 어울렸고 또한 해방후 남한 정계의 혁신세력이던 조봉암의 진보당에 끼여들어 전단지를 붙이고 뿌리고 다니기도 했으므로 그야말로 불온한 아이였다. 그래서 그는 고등학교를 졸업하고는 도망질을 쳐서 서울에 입성하였고, 전쟁으로 폐허가 된 서울에서 스스로 벌어먹고살아야 했다. 그는 자신의 음악적 소양을 무기로 명동의 음악다방에 디스크자키로 취직할 수 있었다.

그때 서울대학교에 입학한 철학과의 채현국, 불문과의 황명걸, 영문과의 임재경 등등 자타가 공인하는 수재들이 어울려 학문과 예술을 논하며 철학과 술과 여자를 탐구하며 기고만장하면서 돌아다녔는데, 그들은 이른바 지식인과 예술가 들이 모여드는 명동의 음악다방에도 진출하였고, 거기에서 또래의 박이엽과 만나게 되었다. 사귀어가다보니 서울대학생들은 그 깡마른 디스크자키가 가지고 있는 폭넓은 실력을 알게 되었다. 박이엽의 예술적 교양과 문학적 소양에 그들은 감탄하지 않을 수 없었고, 그리고 무엇보다 박이엽의 영어실력에 기가 죽었다. 박이엽은 그때부터 영어소설을 원서로 읽고 있었다.

이십대에 이미 몹시 쇠약해져버린 몸을 가지고 있던 박이엽은 지식으로 밥벌이를 할 수밖에 없었다. 디스크자키를 그만두고 출판사에 들어가 일하고, 음악 전문 잡지의 편집도 하고 번역도 하였다. 그때 거지 같던 서울대학생들은 박이엽에게 밥도 얻어먹고 차도 얻어마시고 지식도 얻었다. 그 시절 우연하게 박이엽과 같은 집에 하숙을 한 적이 있는 시인 신경림의 회고에 따르면, 그때 박이엽은 대단히 지식 있는 촌놈이었고 채현국은 대단히 기세 좋은 괴짜였다고 한다. 그러다가 60년대 초반에 박이엽은 문화방송의 방송극 모집에 당선하여 극작가가 되었다. 이제 그는 원고료를 받아 살아갈 수 있었다.

극작가 박이엽은 또한 번역가이기도 했는데, 영어책뿐 아니라 일어책도 번역했다. 어려운 환경 속에서 그토록 쇠약한 몸으로 이른바 독학으로 그렇게 대단한 지식을 가지게 되기까지 그가 얼마나 열심이었을까 생각하면 마음이 숙연해진다.

전쟁 직후 그 궁핍한 시대에 스무살 고개를 넘기며 만났던 그들은 그로부터 사십년이 넘는 세월을 계속 어울리며 살아 우리의 인사동시대에까지 이어져오고 있었다. 그러면서 무상한 세월은 흘러 우리가 인사동에 터잡아 어울린 것도 어언 이십년이 되었다.

그동안 정겨웠던 여러 사람이 떠나갔다. 민병산이 먼저 갔다. 술 잘 먹고 바둑 잘 두던 소설가 강홍규는 마흔살이 훨씬 넘어 결혼하여 아들 둘을 낳아 기르느라 술먹기 바둑두기 우리와 놀기도 줄이면서 열심히 일하더니, 민병산이 가고 삼년 뒤에 마흔아홉의 나이로 뒤따라 가버렸다. 명사들의 술마시기대회에서 일등을 한 경력이 있고 한국기원의 바둑꾼이던 시인 신동문은 우리가 인사동으로 이주해올 무렵에는 사람의 병을 치유해주는 침술에 심취하여 고향으로 들어가 시골 사람들에게 침을 놓아주고 있었는데, 간혹 우리에게 와서는 침이야말로 시보다도 바둑보다도 술보다도 훨씬 심오한 최고 경지의 예술이라고 침 예찬론을 펼치더니, 강홍규가 죽고 몇년 뒤에 그도 저세상으로 가버렸다. 기구한 삶을 살아오느라 몸이 망가져버린 시인 천상병, 아내가 운영하는 인사동 찻집에 힘겹게 나와 앉아 아는 사람을 보면 몹시 반가워하고 대화하며 커다란 웃음을 터뜨리기도 하더니, 그도 '이 세상 소풍 끝내고' 가버렸다. 그리고 박이엽도 갔다, 겸손한 지식인이었으며 그윽한 신사였던 그는 쇠약한 육신을 벗어버리고 우리를 떠나갔다.

죽음이 저세상으로 가는 것이라면 먼저 간 사람들이 터잡아놓고 나중에 오는 사람을 기다리고 있을 것이다. 그렇게 옮겨가는 것이 죽음이라면 이 세상에서 사랑했던 사람들을 다시 만날 수 있을 터이니, 죽음이란 결코 두려워하거나 슬퍼할 일이 아니라, 육신을 벗어버린 우리의 모습은 어떻게 생겼는지 그리고 그곳에서는 또 어떤 어울림이 벌어지려는지 기대하며 따라가는 길이리라.

(2006년 2월)

필사본 노트 『예쎄닌 시집』 이야기
―박이엽 선배의 펜글씨로 옮겨쓴 『예쎄닌 시집』은
돌려 읽는 우리 젊은 작가들의 심령을 달구었다

호영송/시인, 소설가

그때 우리에게는 금지된 것이 참 많았다. 지금은 아무렇지도 않은 것들이 1970년대엔 금지되어 있었다. 터무니없지만, 정지용 시집조차 금지되어 있었고, 신문·잡지에 그의 이름조차 정○용이라는 식으로 복자(伏字)로 다루어졌다. 한국전쟁 때 북으로 끌려갔기 때문이란다. 그런데 하루는 한 선배 시인에게 예쎄닌(Sergei Aleksandrovich Esenin 1895~1925)이라는 진짜 민중의 시인이 있다는 말을 들었다. 다른 자리에서도 동냥 구하듯 그 이름을 들을 수 있었다. 예쎄닌은 당대의 언론에서 다루어지는 일이 불가능하다고 했다. 나는 예쎄닌을 읽고 싶었다. 그런 내게 하루는 기쁜 일이 있었다. 그의 시집을 보여주겠다는 친절한 선배가 있었다. 나는 감지덕지했고, 마침내 그 불온문서(!)를 은밀하게 받아들었다. 한데 그건 인쇄본이 아니라, 대학노트에 잉크 찍어서 펜으로 가득히 베껴넣은 낡은 필사본이었다.

내가 육군에서 35개월의 졸병생활을 하고, 제대하자마자 구한 직장이 블랭킷 판(일간지 싸이즈) 12면을 주 2회 발행하는, 국내 최초의 지역 신문인 『주간 시민』이었다. 나는 거기서 연출가 임영웅 선생, 방송극작가이며 번역가 박이엽 선생, 극작가 전진호를 만났다. 훗날 1980년대에 LA민족학교 교장이 된 극작가 전진호는 4·19 전부터 내겐 아우나 다름없이 가까운 친구였다. 그 팀은 매우 막강한 문화부를 구성하고 있어서 기대가 많이 됐는데, 웬일인지 얼마 되지 않아서 모두 물러나고 말았다. 어쨌든 박이엽 선배는 그때부터 나와 안면이 익었는데, 명동의 한 다방에서 그가 귀한 자신의 육필 필사 시집을 내게 맡긴 것이다. 그 시집은 유명한 월북 시인 오장환의 번역이었는데, 인쇄본에서 한 자도 빼지 않고 옮겨두어서 내겐 반갑기 짝이 없었다.

    세상의 시인들은
    똥 본 오리처럼 지껄거린다
    시악시라든가
    별이라든가
    달이라든가
    이런 나부랭이가 그들의 시의 샘이다
    나에게는 그와 다른 감정이 불타오른다.
    이 가슴속에는
    고칠 수 없는 고뇌가 웅수거리고 있다
    (…)
    나의 소원은 무엇이냐
    각인에 대하여 자랑과 본새를 줄 수 있는
    그러한 시인이 되고
    또 시민이 되려고 하는 것뿐

                      —「나는 내 재능에」 부분

그 시절의 나는
러시아의 음모도
전쟁의 목적도 이유도
무엇 하나 아는 것이 없었다.

다만 리야잔의 들판에서
백성들은 씨를 뿌리고
또 이것을 거둘 뿐
이것이 나의 고향이었다.

—「나의 길」부분

그 시집엔 이 세상의 아름다운 것들을 노래하는 여느 시인들과는 달리, 시골 사람들의 구수한 땀냄새와 어리숙한 미소와 히죽거림 같은 게 어려 있었다. 나는 그 시집을 거듭 읽으며 감동했다. "아, 이런 시인이 혁명 러시아엔 있었구나! 역시 풍요한 문학전통이 있는 나라는 다르구나."

60년대 초반부터 시를 쓴 나는 몇년 지나지 않아 회의에 빠졌고 시의 새 광맥을 찾아야 한다며 혼자 고뇌하던 참이었다. 그러다가 군문(軍門)에 들어가 짧지 않은 세월을 지내고 나온 터라 생각이 많을 수밖에 없었다. (얼마 전 대통령이 젊은이들이 군대가서 썩는다는 표현을 하여 말거리가 됐지만, 시인의 감수성은 화석화되다시피 했다.)

그 예쎄닌 시집이 금상첨화인 것은 역자 오장환의 시 번역이 우리말로 잘 육화(肉化)된 것이어서, 읽다보면 시구가 우리 혀에 척척 붙었던 덕분이다. 본래 과장하기를 싫어하는 내가 가까운 친구들에게 이야기했더니 "어디 좀! 나도 좀!" 했다. 결국 어느날 밤에, 그들 몇을 장위동의 자그마한 우리집으로 모이게 했다. 그래서 밤 두세시가 되도록 때아닌 '예쎄닌의 밤'이 작은 우리집에서 벌어졌다. 그런데 열정이 남보다 많은 소설가 황석영 씨가 그 밤의 낭송회로는 양이 차지 않았는지, 그 노트를 가지고 가서 널리 읽히겠다고 했다. 아직 복사기가 보급되지 않은 시절이라 직접 필사로 전할 수밖에 없던 때였다. 그가 내게 그 시집을 고스란히 빌려달라고 하는데, 나도 박이엽 선배에게 빌린 입장이라 난처했다. 혹시 잘못돼서 경찰의 손에라도 들어가면 일이 고약하게 되겠다 싶었으나 거절하지도 못했다. 아무튼 상당 기간 지나서 그 노트는 무사히 내게 돌아왔다.

근년에 신경림 선생님에게 들은 이야기인데, 그분도 70년대에 예쎄닌 시집을 돌려 읽다가 남산에 연행되어가서 며칠 곤욕을 치른 적이 있다는 것. 그러니까 박이엽 선배의 예쎄닌 시집 필사본 노트가 만일 그때 걸려들었으면 끌려갈 사람이 한둘이 아니었을 것이다. 그리고 누가 봐도 약골 샌님으로 보이는 박선배가 모질게 경을 쳤다면 어찌 되었을까? 상상만 해도 모골이 송연해진다.

나는 여기에서 박이엽 선배에게 송구스런 일 하나를 밝혀야겠다. 그 노트를 박선배에게 진즉 반환하지 못한 점이 그것이다. 나중에 세상이 많이 좋아져서 예쎄닌 시집이 버젓이 출판되어 서점에서 팔리게 되었을 때는, 그 암담하던 시절 이야기를 소설이나 희곡으로 쓰겠다는 생각으로 노트를 내가 계속 움켜잡고 있었다. 어느 땐가는 박이엽 선배에게 그런 뜻을 직접 밝히기도 했다. 나중에 내가 초고를 쓴 소설에는 박선배의 체취가 담긴 인물도 있다.

그때 여러 사람이 오장환의 기막힌(!) 번역에 감탄했는데, 내가 시인 김정환이 운영하던 한국문학학교에서 가르치느라고 사용하던 책 가운데서 오장환의 예쎄닌 번역을 칭찬하는 평론가 유종호 선생의 글 「시와 번역」(『문학이란 무엇인가』, 민음사 1998)을 찾아냈다. 그 글에 따르면 오장환은 당시 중역을 했다고 밝혔다는데, 중역일지언정 그 번역이 원작의 맛을 풍기는 대단히 좋은 번역의 표본으로 거론되었다.

아무튼, 내가 꾸물거리며 세월을 많이 축내다가, 수년 전에야 1천 매 정도의 장편소설 초고를 겨우 마쳤다. 나는 그것을 이제까지도 십분 만족스러운 작품으로 완결짓지 못했다. 만일 예쎄닌의 민중시가 우리에게 하나의 영감처럼 번득이고 감동을 주던 그 우화 같은 계절 1970년대 이야기에 관심 갖는 편집자나 출판사를 만났다면 일은 효율적으로 진척되었으리라.

그러그러한 세월의 어느 해 초가을, 박이엽 선배가 내 고향인 파주 땅으로 이사했다는 소식을 듣고 반가워 전화를 했다.

"파주로 이사가셨다니, 꼭 놀러 가야겠습니다. 파주는 내 고향 아닙니까?"

"아, 그렇던가? 반갑군. 우리집에 좀 와요, 허허."

그런 대화를 나누고 겨우 두어 달 지난 어느날 그이의 부음에 접했다. 우리 사이에 그리 시간이 많지 않다는 걸 왜 몰랐을까? 나는 박선배의 모습도 다시 볼 수 없이 되었지만, 그이에게는 꼭 읽히고 싶은 소설 『시인 예쎄닌의 밤』(가제)을 보여드릴 기회를 영영 놓치고 말았다.

(2007년 7월)

조용한, 그러나 신화적인 삶

배평모 / 소설가

　지난가을, 책을 정리하다 『나의 서양미술 순례』라는 책을 들고 한동안 손에서 놓지 못했다. 십년도 더 된 1992년 여름, 인사동의 '사람 사는 정'이라는 까페에서 박이엽 선생 자신이 번역한 그 책에다 애용하던 워터맨 만년필로 싸인을 해주시던 모습이 생생히 떠올라서였다.
　사람은 누구나 신화(神話)의 요소를 조금씩은 지니고 있을 것이다. 개개인이 지닌 그 신화적 요소들이 모여서 신화가 만들어지고 또 누군가는 신화의 주인공으로 자리잡게 되는지도 모른다.
　타계하신 지 사년째로 접어드는 박이엽 선생은 내가 만난 어떤 분보다 더 많은 신화적인 요소를 지닌 분으로 기억된다. 그렇다고 박이엽 선생의 삶이 끊임없이 일탈을 추구한 기행으로 일관했다는 의미는 아니다. 오히려 권태로울 정도로 일상의 테두리 안에서 조용히 사신 분이다. 박이엽 선생의 신화적인 면면은 권태로울 정도로 조용한 일상 속에서 잠류하는 물줄기처럼 흐르고 있었다.

80년대 중반, 명동시대를 거쳐 한국기원을 중심으로 관철동시대를 열었던 문인들이 인사동으로 옮겨왔다. 천상병 시인의 부인 목순옥 여사가 까페 '귀천'의 문을 연 시기와 비슷한 무렵이었다.

민병산 선생, 천상병 시인, 박이엽 선생, 신경림 시인, 김재섭 선생, 채현국 선생, 소설가 방영웅, 구중관, 강홍규 형 등을 비롯하여 많은 문인들이 인사동시대를 새로 시작한 걸로 기억된다. 그 무렵에 박이엽 선생을 처음 뵈었다.

저녁밥때를 두어 시간 앞두고 귀천에 가면 민병산 선생, 박이엽 선생, 채현국 선생, 구중관 형 등이 늘 자리잡고 있었다. 한 주에 한두 번은 귀천의 정신적 주인이던 천상병 시인도 자리를 함께하곤 했었다. 그 당시 지도자(?)는 채현국 선생이었다. 채현국 선생은 문인이 아니었는데도 문인들과 교분의 폭이 넓고 깊었다. 채현국 선생은 귀천에서 모든 대화를 처음부터 끝까지 주도한 탓도 있었지만 저녁밥때가 되면 밥값까지도 다 지불했기에 자연스레 지도자로 추대되었다. 민병산 선생과 박이엽 선생은 언제나 듣는 듯 마는 듯 앉아 있다가 얘기의 맥이 끊긴다 싶을 때만 매듭을 풀어주거나 아니면 한마디씩 추임새를 넣곤 했다. 귀천의 좁은 공간에서 차를 마시던 손님들은 싫든 좋든 채현국 선생의 청중이 될 수밖에 없었다. 동서고금을 넘나들며 예술, 종교, 역사, 정치 어느 분야에도 막힘없이 투박한 경상도 사투리로 맛있게 풀어내는 박학다식에는 싫어도 귀를 기울일 수밖에 없었다. 어느날 채현국 선생이 볼일이 있어 얘기를 하다 말고 먼저 일어나 나가자 차 마시던 손님이 무얼 하는 분이냐고 물었다. 커피잔에 티스푼을 담가두고 졸음에 겨운 듯 눈을 감고 있던 민병산 선생이 "아! 그분, 사교가예요" 하고 대답하는 바람에 남아 있던 모두가 웃은 적이 있었다.

채현국 선생과 박이엽 선생은 경상도 출신이라는 점 말고는 공통점이 하나도 없었다. 경상도라 해도 대구와 부산이니 굳이 동향이라고 할 수도 없었다. 채현국 선생이 박학다식에 달변인데다 성격도 격할 정도로 급하고 왕성한 활력을 내뿜는 활동가라면 박이엽 선생은 앎이 깊지만 눌변인데다 성격도 유하고 행동 또한 느린 편이었다. 그런데도 두 분은 죽마고우나 다름없는 사이였다. 두 분의 교분은 박이엽 선생이 타계하기까지 변함없이 계속되었다.

박이엽 선생에 대해서 제대로 알게 되기까지는 무려 십여년이 흘렀다. 그렇다고 박이엽 선생의 모든 것을 알았다는 말은 결코 아니다.

박이엽 선생은 물리적으로 매우 허약한 분이었다. 오래된 지병인 천식을 그림자처럼 달고 다녔다. 하지만 지병이 없었다 하더라도 생래적으로 허약한 분이라는 것을 여러 면에서 느낄 수 있었다. 지병이 깊어지기 전인 90년대 초반, 인사동의 기원에서 바둑을 둘 때였다. 마치 무거운 바위를 옮기기라도 하듯 힘겹게 바둑돌을 반상에 옮겨놓는 모습을 보며 참으로 기가 약한 분이라는 생각을 했다. 뿐만 아니라 걸음걸이 또한 느리고 힘이 없었다. 귀천에서 백 미터도 채 안되는 누님손국수집까지 가는데도 언제나 뒤처져서 일행이 자리를 잡고 앉은 후에야 들어오곤 했다. 행동뿐 아니라 음식 또한 적은 양을 가장 늦게까지 먹을 정도였다. 낮은 목소리에 음절을 딱딱하게 끊지 않고 부드럽게 잇는 부산말씨를 쓰는 박이엽 선생에게서 편안함과 더불어 유약함을 느낄 수 있었던 것은 당연한 일인지 모른다.

박이엽 선생에게 그러한 겉모습과는 다른 면이 있다는 걸 처음 느낀 것은 바둑을 둘 때였다. 비록 무거운 바위를 옮기듯 힘겹게 바둑돌을 놓긴 했지만 판이 짜여갈수록 서릿발 같은 매서움이 날을 세우곤 했다.

박이엽 선생이 방송작가로 이름을 날렸다는 사실을 알게 된 것은 80년대 후반이었다. 「아차부인 재치부인」 「오늘도 푸른 하늘」 등 인기가 상종가를 쳤던 홈드라마를 썼다는 게 그간 내가 보아온 박이엽 선생으로선 참으로 의외다 싶은 생각이 들었다. 그러나 그보다 더 놀라운 것은 방송작가들의 권익을 위해 앞장서서 방송사와 투쟁을 벌인 사실이었다. 그것은 우리나라 방송사(放送史)에서 작가들이 방송사를 상대로 벌인 최초의 싸움이었다. 뜻을 함께했던 작가들이 하나둘 달콤한 미끼를 내민 방송사의 회유에 넘어가 대열에서 빠져나가고 결국 박이엽 선생 혼자만 남게 되었다. 하지만 박이엽 선생은 끝까지 물러서지 않았다. 그리고 애초의 목표에 이르는 성과는 아니었을지라도 후배작가들에게 보탬이 되는 성과를 이루어냈다. 나는 그 일을 알고 난 후, 바둑을 둘 때의 그 서릿발 같은 매서운 결기가 어디에서 비롯되었는가를 비로소 알 수 있었다.

박이엽 선생의 방송작가 이력을 안 지 얼마 되지 않아서 또 한가지 놀라운 사실을 알게 되었다. 채현국 선생을 비롯해서 몇분과 함께 남도 여행을 떠났다. 그 여행 끝에 지리산을 종주했다는, 정말로 믿기지 않는 얘기를 듣고 충격을 떨칠 수가 없었다. 지리산 종주를 해보지 않은 사람은 그것이 얼마나 힘든 산행인지를 모른다. 나도 그 얘기를 듣기 전해에 지리산 종주를 했기에 그 고통의 힘겨움을 뼈저리게 느낀 터였다. 귀천에서 누님손국수집까지 백 미터도 안되는 거리를 언제나 뒤처져서 일행이 모두 자리에 앉은 다음에야 들어오던 분이, 바둑돌을 옮기는 것마저도 무거운 바위를 옮기는 중노동처럼 하던 분이 그 힘든 산행을 했다는 게 도무지 믿기지가 않았다. 젊은시절, 잠을 잘 때조차도 눈감을 힘마저 없어서 눈을 뜬 채 잠을 잤다던 분이 지리산을 종주했다는 사실은 믿으려야 믿을 수가 없었다. 그러나 그것은 엄연한 사실이었고, 사실로 믿기엔 참으로 경이로운 일이었다.

나는 그때, 박이엽 선생이야말로 초인이라고 생각했다. 엄청난 괴력을 발휘하는 거인보다도 더 위대한 초인이라고 생각했다. 그리고 박이엽 선생의 부드러움과 나약함 이면에 흐르고 있는 신화를 보았다.

　박이엽 선생은 우리나라 기독교사를 총정리한 24권이라는 방대한 분량의 저서 『여명 200년』을 집필했다. 개신교도인 선생에게 김수환 추기경이 감사패를 증정한 걸로 미루어서 엄정하면서도 객관적인 시각으로 집필한 공로가 입증된 셈이다. 박이엽 선생은 그외에도 『에반젤린』 『늙은 수부의 노래』 『죽어가는 천황의 나라에서』 『나의 서양미술 순례』 『한나라 기행』 『탐라 기행』 등의 책도 번역했다.
　박이엽 선생이 90년대 이후 번역한 몇권의 책은 가까이 지낸 탓에 자연스레 알게 되었지만 그 이전 집필이력에 대해서는 한번도 들은 적이 없다. 자연스레 말할 기회가 여러차례 있었을 텐데도 끝내 함구로 일관했다.
　나는 박이엽 선생의 개인적인 신상이력에 대해선 잘 모른다. 아는 게 있다면 부산에서 고등학교 3학년 때인 열아홉살에 대통령 출마를 한 죽산 조봉암 선생의 포스터를 붙이고 다니다 경찰의 감시와 추적을 피해 서울로 도망쳐왔다는 사실 정도이다. 전설 같은 얘기였다. 박이엽 선생은 타계하기까지 자신에 관한 얘기를 한 차례도 한 적이 없었다. 자신의 모습을 끝내 드러내 보이지 않았다.
　열아홉, 청년이라기에는 덜 여문 어린 나이에 진보를 향한 눈을 뜨고 시대를 꿰뚫어볼 수 있었다는 것은 참으로 놀라운 일이다. 아마도 청년기가 시작되던 그 무렵, 탁류를 헤치고 올곧은 길을 가고자 한 정신의 좌표가 일생 동안 흔들리지 않았던 것 같다. 박이엽 선생은 겉으로 드러냄 없이 곤륜산 눈 녹은 물이 수천리 사막 밑을 잠류하듯 스스로의 신화를 간직한 채 조용히 삶을 마감하였다. 참으로 조용히……

(2005년 12월)

헌팅캡 박이엽 선생

박구경/시인

참으로 선생은 우리 곁으로 다시 오신 것일까?
 이 중후한 멋의 선생을 너무 일찍 잃은 슬픔을 따뜻한 양지에 널어 두고, 바라보고, 기억해본다. 중후하다는 말의 사전적 해석이야, 태도의 정중함과 독실함이겠으나, 선생을 기억해 표현한다면 겉보기로는 멋진 바바리코트에 포수모자 또는 사냥모자로 불리던 '헌팅캡'이 잘 어울리는 중년신사였다.

지난 11월 11일, 인사동에서 선생의 몇몇 지인들이 박이엽 선생의 3주기 추모의 자리를 조촐하게 마련하는데 올 수 있겠느냐는 전화를 받았지만, 나로선 참석할 수 없는 형편이었다. 선생이 떠난 후로 참으로 힘이 들었다는 사모님은, 자녀들 손자들이 그리워 한여름 폭염에 귀국했다 하셨다. '사랑하는 박구경 선생님', 제하의 엽서를 받아들고는 한결같은 정(情)의 사모님의 마음이 읽혀졌다. 그렇게 하루하루가 힘이 드셨을 사모님께서는 한국을 떠나 미국에 오래 계시는 일도 힘드셨을 것이다. 아프고 우울했을 사모님을 떠올리면서도 참석하지 못해서 죄송하다는 말씀을 드렸고, 서울이 너무 멀리만 느껴지면서 하루종일 선생 생각으로 머리가 꽉차버렸다. 그로부터 한달이 조금 못 된 오늘, 김명성 씨로부터 민병산, 천상병, 박이엽 세 분 선생의 흉상 건립과 문집 발간 소식을 전해들었다.

선생이 한창 투병중이실 때, 서울에서 파주로, 공기 좋고 조금 더 넓은 집으로 옮기셨다. 그뒤, 딱 한번 찾아가 뵈었는데, 요즘 들어 부쩍 병원 가는 일이 잦아진다고 하시며 긴 호스를 통해 호흡에 도움을 받고 있는 모습은 참으로 안타깝기만 했다.

선생의 순간순간의 고통에, 사람에게도 기적이라는 것이 있었으면 좋겠다는 생각을 절실하게 했다. 그날, 두세 시간 외출도 가능하다고 하여, 조금 먼 거리로 나가 좋아하시는 냉면집도 가고 월드컵 축구 중계도 보고, 임진각, 도라산역까지 갔다. 채현국 선생과 윤병희 교수가 함께해주셔서 더욱 든든했고, 두 분 선생간의 정리가 흠뻑 느껴졌다.

참으로 선생은 우리 곁으로 다시 오신 것일까?

당대 최고의 방송작가요, 문필가요, 필자의 기억 속에서 절대 지울 수 없는 소중한 스승! 가을 단감을 받아보시곤 가을이 한꺼번에 다 왔다며 반가워하시던 그 목소리가 선하다. 손목 부분이 잘 닳아 구력이 있던 베이지색 바바리코트 깃을 세우고, 중절모로 어울리게 제대로 멋을 내고 인사동의 약속장소에 나타나셨던 선생은 멋스러움도 깔끔하셨다. 오랜만에 지방에서 올라왔다며 사모님과 부부동반하셔서 맛있는 밥을 사준다고 식당을 찾아다니셨고, 자주 가시던 찻집서 사주신 차향은 지금도 그윽하기만 하다. 사람은 차 한잔에도 고마움을 알아야 한다 하시던 말씀이 지금 귀에 나타나는 것만 같다.

여기저기를 다른 친구분들과 어울리면서도 선생은 말씀이 거의 없으셨고, 자신을 드러내지 않다가도, 대화에 의문이 생겨 질문하면 술술, 마치 사전을 펼치는 것처럼 잘 설명해주시던 그 지성의 모습마저도 감동이었다.

걸음을 느리게 걸을 수밖에 없었던 선생은 필자가 살고 있는 사천, 진주를 여러번 다녀가셨지만, 불편한 몸으로도 꼭 비행기 편이 아닌 기차를 타고 오셨다. 그렇게 아낀 여비를, 지금은 대학 3학년이 된 딸에게 용돈으로 주시곤 하던 인간 박이엽 선생은 참으로 소박한 분이었다. 필자가 근무하는 이 시골 풍경을 좋아하셨고, 아이들마냥 맑고 깨끗하셨다. 선생의 어깨에 외로움이 묻어 뵈던 어느날, 다음에는 사모님과 함께 내려오시라 했더니, 정말 사모님이신 정인임 교수와 동행하셨다.

우리는 고성에 계시는 김열규 교수를 만나러 가서는 서울의 산동네에 이웃해서 살 때, 연탄을 나르고 물동이에 물을 길어 나르던 고생담을 나누면서 이야기꽃을 피웠다. 언제나 그랬듯이, 채현국 선생의 내외분께서 동행해주셨고, 남해의 바닷가에서 회를 들면서도 즐거워하셨으며 합천, 창원, 통영 등으로 드라이브를 하면서도 선생은 언제나 창밖의 사물과 풍경을 놓치지 않고 있었을 것이다.

필자의 사무실에서 책을 뽑아들고는, 이 책은 번역이 잘못됐어! 틀렸어! 에이 못써! 하시기도 했으며, 필자의 졸시 한쪽을 읽고는 너무 음산해서 싫어!라며 하도 단호하게 말씀하셔서 나를 무안하게 만들기도 했다. 어느날 백합구이로 저녁을 먹으려고 했으나, 윤교수님의 재진 동창회 참여 일정으로 무산되어 선생 내외분은 서울로 가셨고, 그리고 다시는 진주도 사천도 오시지 못했다. 지리산 근처 맛있다 하시던 그 보리밥집도 함께 갈 수 없게 된 것이다. 마지막으로 뵌 것이었다.

참으로 청천벽력 같은 소리통이라니!

한밤중 전화에 "박이엽 선생이 돌아가셨어요! 삼성병원이에요." 채현국 선생의 목소리였다. 참 너무하신다 싶었다. 그날밤, 나와 남편은 생전의 모습이 아닌 영면의 순간을 보러 긴긴 고속도로를 달려갔다. 새벽녘에 도착하니 민영 선생께서 현관에서 기다리고 있었고, 황명걸, 채현국 선생님은 이미 술에 많이 취해 있었다. 얼마나 취해야 믿을 수 없는 사실들을 잊을 수 있을까. 나중에 전우익 선생도 오셨다. 거창에 신일성 선생 집을 들렀다가 봉화에 전우익, 권정생 선생 집도 들르자던 약속도 지키지 못한 채, 그것이 이 세상 끝이었다. 신일성 선생, 전우익 선생도 세상을 떠나고 말았지만…… (어찌 이 멋진 스승들은 일찍 가시는 걸까?)

선생에 대한 기억이다.

평소 선생이 아끼시던 민병산 선생의 서예작 「등전만리심(燈前萬里心)」을 보내주시니, 나는 그것을 보물로 아끼고 있다. 필자의 골방에 그 글을 모셔두고 그 환한 빛의 진리를 되새기곤 한다. 기회가 되면 각(刻)을 해서 보아도 좋을 것이라고 편지에 쓰셨고, 후에 그 말을 전해들은 민영기 씨가 올여름 목각해주었다. 가까이에 두고 오래오래 민병산, 박이엽 두 선생을 그려볼 것이다. 그외 『김종삼 전집』 원본, 윤병희 교수가 경상대학교 정년퇴임을 하고 서울로 올라가면서 선물로 주신 『철학의 즐거움』, 이철수 작가에게 분에 넘친 소개를 해 받아다 주신 『이렇게 좋은 날』 등은 선생의 유품이나 다름없이 더욱 소중하고 보배로운 것이 되었다.

참 세월은 무심하고, 생은 급박하기만 하다.
이 글을 얼른 끝내놓고는 사모님께 전화를 드려야겠다. 그리고 새해에는 파주에 사는 사모님을 찾아뵙고 두 손을 꼭 잡아드리고 싶다.

굵은 펜촉으로 쓰시던 선생 특유의 삐뚤삐뚤, 큼직큼직한 글씨체를 따라 내 마음은 벌써 선생께서 산책을 즐겨하시던 따뜻한 양지의 논길 밭길로 향한다.

(2005년 11월)

박이엽 선생님과 「씨칠리아 마부의 노래」

임계재/중문학자

　스무살쯤. 이제는 맹목적 허기와 가슴을 흔드는 목소리에서도 졸업한 베냐미노 질리라는 이딸리아 테너의 목소리에 청춘을 걸던 시절이었다.
　가슴이 저며오고 죽을 만큼 애절한 목소리로 부른 지비랄로의 「씨칠리아 마부의 노래」를 처음 들었다. 오디오는 생각도 못하던 시절이었고, 죽자고 매달리던 음악 듣기는 라디오 프로그램이 전부이던 시절, 처음 들은 노래에 나는 정신이 멍해지고 온몸의 맥이 다 풀려버렸다.
　생래적으로 감격 잘하는 나에게 세상에 그렇게 듣는 사람을 환장하게 만드는 노래를 부르는 사나이가 있다는 것, 그리고 그렇게도 슬픈 노래가 있다는 것은 가슴을 홀랑 뒤집어놓기에 충분했다. 당시의 내 나이 탓은 없었을까마는 그 노래를 듣고 난 후 노래에 대한 갈증이 덧들여져 정말 못살 것 같았다.
　진정으로 고통스러움이 무언지 모른 채 마음먹은 대로 되지 않으면 설령 내 바람이 터무니없다 해도 고통스럽다고 떠넘기던 시절이었단 말이다. 그것이 미숙한 젊음인지도 모른다.

그후로 아무리 라디오에 귀를 붙여두고 지냈지만 더는 들을 수 없었다. 더욱이 오디오도 없는 상황에서 원판임이 분명할 레코드는 그림의 떡일 수밖에 없었다. 던져버리고 나니 괜찮은 점만 보이는 남자친구(이미 결혼해버린)처럼 '또 한번 들어보고 싶은데' 상성을 하면서도 데데하게 접어두고 있었다. 시간은 흘러갔다.

몇년 전 가슴이 철렁 내려앉을 만한 「서른 즈음에」란 유행가는 느닷없이 나의 서른 즈음은 어땠을까라는 의문과 함께 내 시간을 뒤로 돌렸다. 가슴에 남은 장소는 말할 것도 없이 인사동이다. 여학교를 졸업하고 여자대학에서 남보다 더 많은 시간을 보낸 나는 인사동, '귀천'에서 평생 받을 귀여움을 많은 선생님에게서 순식간에 다 받고 있었다. 뭐든지 주워들었고 그분들 따라 아무데고 끼여 숟가락조차도 안 들고 다니는 뻔뻔한 거지 노릇도 많이 했다. 그 어른들의 끝없는 후배이자 제자 사랑에 감사하단 말 한번 표현한 적 없지만 운좋은 인간이란 생각은 잊은 적이 없다.

일일이 거명하기도 송구스런 어른 가운데 특별히 박이엽 선생님은 우리 젊은애들이 아무리 버릇없이 굴어도 단 한번 싫은 내색 없이 받아주시던 드문 분이다. 그래서일까 나는 박선생님께 유난히도 많이 찧고 까불었다. 조용한 그 어른에게 유행하는 우스갯소리 물어날라 호흡기 나쁜 어른을 숨 몰아쉬도록 웃게 만든 일도 한두 번이 아니었다. 다 받아준다는 옹호와 편들기가 나이 적은 사람을 얼마나 기살게 하는 일인가를 영악스럽게 간파했기 때문일 것이다. 굳이 친구의 말을 빌리지 않아도 "민병산 선생님과 박이엽 선생님은 말없이 서로 바라보고만 있어도 통하는 사이, 그리고 그 광경을 바라보는 우리는 공짜로 마냥 행복해 지는 그림"이었다.

　물실호기(勿失好機)라는 말이 왜 있겠는가. 이 좋은 기회를 내가 놓칠 수는 없다. 열심히 따라다녔다. 유난히 따르는 내 제자들에게 이르는 '껌붙기'란 표현은 내 젊은시절의 전과(?)에 다름아니다.

　박선생님! 참 별것을 다 아는 분이셨다. 내가 저분 연세가 되었을 때 과연 저만큼의 지식과 교양을 지닐 수 있을까? 정신 번쩍 들게 만든 많지 않은 스승 가운데 한분이 인사동의 박선생님이다. 궁금한 일, 어설프게 습득한 지식은 그분 덕에 확실하고 명료한 개념으로 단단히 정립할 수 있었다.

　"그런데 선생님, 「씨칠리아 마부의 노래」는 통 들을 수가 없네요." 어느날 음악 좀 안다는 사람이 하도 떠들기에 박선생님께 말꼬리를 돌렸다. "그러게 말이야, 라디오에서조차도 잘 못 듣겠더라……" 알다시피 인사동은 참 시끌벅적한 곳이다. 이십여년 전에는 지금보다 훨씬 대단했다. 조금이라도 아는 이야기가 나오면 귀가 먹먹하도록 긴 얘기를 끝간데 모르고 들어야 하는 고문도 존재했다. 전문가연하는 사람이 넘쳐나는 곳이 인사동이기도 했지만 도대체 「씨칠리아 마부의 노래」를 아는 사람은 이딸리아 가수의 내한공연에 학원비를 빙자해 어머니를 속이고 뛰어갔던 내 오라비 말고는 그때까지 누구도 없었다. 아는 척 안하시는 분의 미덕이 저런 것인가보다. 비록 노래 한곡이었지만 은밀한 비밀을 공유한 듯 하염없는 감탄이 가슴을 채웠다. 더욱이 어떤 때는 단 한마디도 안하시는 박선생님이니 그때의 내 심정이 오죽했겠는가 말이다.

　언제 밖으로 나갈지 모를 암울한 병실에서 우울증까지 겹친 그 겨울, 높지도 않은 병원 언덕길을 몹시 힘겨워하시면서도 말없이 손잡아주신 박선생님은 원고료를 봉투째 건네셨다. 그 따뜻함에 눈물겨운 나는 봉투가 가득 찬 것 아니라면 못 받는다고 어깃장을 놓으며 속울음을 삼켰다.

노광래가 꼬빡 넘어가게 이쁜 둘째딸을 얻고 '누님손국수집'에서 돌잔치 했을 때 나는 다시 살아나 그 잔치에 참석했다. 말 많은 인사동 사람들, 노광래는 무슨 욕심에 애를 셋이나 낳았느냐며 씩둑거렸지만 그런 치들은 하나도 못 낳았으니 '여우의 신 포도'임에 틀림없었을 것이다. 인사동 좋은 일, 궂은 일을 꼭 챙기셨던 박선생님은 내가 살아나 그 잔치에 참석한 것을 몹시 대견해하셨다. 나는 다시 살아난 감격에 겨워 박선생님을 얼싸안고 가슴에 숨긴 애인처럼 그리웠던 「씨칠리아 마부의 노래」를 전해드렸다. "이게 나왔구나!" 선생님 반응은 다만 그것뿐이었다. 그러나 나는 그 어른이 얼마나 기뻐하시는 줄 짐작할 수 있었다. 그리고 그날 나는 처음으로 선생님께 꾸중을 들었다. 끔찍했던 콜로스토미(colostomy) 수술이 그나마 아물어 퇴원하면서도 무심한 나는 선생님께 병실을 탈출한 낭보 전하는 일을 까맣게 잊고 있었다. 내가 하도 애처로워 다시 한번 병원을 찾았는데 퇴원했더라는 그 말씀은 지금도 민망함에 식은땀이 흐르게 만든다.

얼마 전 박선생님께서 세상 버리시고 세번째 겨울의 문턱, 이러구러 선생님 곁에 어정거리던 참 많은 사람이 의리있게 모였다. 그리고 장소는 또 '누님손국수집'이었다.

인사동 사람들답게 뭉친 우리에게 하시던 사모님의 말씀이 아직도 가슴에 남는다.

"박이엽 씨는 남편감으로서는 그다지 좋은 사람이 못 됐습니다. 돈 생기면 술 마시고 집안은 몰라라 했으니까요. 그러나 존경할 만한 사람이라는 것은 확신하며 살았습니다."

평온을 가장한 침착한 그 말씀에 나는 앉은자리에서 몹시 심하게 공감의 고갯짓을 했다. 이보다 더 정확한 표현이 어디 있을까. 그동안 야단과 질책에 인색한 박선생님을 졸졸 따라다닌 내 행적의 개념화이기도 했다. 남편의 평가를 그리도 잘하는 아내는 또 얼마나 드물까. 사모님 목메임에 내 눈에서도 뭔가 질척한 것이 주르륵 흘렀다.

나의 '서른 즈음'은 많은 스승과 인생의 선배를 만나는 행운의 시기였다. 그러나 엄청난 복을 제대로 인식지 못한 우매함의 시기이기도 했다. 철없을 때니 당연한 일이라고 내가 박박 우긴다면 아마도 "그래 인마!"라고 가장 먼저 머리통 한대 쥐어박을 분, 가장 힘 딸리는 박선생님일 것이다.

삼년 전, 선생님 영면하셨다는 연락 받고 야간수업을 하면서도 나는 많이 울었다. 짓궂은 남학생 하나가 "병원 가서 눈물 안 나면 어쩌려고 그렇게 미리 우십니까"라는 우스개로 자기 선생의 오열을 달랬어도 좀체로 걷잡을 수 없이 눈물이 쏟아졌다.

"선생님 못 가시게 좀 잡아두지 그랬어!" 임종을 지켰다는 오랜 친구를 애꿎게 쥐어박으며 눈물 쏟는 내게 "선배, 박선생님과 추억 많으시지요?"라는 질문이 날아들었다. "그래! 겨우 몇년 뵌 네가 무슨 수로 스무 해를 넘게 이어온 사제지간의 정을 가늠하겠니?" 어느 멍청한 질문에 입밖으로 내뱉지는 않았지만 영안실에서의 내 대답은 바로 이 심정뿐이었다.

"언니, 난 박이엽 선생님의 번역이 우리나라에서 제일 좋아"라던 명 짧은 번역가의 말. 일면식도 없는 사이였음에도 박선생님의 문장을 존경했던 그 후배는 단 한번 뵌 박선생님보다도 서둘러 저세상에 터를 잡았다.

다시는 뵐 수 없지만 혹시 하늘나라표 인사동을 마련하고 깡마른 몸으로 우리를 기다리시는 것은 아닐지 모르겠다. 거긴 박선생님보다 성미 급해서 먼저 떠나신 민병산 선생님과 목소리 큰 천상병 선생님도 계실 것이다. 맑기만 했던 내 후배 이계숙도 깍두기로 끼여서 말이다. 혹시 박선생님과 내 후배는 나 빼고 둘이서 진하고 향기로운 찻잔을 놓고 번역 이야기를 나누고 있는 것은 아닐까?

다시 깊은 겨울이다. 요 며칠 계속 「씨칠리아 마부의 노래」가 생각나는 것은 아무리해도 메워지지 않는 갈증에 허덕이던 내 젊은시절이 생각나서인지, 아니면 신통치 않은 건강에 불안을 느껴서인지 가늠이 어렵다.

천상병 선생님께서 떠나신 봄, 박선생님은 새로 나온 책 말미에 친구의 심정을 서간체로 몇쪽 남기셨다. 나도 박이엽 버전으로 몇마디 남기고 싶다.

박선생님, 그림 보러 우리 모두 몰려가고, 영화구경 가시는 데도 끼여서 갔잖아요, 지금은 편안하세요? 혹시 인사동이 그립지는 않으신가요? 선생님께서 갓난쟁이가 처음 웃었다고 제게 자랑하셨던 '해원'이는 단 한번 봤는데도 선생님의 성실함을 그대로 빼닮은 걸 알겠더군요. 여기 인사동은 좀 심심해요. 전문 출연진이 사라진 건지, 아니면 제가 힘들어 못 나가서인지 모르지만 좀 허전하고 밋밋한 겨울이네요. 선생님! 저나, 인사동 후배들이 가면 반갑게 맞이해주실 거죠? 터 잘 닦아놓으셨을 테니까요. 거기서도 이런저런 얘기 많이 해주세요. 민선생님하고만 놀지 마시고요. 너무 조용한 분끼리는 노는 재미가 덜하잖아요, 떠들썩한 우리도 끼워주세요. 열심히 살고 만나뵐게요. 숨 몰아쉬지 않아도 되는 그곳에서 안녕히 계세요.

2005년 12월 27일 일산에서
몸 신통치 않은 임계재 올림

‖ 감사의 말 ‖

　남편의 유고집 편집을 거의 마무리해놓고 출판사의 답을 기다리고 있었는데, '창비'에서 유고집을 출판해주신다는 기별이 왔다. 크게 기대하지도 못한 것인데 어찌나 반갑고 고마운 일이었는지 모른다.
　남편은 2002년 11월 13일, 약간 쌀쌀한 날씨에 67세를 일기로 생을 마감하였다. 나는 이듬해 1월까지 독감으로 고생을 하다, 초봄의 새싹과 세살 된 첫손자의 재롱을 보면서 건강을 회복해가던 중 다시 또 급성폐렴으로 입원하는 등, 이런저런 병치레로 몸과 마음을 다 추스르지 못하고 피곤한 나날을 지내고 있었다.
　그러던 어느날, 동양화가이신 유양옥 선생님이 남편의 유고집 이야기를 하시면서 자료를 찾아보라며 전화도 자주 하시고 파주까지 찾아오시기도 했다. 그분의 남편에 대한 지극한 애정은 고마운 일이었지만 그때는 사실 심란하고 도무지 엄두가 나지 않았다. 나는 아직 남편의 서재에 들어가는 것도 싫었고, 그의 소지품이나 자료를 보면 마음이 편치 않았다.

그는 자신의 조그만 종잇조각조차도 함부로 못 버리게 하면서도 자기의 글들을 정리해서 간수하는 사람이 전혀 아니었다. 게다가 두 아들은 각자 자신의 직장일로 바쁠 뿐 아니라 선친의 유고집 출판에 대해서도 소극적이었다. 자식들의 이런 성격은 아버지와 어쩌면 그렇게 닮았는지!

그래도 이런 이유들은 핑계일지도 모른다. 가장 불안한 것은 지하에 계신 고인이 펄쩍 뛰며 자기 유고집 출판을 좋아하기는커녕 나를 몹시 꾸짖을 것 같았다. 나 역시 남겨진 원고들을 찾아내기 어려웠다. 어떤 원고에 대해서는 제목을 기억하고 있는데도 언제, 어디에 게재했는지 도서관과 인터넷 등을 더듬어보았지만 찾지 못하였다. 부족한 자료들만 가지고 유고집을 출판하는 일이 남편을 잘못 발가벗기는 듯한 죄송한 마음도 있어 이 일을 추진하는 것이 꺼려지기도 했다. 남편은 과묵한 성격에다 본인에 관한 기록을 전혀 남기지 않아 아내인 나도 고인의 흔적을 잘 모른다.

추모 1주기는 가족과 교회분들을 모시고 집에서, 2주기는 자녀들만 데리고 집에서 조용히 지냈다. 이후, 남편을 그리워하는 분들이 가끔 그의 3주기 이야기를 꺼냈다. 나는 자녀들과 의논하여 남편의 친지분들에게 인사동에서 '누님손국수' 한 그릇을 대접하였다. 그 자리에서 남편의 유고집 출판에 대한 이야기가 오갔다. 그러나 누가 고양이의 목에 방울을 달아줄지 막연하였다.

남편의 3주기를 추모하는 회식을 한 지 3개월 후인 지난해 2월 15일, '인사동을 사랑하는 사람들의 모임'이라는 이름으로 가회동 북촌미술관에서 철학자 민병산, 시인 천상병, 그리고 나의 남편을 추모하는 행사와 함께 추모집 『그리운 얼굴들』을 발간하였다. 그 행사는 (주)학산의 대표 김명성 사장의 주도적이고 헌신적인 공헌으로 이루어졌다.

그 일이 있고나서, 그의 저작물 『여명 200년』을 발행한 출판사의 편집장이었던 박찬중 시인이, 남편 주변의 여러분으로부터 유고집 진행을 맡아달라는 주문을 거절할 수 없어 이 귀찮고 어려운 작업을 혼자 도맡게 되었다. 그는 자료를 찾아 컴퓨터에 입력하는 일, 자료 편집하는 일, 추모의 글을 써달라고 청탁하는 일, 출판사와 출판계약을 하기까지, 박시인이 아니었으면 이 유고집은 나오지 못했을 것이다.

이 글을 쓰면서, 많은 분들이 고인에 대한 관심과 애정이 지극한 것에 놀라고, 감사한 마음을 금할 수 없다. 남편의 유고집 출판을 허락해준 출판사 '창비'에 무어라 표현하기 어려운 고마움을 가지고 있다. 옆에서 유고집 출판을 격려해준 그의 절친한 친구 채현국, 백낙청 교수, 머리글을 써주신 신경림 시인과 자료를 내어주신 김명성 사장님 외에 여러분들께 심심한 사의를 표한다. 또한 남편의 유고집 출판을 위하여 직간접으로 협조해주신 모든 분들에 대해 이를 고인에 대한 사랑으로 여겨 오래오래 고맙게 간직하려고 한다.

쓸 줄 모르는 글을 장황스레 늘어놓아 남편에게 흠이나 되지 않을지 조심스러우나, 다만 고마운 분들에 대한 감사의 마음을 다 어쩌지 못한 여인네의 정이라 헤아려 이해해주시기를 바랄뿐이다.

2007년 11월
정인임

‖ 편집후기 ‖

은자(隱者)의 향기

박이엽 선생님의 타계 3주기(2005)를 추모하는 인사동의 모임에서, 누가 먼저랄 것도 없이 선생님의 유작집 출판 이야기가 나왔고, 또 이런저런 의논 끝에 실무 책임자로 내가 지목되었다. 내가 별다른 재주가 있어서라기보다는 동석한 분들 중 그중 젊은 사람이 나였고, 또 멀게는 선생님의 역저 『여명 200년』 24권을 편집, 출판한 바 있는 인연을 구실로 중책을 떠맡게 되었다.

그러나 정작 나에게는 선생님에 대한 송구스러운 마음의 빚이 있어 이 일을 회피할 수 없기도 했다. 선생님이 돌아가시기 몇개월 전 나는 병중에 갑갑해하시는 선생님을 모시고 임진강가로 나가 세상 이야기도 하고, 글 이야기도 하며 좋은 한나절을 보내고 돌아왔다. 이어 건강이 회복되면 좀더 긴 여행을 하리라 기약하고 헤어졌는데, 어느날 갑자기 선생님의 전화를 받게 되었다.

삼성병원에 입원해 있으니, 한번 다녀가라는 말씀이었다. 불과 얼마 전 함께 나들이를 한 터에 다시 병원이라니…… 아무렴, 별일이야 있겠는가 생각하며, 퇴원 기념으로 좋은 여행지를 물색하고 있었는데 그만 선생님의 부음을 듣게 되었다. 죽음이란 선생님과는 별개의 것이려니 생각하며 위로한 것이 두고 씻을 수 없는 후회가 되었다.

1985년 『여명 200년』의 출판일로 선생님을 뵙게 된 이후 근 20년을 지내오는 동안 나는 적지 않게 만나고, 식사도 하며 가까이 모신 것 같았으나 정작 선생님을 아는 것은 별반 없었다. 그도 그럴 것이 그것은 선생님의 말없음이며, 자신을 드러내지 않는 고졸(古拙)한 성품 탓이었다. 그럼에도 다가서면 설수록 쏟아져나오는 선생님의 무한한 지식과 독서량에 놀라고, 세상 것들을 향한 씨니컬한 표정 또한 매력이 아닐 수 없었다.

그러나 정작 새로이 놀란 것은 선생님의 유작집을 만들기 위한 발품을 팔면서부터였다. 원고를 받고, 자료를 얻느라 돌아다니는 동안 꽤 여러분을 만나게 되었고, 또 그분들로부터 선생님의 고결(高潔)한 추억담을 들으면서 비로소 어렴풋이나마 선생님을 알게 되었다. 참으로 살아생전 모르던 선생님을 돌아가신 다음에야 알게 되었으니, 이 또한 나의 무지요 어리석음이 아닐 수 없다.

그럼에도 선생님은 이 우둔한 사람에게 '깨끗하게 죽기 위해 깨끗하게 살아야 한다'는 가르침을 몸으로 보여주셨으니, 죽어 오늘에 이르도록 사랑을 거두지 아니하시는 선생님의 은혜가 사무친다. 이 큰 은혜에 유작집의 편집일이 만분의 일이나마 사랑의 빚을 갚는 일이 되어야 할 터인데, 이 또한 자신이 없다.

다만 염치없이 바라기는, 우리의 중심을 보시는 하느님처럼 이 부족한 사람의 천진한 만용을 웃음으로 헤아려주시기를 바랄 뿐이다.

다시금, 삼가 선생님의 명복을 빈다.

2007년 11월
박찬중

저절로 아름다운 것들
박이엽의 책과 사람 이야기

초판 1쇄 발행/2007년 11월 13일
초판 2쇄 발행/2015년 4월 9일

지은이/박이엽
펴낸이/강일우
책임편집/박신규
펴낸곳/(주)창비
등록/1986년 8월 5일 제85호
주소/413-120 경기도 파주시 회동길 184
전화/031-955-3333
팩시밀리/영업 031-955-3399 · 편집 031-955-3400
홈페이지/www.changbi.com
전자우편/lit@changbi.com

ⓒ 정인임 2007
ISBN 978-89-364-7135-4 03810

* 이 책 내용의 전부 또는 일부를 재사용하려면
  반드시 저작권자와 창비 양측의 동의를 받아야 합니다.
* 책값은 뒤표지에 표시되어 있습니다.